Inhalt

Zeitschrift »psychosozial« im Psychosozial-Verlag

Redaktion: Prof. Dr. Hans-Jürgen Wirth, Christian Flierl, Walltorstraße 10, 35390 Gießen
E-Mail: hjw@psychosozial-verlag.de, christian.flierl@psychosozial-verlag.de

Abo-Verwaltung: Telefon 06 41-96 99 78-18
E-Mail: bestellung@psychosozial-verlag.de

Verlag: Psychosozial-Verlag, Walltorstraße 10, 35390 Gießen
E-Mail: info@psychosozial-verlag.de, www.psychosozial-verlag.de

Umschlaggestaltung: nach Entwürfen des Ateliers Warminski, Büdingen

Umschlagabbildung: © Kamil Kascha, kamil-kascha.com

Satz: Hanspeter Ludwig, Wetzlar; Andrea Deines, Berlin

Bezugsgebühren: Für das Jahresabonnement EUR 49,90 (inkl. MwSt.) zuzüglich Versandkosten. Studentenabonnement 50% Rabatt (inkl. MwSt.) zuzüglich Versandkosten. Lieferungen ins Ausland zuzüglich Mehrporto. Das Abonnement verlängert sich jeweils um ein Jahr, sofern nicht eine Abbestellung bis zum 15. November erfolgt.

Preis des Einzelheftes: EUR 19,90.

Bestellungen richten Sie bitte direkt an den Psychosozial-Verlag oder wenden Sie sich an Ihre Buchhandlung.

Anzeigen: Anfragen bitte an: anzeigen@psychosozial-verlag.de

Erscheinungsweise: Viermal im Jahr.

Manuskripte: Die Redaktion lädt zur Einsendung von Manuskripten (in zweifacher Ausfertigung) ein. Mit der Annahme des Manuskriptes erwirbt der Verlag das ausschließliche Verlagsrecht auch für etwaige spätere Veröffentlichungen.

Datenbanken: Die Zeitschrift psychosozial wird regelmäßig im Sozialwissenschaftlichen Literaturinformationssystem SOLIS des Informationszentrums Sozialwissenschaften (Bonn) und in der Literaturdatenbank PSYNDEX der Zentralstelle für psychologische Information und Dokumentation (ZPID), Universität Trier, Postfach 3825, 54286 Trier erfasst.

CIP-Einheitsaufnahme der Deutschen Bibliothek: Psychosozial. – Gießen: Psychosozial-Verl. Erscheint jährlich viermal – Früher im Rowohlt-Taschenbuch Verl., Reinbek bei Hamburg, danach in der Psychologie Verl. Union, Beltz Weinheim. – Erhielt früher Einzelbd.-Aufnahme. – Aufnahme nach 53. Jg. 16, H. 1 (1993).

ISSN 0171-3434

Abonnement-Verwaltung: Bitte teilen Sie dem Verlag bei Adressänderungen unbedingt Ihre neue Anschrift mit.

Schwerpunktthema:

Kinder brauchen Männer

Herausgegeben von Josef Christian Aigner und Gerald Poscheschnik

Kinder brauchen Männer! Wozu eigentlich?

Editorial

Josef Christian Aigner & Gerald Poscheschnik

Spätestens seit Bruno Bettelheims Plädoyer für Märchen ist die Wendung »Kinder brauchen …« in aller Munde. Mittlerweile ist die Anzahl der Bücher, deren Cover bereits verkündet, was »Kinder brauchen«, kaum mehr überschaubar. Allein eine kursorische Durchsicht lieferbarer und vergriffener Titel legt nahe, dass Kinder nicht nur Märchen brauchen, sondern auch noch Liebe, mehr als Liebe, Sicherheit, Vertrauen, Anerkennung, Hilfe, Zeit, Nestwärme, Zukunft, Grenzen, Klarheit, Konsequenzen, Werte, Erziehung, Ordnung, Rituale, Führung, feste Regeln, Disziplin, Hoffnung, Zuversicht, Optimismus, Selbstvertrauen, Sinnlichkeit, Selbstbewusstsein, Lebensfreude, emotionale Intelligenz, Charakter, Orientierung, Gott, Religion, Seelenproviant, Wurzeln, Bewegung, Sport, Abenteuer, Herausforderungen, Hindernisse, Aufgaben, Spielräume, Flügel, Geheimnisse, Musik, Spiel, Tanz, Kunst, Ängste, Träume, Monster, Helden, Natur, Wildnis, Tiere, Matsch, Bücher, ästhetische Spracherziehung, Beispiele, gute Krippen, Horte, gute Schulen, Vertrauen aus der Schule, gute Eltern, böse Eltern, starke Eltern, kluge Eltern, mutige Eltern, Mütter, Väter, Großmütter, Großeltern, Freunde, Kinder, Nachbarn, Erwachsene, uns, mehr als alles. So die Titel pädagogischer Klassiker und solcher, die es werden woll(t)en.

Dass Kinder Liebe und Anerkennung ebenso wie Werte und Grenzen brauchen, gilt heute beinahe als selbstverständlich unter aufgeklärten Citoyens. Mittlerweile hat sich auch herumgesprochen, dass Kinder beide Elternteile, Mutter *und* Vater, brauchen. Und obwohl viele der oben genannten Prinzipien, wie zum Beispiel Sicherheit, Klarheit, Heldentum, Sport und Abenteuergeist – ungeachtet dessen, dass diese selbstverständlich auch von Frauen verkörpert werden können – traditionell eher als »männliche Tugenden« gelten und sich somit mit dem hier vorgebrachten Anliegen vertragen, lässt sich dennoch die Frage aufwerfen, wieso Kinder jetzt eigentlich auch noch Männer brauchen?

Definitive Antworten zu geben, ist schwer, denn bisher weiß man nämlich weder über männliche Erzieher noch über ihre Bedeutung für Kinder allzu viel. Der Mangel an männlichen Erziehern spiegelt sich also auch in einem Mangel an wissenschaftlichen Untersuchungen zu diesem Thema wider. Die Wissenschaft vermag noch recht wenig Auskunft über das Problem und seine Lösung zu geben, handelt es sich doch bei diesem Forschungsfeld – trotz einiger wackerer Pionierleistungen – noch weitgehend um eine Terra incognita. Dabei sind erste Ergebnisse durchaus ermutigend: Männliche Kindergartenpädagogen sind beliebt bei den Kindern, ihren Kolleginnen und den Eltern. Es handelt sich um reflektierte, in ihrem Beruf engagierte und mit ihrer Arbeit zufriedene Persönlichkeiten (vgl. Aigner/Rohrmann 2011). Seit einiger Zeit vernimmt man sogar einen Aufschrei von Politik und Öffentlichkeit, der das Fehlen professioneller männlicher Erzieher beklagt; nun will sogar die EU die Zahl der männlichen Erzieher in Kindertagesstätten mittelfristig auf 20 Prozent anheben.

Obwohl es bisher kaum Studien zum Einfluss professioneller Pädagogen männlichen Geschlechts auf die Sozialisation und Entwicklung von Kindern gibt, existiert doch eine Reihe von empirischen Ergebnissen aus der Vaterforschung (vgl. z.B. Fthenakis 1985, 1988; Aigner 2002; Dammasch/Metzger 2006; Metzger 2008 u.a.m.), die – wenn schon nicht vorbehaltlos auf die öffentliche Erziehung übertragbar – immerhin vielversprechende Hypothesen liefern. Wie die psychoanalytische Forschung gezeigt hat, kann ein fehlender oder unzulänglicher Vater negative Auswirkungen auf die Entwicklung von Kindern haben (vgl. Aigner 2002; Tress 1986). Eindrucksvoll sind hier auch die klinischen Studien von Dammasch et al. (2008), die zeigen konnten, wie sehr Fähigkeiten wie zum Beispiel Konflikte zu ertragen, Bedürfnisse aufzuschieben, allein sein zu können, seine Aufmerksamkeit nachhaltig etwas Neuem zuwenden zu können u. a. m. von der Qualität der Triangulierung mit dem Vater in früher Kindheit abhängen. Dieses Problem ist angesichts der steigenden Anzahl alleinerziehender Mütter (mittlerweile ca. 20%) gesellschaftlich virulent geworden, nicht zuletzt deshalb, weil sowohl Alleinerziehende selbst als auch deren Kinder angesichts entsprechend mangelhafter Unterstützungsbedingungen einem erhöhten Risiko ausgesetzt sind, unterschiedliche psychische Krankheiten zu entwickeln (Franz/Lensche 2003; Franz et al. 1999). Umgekehrt entwickeln sich Kinder, die mit einem präsenten, engagierten und »benevolenten« Vater aufwachsen, in mehreren Persönlichkeitsbereichen besser als solche, die ohne Vater aufwachsen (vgl. Aigner 2002; Fthenakis 1985, 1988). Positive väterliche Beteiligung bewirkt beim Kind unter anderem ein besseres moralisches Urteilsvermögen, höhere Empathiefähigkeit, weniger stereotype Geschlechtsrollenvorstellungen, weniger Schul- und Verhaltensprobleme (Dornes 2006).

Grob vereinfacht lässt sich sagen, dass der Beitrag des Vaters zur Erziehung von Kindern ein zweifacher ist. Zum einen wirkt väterliche Beteiligung in Richtung einer Steigerung des Effekts mütterlichen Engagements: Was diese *additive Funktion* anbelangt, so konnte empirisch bestätigt werden, dass Väter Müttern hinsichtlich ihrer Fähigkeit zur Betreuung und Versorgung kleiner Kinder nicht unterlegen sind (Lamb 1997). Ein Vater, der feinfühlig auf die Signale seines Kindes reagiert, trägt ähnlich wie eine feinfühlige Mutter zur Steigerung von sozio-emotionalen Kompetenzen und einer sicheren Bindung des Kindes bei (vgl. van IJzendoorn/De Wolff 1997). Exemplarisch für den additiven Beitrag des Vaters sei auf die Untersuchungen des britischen Psychoanalytikers und Bindungsforschers Peter Fonagy verwiesen. Fonagy und seine Kollegen (2002) haben in ihren bindungstheoretischen Längsschnittstudien zeigen können, dass Kinder im Alter von fünf Jahren eine höhere Reflexionsfähigkeit haben, sich also besser in die Perspektive eines anderen hineinversetzen können, wenn sie im zweiten Lebensjahr eine sichere Bindung an *beide* Elternteile hatten, als wenn sie nur an einen oder keinen der Elternteile sicher gebunden waren.

Väter (bzw. Männer?) leisten aber auch einen *differenziellen, eigenständigen, genuin »männlichen« Beitrag* zur Erziehung und Bildung von Kindern, der sich nicht in einem simplen Mehr dessen erschöpft, was Frauen bzw. Mütter tun. Auch wenn Frauen und Männer über die gleichen Basiskompetenzen im Umgang mit Kindern verfügen bzw. diese erlernen können, gibt es doch genügend Hinweise dafür, dass Männer und Frauen in manchen Bereichen anders mit Kindern umgehen. Frauen zeichnen sich in unserer Kultur beispielsweise durch vermehrt pflegende Verhaltensweisen gegenüber dem Kind aus, während Männer eher durch spielerische Aktivitäten bestechen; Väter spielen auch wilder mit Kindern, körperbetonter, raumgreifender usw., wohingegen Frauen eher sanftere, wettkampfärmere Spiele bevorzugen. Das »wildere« väterliche Spiel hat auch Einfluss auf die Fähigkeit zur *Affektregulation* des Kindes und befähigt dieses allmählich zum gekonnten Umgang mit seiner eigenen Aggressivität (Dornes 2006). Väter fördern aber auch die Selbstständigkeit und Unabhängigkeit ihrer Kinder, indem sie diesen tendenziell mehr zutrauen und sie für selbstständiger halten als die Mütter (Seiffge-Krenke 2001). Ein besonders eindrucksvolles Beispiel für eine Untersuchung, die diesen genuin väterlich-männlichen Beitrag zur Entwicklung des Kindes thematisiert, stammt von Klaus und Karin Grossmann (Grossmann et al. 2002). Sie haben nachgewiesen, dass Väter, die mit ihren kleinen Kindern *herausfordernd* und *konstruktiv* spielen, mit höherer Wahrscheinlichkeit Kinder haben, die im Alter von zehn bis 16 Jahren eine sichere Bindung aufweisen – für die Mütter trifft das jedoch nicht zu. Zudem führt die väterliche Spielfeinfühligkeit zu stärkerem Selbstvertrauen des Kindes in neuen Situationen sowie zu höherer Sozialkompetenz in Freundschaften. Etwas verkürzt könnte man sagen, der väterlich-männliche Erziehungsstil führt zu mehr Selbstständigkeit beim Kind und stärkt somit auch seine Fähigkeit, sich in der Welt außerhalb der Familie zu bewähren (vgl. Grossmann/Grossmann 2004). Grossmann et al. (2002) vermuten deshalb, dass die Mutter für die Entwicklung und Befriedigung des kindlichen Bindungssystems (Sicherheit und Geborgenheit) hauptverantwortlich ist, während die Väter tendenziell eher für die Förderung und Befriedigung des kindlichen Explorationssystems (Autonomie und Unabhängigkeit) zuständig sind, indem sie sich als verlässlicher Begleiter in der Meisterung neuartiger Situationen anbieten.

Ob sich solche von der Vaterforschung inspirierte Hypothesen, bezogen auf die Bedeutung männlicher Erzieher, auch empirisch bewähren werden können, werden die Ergebnisse der zurzeit laufenden Studien in einigen Jahren verraten. Neben der von Holger Brandes erwähnten Tandem-Studie (vgl. den Beitrag von Brandes in diesem Heft) wird auch in Innsbruck eine Studie zum Einfluss männlicher Kindergartenpädagogen auf die Entwicklung von Kindern durchgeführt (J.C. Aigner, J. Huber, G. Poscheschnik, B. Traxl, L. Burkhardt). Dabei interessiert uns besonders, ob die aus der Vaterforschung bekannten positiven Einflüsse auf das Kind, zum Beispiel in den Bereichen Exploration, Mentalisierung und Aggressionsregulation, auch im Bereich der professionellen Elementarpädagogik nachweisbar sind, und vor allem auch, ob Kinder alleinerziehender Mütter eventuell kompensatorisch von einem männlichen Pädagogen profitieren könnten (Aigner/Poscheschnik 2010).

Das vorliegende Themenheft dokumentiert die Ergebnisse einer Tagung über Männer in erzieherischen Berufen, die an der Universität Innsbruck stattgefunden und aus dem dort angesiedelten »ele*men*tar«-Forschungsprojekt über österreichische Kindergartenpädagogen (Laufzeit 2008 bis 2011) hervorgegangen ist. Referiert und diskutiert wurde sowohl der aktuelle Stand der Forschung über jene Männer, die es »wagen«, in der Frauendomäne Kindergarten Fuß zu fassen, als auch die Relevanz von Männern für die Entwicklung und Sozialisation der von ihnen betreuten Kinder. Neben Vorträgen von Aigner, Brandes und Rohrmann sowie den Ergebnissen des österreichweit größten Forschungsprojekts über männliche Kindergartenpädagogen, ele*men*tar (vgl. die Beiträge von Rohrmann et al. und Aigner/Poscheschnik), wurden zusätzliche und thematisch ergänzende Beiträge von Frank Dammasch und Lothar Böhnisch eingeholt.

In seinem einleitenden Beitrag geht JOSEF CHRISTIAN AIGNER auf die Problematik der »Public Fathers«, der Männer in der öffentlichen Erziehung, ein. Diese sei vor allem als ein eklatanter Männermangel bzw. Männerschwund – in Einrichtungen, in denen Männer früher gut vertreten waren, wie etwa den Volksschulen – zu verorten. Zugleich relativiert er den Ruf nach Männern in der Elementarpädagogik und fragt nach der spezifischen Qualifikation solcher Männer für diese Berufe. Auch die Frage des »Männlichen« und die schwierige, emotional geführte pädagogische Diskussion darüber werden beleuchtet. Der Autor kritisiert die verbreitete negative Diskursivierung von Väterlichkeit und Männlichkeit in den letzten Jahrzehnten, die gelegentlich einer regelrechten »Misandrie« Vorschub leiste, und fordert zu einer positiven Ausgestaltung des Vaterbildes auf. Nicht zuletzt ist dabei die Psychoanalyse mit ihrer differenzierten Herausarbeitung der bedeutsamen Funktion des Vaters für die Entwicklung der Kinder – vor allem im Prozess der Triangulierung – dazu aufgerufen, sich an der positiven Ausgestaltung zu beteiligen.

Im Anschluss daran analysiert und diskutiert HOLGER BRANDES die Fragestellung, was Männer in die Erziehung bzw. in Kindertagesstätten einbringen. Darüber hinaus stellt er das weitgehende Fehlen empirischer Studien fest, die die Art und Wirkung des Beitrags von Männern zur Erziehung kleiner Kinder unzweifelhaft belegen würden. So wird beispielsweise häufig die Bedeutung von Männern als Rollenvorbilder beschworen, überzeugende empirische Fakten gibt es dafür allerdings kaum. Trotzdem scheinen sich Frauen und Männer in der Art und

Weise, wie sie die Beziehungen mit Kindern gestalten, zu unterscheiden; das spricht in Summe betrachtet dafür, das Hauptaugenmerk weniger auf das Geschlecht an sich und seine eventuelle Vorbildfunktion zu richten, sondern nach Unterschieden im konkreten Interaktionsverhalten zu suchen. Hinsichtlich der Gemeinsamkeiten zeigt sich, dass Wärme, Nähe, Fürsorge beiderlei Geschlechts einen gedeihlichen Einfluss auf die Kinder ausüben, das heißt, Väter und Mütter beeinflussen ihre Kinder in ähnlicher Weise. Trotz dieser Ähnlichkeiten zwischen Mann und Frau im Umgang mit Kindern gibt es allerdings auch tendenzielle Unterschiede. Bereits im vorsprachlichen Bereich tendieren Mütter eher zu visueller Stimulation, während Väter mehr körperliche Stimulation in die Interaktion mit dem Kind einbringen. Die Differenz setzt sich mit beginnender Sprachentwicklung des Kindes fort: Väter bringen beispielsweise mehr Handlungsaufforderungen in den Dialog ein, was durchaus entwicklungsfördernd sein könnte. Besonders eindrucksvoll sind die von Brandes zitierten Ergebnisse bindungstheoretischer Längsschnittstudien des Teams um Klaus und Karin Grossmann zum genuin väterlichen Beitrag. Der *Feinfühligkeit* der Mutter haben die Grossmanns hierbei auf Grundlage ihrer Beobachtung von Spielsituationen einen *sensitiv-herausfordernden Interaktionsstil* des Vaters gegenübergestellt, der eher die explorative Seite der Bindungs-Explorations-Balance fördert. Trotz dieser beeindruckenden Ergebnisse bleibt laut Brandes eine gewisse Skepsis, da sich zum Beispiel gezeigt hat, dass auch Väter pflegen und Mütter herausfordern und dass sich beispielsweise berufstätige Mütter dem »väterlichen Stil« ähnlicher verhalten als solche, die nicht berufstätig sind. Im Hinblick auf die öffentliche Erziehung fehlen bisher vor allem Vergleichsstudien, die weibliche und männliche Erzieherinnen einbeziehen und diese darüber hinaus mit nur von Erzieherinnen geleiteten Gruppen kontrastieren. Außerdem kündigt Brandes eine interessante neue Studie an der Evangelischen Hochschule in Dresden, an der er lehrt, an.

TIM ROHRMANN zeigt in seiner »Europa-Analyse«, dass Männer in der Elementarpädagogik nicht nur hierzulande, sondern international ein Thema sind. Ein systematischer Vergleich fällt insofern schwer, da unterschiedliche Länder auch über ganz unterschiedliche Ausbildungssysteme verfügen. So dürfte der hohe Anteil von Männern in norwegischen und dänischen Kindergärten nicht nur auf sogenannte Natur- und Freiluftkindergärten zurückzuführen sein, sondern auch mit dem Ausbildungssystem in diesen Ländern zusammenhängen, das eine pädagogische Grundausbildung bietet, die zur Arbeit mit unterschiedlichen Altersgruppen befähigt. Teilweise gibt es aber auch beachtliche Differenzen innerhalb einzelner Staaten, weshalb wiederum eine Erklärung, die nur nationale Differenzen bemüht, zu kurz greift. So liegt der Anteil von Männern in Kinderbetreuungseinrichtungen in einigen deutschen Großstädten bei 10%, in ländlichen Gegenden ist er jedoch nach wie vor verschwindend gering. Obwohl sich Männer in der Pädagogik – abgesehen von einigen Vorbehalten – einer großen Zustimmung von Kolleginnen, Eltern und Kindern erfreuen dürfen, darf nicht übersehen werden, dass es auch viele Barrieren in Form subtiler Diskriminierungen und Nachteile bezüglich Karrieremöglichkeiten und Bezahlung gibt, die Männern den Weg in diesen Beruf erschweren. Mittlerweile gibt es in mehreren Ländern Projekte zur Erhöhung des Männeranteils in Kindergärten. Doch eine umfassende Strategie zur Veränderung der Situation, wie sie in Norwegen mit durchschlagendem Erfolg implementiert werden konnte, bleibt bisher eine Ausnahme.

Die nächsten beiden Beiträge präsentieren die Ergebnisse des bisher umfassendsten Forschungsprojekts in Österreich zur Situation männlicher Kindergartenpädagogen und zu den Gründen für ihre Unterrepräsentation. Zu diesem Zweck wurden nicht nur männliche Kindergartenpädagogen und ihre weiblichen Kolleginnen untersucht, sondern auch SchülerInnen vor der Berufswahlentscheidung sowie SchülerInnen in der Ausbildung zum Kindergartenpädagogen. Die Erhebung und Auswertung erfolgte teils mit quantitativen, teils mit qualitativen Methoden. Wie TIM ROHRMANN, BERNHARD KOCH, BARBARA STRUBREITHER und GABRIELE SCHAUER in ihrem Beitrag ausführen, belegen die Daten einerseits ein erstaunlich großes Interesse an diesem Beruf und eine breite Zustimmung dazu, andererseits decken sie aber auch Fallstricke und Hindernisse auf, die einer stärkeren männlichen Beteiligung an der professionellen Elementarpädagogik noch im Weg stehen. Überraschend waren die Ergebnisse der SchülerInnenbefragung, wonach sich etwa ein Viertel der männlichen Schüler grundsätzlich eine pädagogische Tätigkeit vorstellen kann. Allerdings werden Burschen kaum bis gar nicht über entsprechende Möglichkeiten informiert und von Gleichaltrigen ernten sie oft spöttische Bemerkungen. Dagegen ist interessant, dass der Beruf den Erhebungen zufolge sowohl für Männer als auch für Frauen eine ausgesprochen hohe berufliche Zufriedenheit bietet. Was die Biografien anbelangt, so unterscheiden sich die Männer in ihrer Selbstwahrnehmung kaum von anderen Männern, weshalb ihnen der Exotenstatus, den der geschlechtsuntypische Beruf mit sich bringt, scheinbar nur zu Unrecht anhaftet. Doch obwohl die Mehrheit der Befragten beiderlei Geschlechts bei den Fragen nach eventuellen Unterschieden zwischen einem »männlichen« und »weiblichen« Erziehungsstil keinen Unterschied zu erkennen vermag, zeichnet sich doch ab, dass Männer tendenziell andere Tätigkeiten und Umgangsweisen mit Kindern praktizieren und diese im Kindergartenalltag oft als zu wenig berücksichtigt erleben. Aus den Erfahrungen des Projekts lässt sich eine Reihe von Einsichten ableiten, deren Implementierung zu einem Anstieg männlicher Beteiligung im Bereich professioneller Pädagogik führen könnte.

Der Beitrag von Josef Christian Aigner und Gerald Poscheschnik geht insbesondere auf den psychoanalytischen Teil des ele*men*tar-Forschungsprojekts ein. Insgesamt zwölf Interviews mit männlichen Kindergartenpädagogen wurden mithilfe psychoanalytischer Textinterpretation bzw. szenischen Verstehens ausgewertet, um mehr über biografische, psychodynamische und psychosoziale Besonderheiten dieser Männer zu erfahren. Es zeigte sich, dass diese Männer – entgegen einer der zentralen Vorannahmen – meist eine intensive Mutterbeziehung von hoher Ambivalenz hatten, während der Vater meist blass und fern blieb und in keinem einzigen Fall ein Gegengewicht zur engen Mutterbindung bildete. Jenseits der primären Bezugspersonen gab es allerdings eine Reihe von weiteren wichtigen Bezugspersonen, wie etwa alternative männliche Bezugspersonen, Großväter, Onkel oder ältere Cousins. Zudem gab es auch nach der Kindheit und neben den Müttern immer wieder »wegweisende« Frauen im Leben dieser Männer, die ihnen den Weg in den Beruf geebnet haben. Aus den typischen Konstellationen der befragten Männer werden Ergebnisse zur unbewussten und psychosozialen Bedeutung des Berufs und den Männlichkeitskonstruktionen der Befragten herausgegriffen. Was letztere anbelangt, so konnten wir eine gewisse Prekarität der Männlichkeit feststellen, die wir allerdings nicht nur als typisch für männliche Kindergartenpädagogen, sondern als typisch für die Postmoderne mit ihren diversen Identitätsverunsicherungen und der Notwendigkeit, sich eine eigene Identität zu basteln, verstanden haben. Dieser begegnen die Männer mit zwei Abwehrformen, die in diesem Beitrag als »hypermaskuline« und »pseudofeminine« Abwehr charakterisiert und beschrieben werden.

Frank Dammasch nähert sich in seinem Beitrag der »Vatersehnsucht«, diesmal – im Unterschied zu seinen verdienstvollen Arbeiten zum Vater-Sohn-Verhältnis – von Mädchen an, für die eine gute Vaterbeziehung ebenso wichtig sei wie für Jungen. Zwar würden Mädchen durch bestimmte Aspekte der Modernisierung des Alltags und der Berufswelt (Beziehungsorientiertheit, soziale Kompetenzen etc.) qua Sozialisation gewisse Vorteile in den Bereichen Flexibilität und Bildung haben, aber diese Erfolge und der Hang der Mädchen, sich stärker nach innen zu richten, im Vergleich zur Externalisierungstendenz von Buben, seien noch kein Garant für seelische Ausgeglichenheit. Anhand zweier Fallbeispiele begründet Dammasch nun sehr anschaulich die Bedeutung des Dritten, des Vaters also, für Lösung von der Mutter, für die Autonomieentwicklung des Mädchens und für das Hineinwachsen in die ödipale Objektwahl als Lernfeld für postödipale Beziehungen. Dabei ist stets auch bedeutsam, in welcher Weise die Mutter den Vater akzeptiert und seelisch repräsentiert (als »Türöffnerin«). Besonderes Gewicht erhält das ödipale Spiel mit dem Vater auch durch die Anerkennung der Tochter, das deren Selbstakzeptanz und die Akzeptanz ihrer eigenen Körperlichkeit fördert. Dammasch gelingt es eindrücklich, die herausragende Rolle des Vaters sowohl für die Spiegelung des ödipalen Begehrens des Mädchens als auch für dessen Begrenzung zu zeigen.

Schließlich befasst sich LOTHAR BÖHNISCH unter dem Titel »Bedürftige Väter?« mit den Fragen, die sich aus einem sich verschärfenden Spannungsverhältnis von Männlichkeit, beruflicher Belastung und der Familienorientiertheit von Männern unter zugespitzten neoliberalen Verwertungsinteressen der Ware Arbeitskraft, insbesondere der männlichen, ergeben. Gestützt auf die Ergebnisse einer eigenen neuen qualitativen Männerstudie in Südtirol, Italien, zeigt Böhnisch, dass es sich bei dieser bekannten, nach wie vor recht traditionellen Vaterrolle (die sich auf gewisse Teile des Lebens mit Kindern beschränkt), auch um eine *Bedürftigkeit* dieser Männer handelt, was die moderne Vaterforschung gern übersieht. Das scheinbar »starke« Vatersein ist – wie viele andere Lebensbereiche, in denen Männer ihre Gefühle nicht zeigen können, also mehr eine Art Bewältigung unsagbarer Bedürftigkeit als wirklich traditionelle Stärke. Dagegen analysiert Böhnisch aus seinen und anderen Interview-Studien ein Nebeneinander von Widersprüchen des Vatersein-Wollens in der modernen Gesellschaft: diese »tiefenpsychisch wirksame Gleichzeitigkeit von Wunsch und Verwehrung« wird als eines der zentralen seelischen Antriebsmomente männlicher Lebensbewältigung in einer auf diese Dinge wenig Rücksicht nehmenden Arbeitsgesellschaft herausgearbeitet.

Zu guter Letzt: Die Debatten um den Einzug von mehr Männern in die Elementarpädagogik haben mittlerweile auch sozialpolitische Aufmerksamkeit auf sich gezogen. Die sich daraus ergebenden geschlechterpolitischen Kontroversen machen sich zumeist daran fest, ob nicht allein schon die Frage nach dem »Männlichen« die fragwürdige soziale Konstruktion von dichotomer Zweigeschlechtlichkeit im Kindergarten heraufbeschwört. Dass diese Gefahr auch unter Abwesenheit von Männern bei zahlenmäßiger Dominanz weiblichen (nicht immer sehr geschlechtersensiblen!) Erziehungspersonals besteht, ist den meisten dieser KritikerInnen nicht bewusst.

Der Gefahr, dass allein die Präsenz von Männern alte Herrschaftsmuster stabilisieren könnte, werden auf allen möglichen Ebenen Konzepte »professioneller Geschlechtsneutralität« (Wiesemann/Dillon 2011) entgegengesetzt, die betonen, dass es weniger auf »weiblich« oder »männlich« ankäme, sondern auf die Qualität der Beziehungsangebote, die professionell an Kinder und Lernende gerichtet werden müssen.

Aus psychoanalytischer Sicht ist das Geschlechtliche und das System der Zweigeschlechtlichkeit, das unsere und viele andere Kulturen fundamental prägt und das auch der seelischen Ausgestaltung unserer Vater- und Mutterbeziehungen sowie deren innerer Repräsentationen zugrunde liegt, allerdings nicht wegzudenken und natürlich unverzichtbar. Kinder und Heranwachsende sind – ebenso wie Erzieherinnen und Erzieher – in der Regel zunächst weiblich und männlich geboren und sozialisiert – was nicht gegen vielfältige geschlechtliche Lebensweisen spricht, im Gegenteil. Diese sozialisierte Realität soll kritisch hinterfragt und analysiert und in geschlechtssensible pädagogische Praxen übersetzt werden, die möglichst Jungen und Mädchen, Frauen und Männern »gerecht« werden.

Dennoch gibt es kulturtypische Ausprägungen dieser Geschlechtlichkeit, die eine gewisse Erwartbarkeit bestimmter geschlechtlicher Prägungen von Frauen und Männern – auch solcher mit geschlechtssensibler Ausbildung – wahrscheinlich machen. Geschlechtssensible Erziehung, wie wir sie verstehen, setzt zunächst eine Anerkennung dieser Prägungen voraus, wenn sie Jungen und Mädchen durch weibliche wie männliche PädagogInnen erreichen will. Diese Anerkennung bedeutet nicht eine Stabilisierung oder Wiederbelebung alter Stereotypien oder Herrschaftsmuster, wie oft befürchtet und unterstellt wird, sondern die Anerkennung eines Ausgangspunktes, von dem aus geschlechtersensible und -gerechte Erziehung beginnen und zu einer befreienden Vielfalt führen kann. Ist diese Anerkennung nicht gegeben, wird zumeist eine Seite des Geschlechtlichen, derzeit eher die männliche, von vornherein als problematisch, als verstaubte Hegemonialität, als auszutreibende problematische Neigung usw. diskriminiert, obwohl es in der »mütterlichen Welt« des Kindergartens wahrscheinlich ebenso viele verstaubte Weiblichkeitsklischees gibt, deren Existenz aber offenbar von Vielen nicht in demselben Maße kritisch betrachtet wird.

Erst durch diese »Anerkennung« des Gegebenen, durch die anderen Seins-, Spiel- und Reaktionsweisen, die viele Männer im Vergleich zu Frauen nach durchschnittlicher Erwartbarkeit in die Pädagogik einbringen, können Kinder beiderlei Geschlechts die ErzieherInnen beiderlei Geschlechts kennenlernen und sich mit diesen beiden Geschlechterrealitäten im Rahmen professioneller pädagogischer Prozesse in Richtung ihrer eigenen Geschlechtsentwicklung auseinandersetzen. »Doing gender« wird damit zu einem vielfältigeren und – so glauben wir – egalitäreren Prozess, als er ohne männliche Erzieher stattfinden könnte.

Literatur

Aigner, J.C. (2002): Der ferne Vater. Zur Psychoanalyse von Vatererfahrung, männlicher Entwicklung und negativem Ödipuskomplex. Gießen (Psychosozial-Verlag).

Aigner, J.C. & Poscheschnik, G. (2010): Die Wirkung männlicher Kindergartenpädagogen auf die Entwicklung von Kindern. Eine empirische Untersuchung mithilfe eines multimethodalen Zugangs im Rahmen des »Public Fathers«-Forschungsprogramms. Universität Innsbruck (Unveröffentlichter Projektantrag).

Aigner, J.C. & Rohrmann, T. (Hg.) (2011): Elementar: Männer in der pädagogischen Arbeit mit Kindern. Noch unveröffentl. Forschungsbericht an den Fonds zur Förderung der Wissenschaftlichen Forschung (FWF), Innsbruck, Wien.

Dammasch, F. (2008): Jungen – das schwache Geschlecht? Psychoanalyse Aktuell – Online-Zeitschrift der Deutschen Psychoanalytischen Vereinigung. URL: http://www.psychoanalyse-aktuell.de/kinder/jungen.html (Stand: 20.06.2011).

Dammasch, F. & Metzger, H.-G. (Hg.) (2006): Die Bedeutung des Vaters. Psychoanalytische Perspektiven. Frankfurt/M. (Brandes & Apsel).

Dammasch, F.; Katzenbach, D. & Ruth, J. (Hg.) (2008): Triangulierung – Lernen, Denken und Handeln aus psychoanalytischer und pädagogischer Sicht. Frankfurt/M. (Brandes & Apsel).

Dornes, M. (2006): Die Seele des Kindes. Entstehung und Entwicklung. Frankfurt/M. (Fischer).

Fonagy, P.; Gergely, G.; Jurist, E. & Target, M. (2002): Affektregulierung, Mentalisierung und die Entwicklung des Selbst. Stuttgart (Klett-Cotta).

Franz, M. & Lensche, H. (2003): Allein erziehend – allein gelassen? Die psychosoziale Beeinträchtigung allein erziehender Mütter und ihrer Kinder in einer Bevölkerungsstichprobe. Z. Psychosom. Med. Psychother. 49, 115–138.

Franz, M.; Lieberz, K.; Schmitz, N. & Schepank, H. (1999): Wenn der Vater fehlt. Epidemiologische Befunde zur Bedeutung früher Abwesenheit des Vaters für die psychische Gesundheit im späteren Leben. Z. Psychosom. Med. Psychother. 45, 260–278.

Fthenakis, W.E. (1985): Väter. Band I. Zur Psychologie der Vater-Kind-Beziehung. München (Urban & Schwarzenberg).

Fthenakis, W.E. (1988): Väter. Band II. Zur Vater-Kind-Beziehung in verschiedenen Familienstrukturen. München (Urban & Schwarzenberg).

Grossmann, K. & Grossmann, K.E. (2004): Bindung – Das Gefüge psychischer Sicherheit. Stuttgart (Klett-Cotta).

Grossmann, K.; Grossmann, K.E.; Fremmer-Bombik, E.; Kindler, H.; Scheuerer-Englisch, H. & Zimmermann, P. (2002): The Uniqueness of the Child-Father Attachment Relationship: Fathers' Sensitive and Challenging Play as a Pivotal Variable in a 16-year Longitudinal Study. Social Development 11, 307–331.

Lamb, M. (1997): The development of father-infant relationship. In: Lamb, M. (Hg.): The role of the father in child development. New York (Wiley), S. 104–120.

Metzger, H.-G. (Hg.) (2008):Psychoanalyse des Vaters. Klinische Erfahrungen mit realen, symbolischen und phantasierten Vätern. Frankfurt/M. (Brandes & Apsel).

Seiffge-Krenke, I. (2001): Neuere Ergebnisse der Vaterforschung. Psychotherapeut 46, 391–397.

Tress, W. (1986): Das Rätsel der seelischen Gesundheit. Traumatische Kindheit und früher Schutz gegen psychogene Störungen. Eine retrospektive epidemiologische Studie an Risikopersonen. Göttingen (Vandenhoeck & Ruprecht).

van IJzendoorn, M. & De Wolff, M.S. (1997): In search of the absent father – Meta-analysis of infant-father attachment: A rejoinder to our discussants. Child Development 68, 604–609.

Wiesemann, J. & Dillon, Sh. (o.J.): Eine ethnographische Studie zur Bedeutung der Geschlechterzugehörigkeit im Alltag der Studierenden. URL: http://www.erzwiss.uni-hamburg.de/personal/faulstich-wieland/Wiesemann+Dillon.pdf (Stand: 24.06.2011).

»Public Fathers«

Zur Bedeutung und Problematik der Mann-Kind-Beziehung in der öffentlichen Erziehung

Josef Christian Aigner

Nach mehr als zehn Jahren Vaterforschung, bezogen auf Bedeutung von Männern im Rahmen familiärer Eltern-Kind-Beziehungen, die mir die Diagnose des »fernen Vaters« als häufig erlebte defizitäre Position des männlichen Zusammenlebens mit Kindern nahelegte (vgl. Aigner 2002), entwickelte ich immer mehr Interesse an der Rolle der Männer in der öffentlichen Erziehung, Bildung und sozialen Arbeit.

Eine sozialpsychologisch-psychoanalytische Sichtweise legt nahe, dass wir alle dazu neigen, auch gesellschaftliche Instanzen und öffentliche Figuren per Übertragung mit Elternattributen auszustatten (»Vater Staat«, »Mutter Kirche«, »Landesvater« usw.). Deshalb stellt sich die Frage, wie Kinder und Erwachsene Männer und Männlichkeit als sie umgebende Phänomene im Rahmen ihrer Sozialisation wahrnehmen und erleben. Da für die Kinderversorgung allgemein, für die Früherziehung in Kindertagesstätten und Kindergärten, mittlerweile auch schon für die schulische Bildung und Erziehung (fast) ausschließlich Frauen zuständig sind, drängt sich ein bestimmtes Geschlechterrollenbild geradezu auf, nämlich dass Frauen und Mütter dafür sehr wohl, Männer hingegen kaum oder gar nicht dafür zuständig sind. Diese Wahrnehmungen, auch wenn sie gar nicht so bewusst sind, machen etwas mit dem Bild, das Heranwachsende hinsichtlich eigener und erlebter Männlichkeit wie Weiblichkeit, Väterlichkeit und Mütterlichkeit verinnerlichen.

»Public Fathers«?

Bei der Konzeption eines großen Forschungsprojektes über alle in Österreich tätigen männlichen Kindergartenpädagogen und junge Männer, die sich dazu in Ausbildung befinden (vgl. Aigner/Rohrmann 2011), fiel uns dazu spontan der Begriff »Public Fathers« ein – also Männer, die durch ihre berufliche Tätigkeit in der öffentlichen Erziehung in der Lage sind, bei Kindern so etwas wie eine väterliche Instanz zu repräsentieren. Allerdings wird die Ausbildung in Österreich, wie in einigen wenigen anderen europäischen Staaten auch, als Sekundarstufe II mit Matura geführt. Demnach sind viele Jungen bei der Aufnahme der Ausbildung erst zwischen 14 und 15 Jahre alt, und uns kamen Zweifel, ob diese nach Abschluss der Ausbildung selbst noch als Adoleszente anzusehenden Burschen überhaupt als »Public Fathers« empfunden werden könnten. Unsere qualitativen Interviews mit Schülern und Kindergartenpädagogen aber zeigten, dass selbst in deren subjektiver Wahrnehmung das Image ihrer Tätigkeit aus der Sicht der Kinder tatsächlich etwas mit sorgender Männlichkeit und damit auch Väterlichkeit zu tun hat. Die mehrfach von befragten Männern berichteten Vorfälle, dass Kinder – insbesondere in regressiven Phasen – sie tatsächlich auch mit »Papa« ansprechen, zeigen, dass diese männliche Sorge anstelle der Eltern für die Kleinsten in dieser Gesellschaft auch mit »Väterlichkeit« assoziiert wird. Peter Moss spricht unabhängig von uns angesichts des »Mangel(s) an männlichen Rollenmodellen in der Früh- und Elementarpädagogik« ebenfalls von einem »öffentliches(n) Feld der ›Vaterabwesenheit‹« (Moss 2008, S. 1) und hebt damit ebenfalls die väterliche Repräsentanz, die Lehrer und Erzieher in der Gesellschaft ausüben, hervor.

Nun wissen wir aber, dass gerade in allen erzieherischen und sozialen Bereichen – bis hinein in die Psychotherapie-Szene – Männer entweder fehlen oder sich immer mehr zurückziehen, sodass es mit der Repräsentanz dieser Art »public fatherhood« nicht gut bestellt ist: die sorgenden Berufe allgemein – bis hin zur einstigen Männerdomäne der »Götter in Weiß«, dem Medizinstudium – »verweiblichen« zusehends. Derartige strukturelle Veränderungen oder Gegebenheiten der Dominanz von Frauen werden freilich nicht irgendwelchen Interessensgruppen angelastet, wie es in der Debatte um die »Feminisierung« der Erziehung oft den Anschein hat: Dort wird den Kritikern der Feminisierungstendenz häufig unterstellt, sie würden die in diesen Bereichen tätigen Frauen oder irgendwelche feministischen Bestrebungen die Verantwortung für diese beklagten Umstände zuschieben. Dabei werden lediglich die quantitativen Unterschiede angesprochen, die aus dem Phänomen resultieren, dass Männer aus den Erziehungsprozessen verschwinden oder sich zurückziehen. Deshalb sollten auch die Folgen dieses Umstands kritisch beleuchtet werden.

In Österreichs »Kindertagesheimen« (worunter man Krippen, Kindergärten, Horte und altersgemischte Kindergruppen subsumiert) liegt der Prozentsatz männlicher Tätiger insgesamt bei rund 1,4%. Ohne die »Horterzieher«, die in den Horten mit älteren Kindern, also meistens mit SchülerInnen arbeiten, würden wir wohl unter die 1%-Marke absinken. In den Kindergärten selbst beträgt der Männeranteil sogar nur 0,6% (ele*men*tar 2008, S. 12). Bezüglich der Annäherung an das EU-weit als wünschenswert angesehene Ziel von 20% männlicher Beschäftigter in Kindertagesheimen ist demnach, so könnte man sagen, kein »Land in Sicht«. Darüber gibt es in diesem Heft mehrfach Genaueres zu lesen.

Ein Blick in Österreichs Grund- bzw. Volksschulen führt in dieselbe Richtung: Hier sind nur noch 10% der Lehrer an Volksschulen Männer, wobei der rapide Schwund seit den 1970er Jahren, als es noch gut 45%(!) waren, dramatisch und eindrucksvoll erscheint. Von 388 Volksschulen in Tirol sind im Jahr 2010 zum Beispiel schon 196 ohne jede männliche Lehrperson. Hinzu kommt, dass sich der männliche Lehrernachwuchs noch stärker zu reduzieren scheint: Derzeit sind es – trotz der neuen Qualität der LehrerInnenausbildung als Hochschulstudium und trotz der Aussicht auf einen »sicheren« Arbeitsplatz –nur noch knapp 7% männliche Studierende, die diesen Weg wählen (vgl. Klingler 2010). Und unter ihnen ist die Abbruchquote prozentuell wiederum höher als unter den weiblichen Studierenden. Auch in deutschen Grundschulen sieht es nicht viel besser aus: 86,3% des Lehrpersonals sind Frauen und nur 13,7% sind Männer (vgl. Aigner 2009). Insgesamt gilt überall die Gleichung: »Je kleiner die Kinder, desto weniger Männer.«

Männer, aber welche?

Nun ist aber die Forderung, mehr Männer in die Kindertagesstätten und Schulen zu bekommen, schnell einmal mit dem Einwand konfrontiert, es sollten nicht »irgendwelche« Männer sein, sondern – was ja eigentlich selbstverständlich ist – qualitativ hochwertig und vor allem geschlechtssensibel ausgebildete. Ansonsten sei die Gefahr groß, dass über diese Männer geschlechtsrollenklischeehafte Muster in die Kindergärten und Schulen Einzug halten und sie damit zur Wiederbelebung bzw. Stabilisierung der Geschlechterdichotomie beitragen würden. Selbstredend will niemand wirklich, dass unausgebildete »Machos« Kindern gegenüber einseitige Geschlechterklischees repräsentieren. Ob bisher in der Sozialgeschichte des Kindergartens (vgl. Konrad 2004) allerdings die Frauen, die diesen Beruf fast ausschließlich ausüben, in ähnlicher Weise geschlechtssensibel ausgebildet wurden, wie man es von den Männern fordert, darf mehr als bezweifelt werden. Dennoch gehört Geschlechtersensibilität heute zu den Selbstverständlichkeiten moderner (Elementar-) Pädagogik.

Männer repräsentieren in unserer Kultur dennoch Tätigkeitsfelder, die bisher – wohl zum Nachteil der Jungen – allerdings kaum in der kulturell-weiblichen Welt des Kindergartens vorkamen. Dies soll allerdings nicht zu einer stereotypen Buben-Mädchen-Prägung führen, sondern zu einer Durchmischung bei gegenseitiger Durchlässigkeit und Diversität im Kindergarten beitragen – was es auch tut, dort, wo Männer tätig sind. Wie die Norwegerin Pia Friis schreibt,

»ist es kontraproduktiv, nach einem Tarzanähnlichen Mann im Kindergarten zu rufen. Wir können auch den Begriff ›Geschlechtergerechtigkeit‹ verwenden, der bedeutet, dass wir Kindern unabhängig vom Geschlecht dieselben Möglichkeiten geben sollen. Wir müssen unsere Möglichkeiten dazu nutzen, verschiedene ›Typen‹ von Männern und Frauen einzustellen. [...] Es ist wichtig für Kinder, mit verschiedenen Arten von Männern in Kontakt treten zu können« (Friis 2006/2008, S. 13).

Besonderen Erfolg erzielte die norwegische Verwaltung mit der Schaffung von Erlebnis- und Outdoor-Kindergärten, in denen teilweise bis zu einem Drittel der Beschäftigten Männer sind (vgl. Hauglund 2008).

Die Erfahrungen mit dieser Art Durchmischung sind dann auch wirklich in der Lage, die Angst zu zerstreuen, Männer im Kindergarten könnten zur Stärkung der alten Klischees und Dichotomien führen: Wo diese Modelle praktiziert werden, hatten auf einmal auch die Mädchen, ja sogar die weiblichen Kindergartenpädagoginnen Spaß an den als »männlich« konnotierten Tätigkeiten.

Welche erzieherischen Auswirkungen haben Männer auf Kinder?

Die frauendominante Konstellation legt, wie schon gesagt, in Prozessen der frühen Bildung und Erziehung den Kindern ein Bild nahe, wonach die Sorge um sie und die Beschäftigung mit ihnen etwas sind, was Frauen können und Männer nicht (oder weniger). Wenn man bedenkt, wie viele Kinder bei alleinerziehenden Frauen aufwachsen und dass auch bei Vorhandensein eines Vaters dieser oft sehr kind-distanziert lebt (bei sogenannten »Alleinerziehenden mit Mann«), dann wird, unter Berücksichtigung des geschilderten dramatischen Mangels an männlichen Lehrkräften, die Frage nach dem Fehlen von Männern und kulturell-männlichen Repräsentanzen in der Erziehung plausibel. Freilich haben wir – auch wegen der Neuheit dieser Fragestellungen – kaum verlässliche empirische Daten zu den realen Auswirkungen erzieherisch präsenter Männer. Aber die Bedeutung der von der Vaterforschung erkannten förderlichen Einflüsse, die Väter zur Entwicklung von Kindern beitragen können (vgl. z.B. Dornes 2006), macht verständlich, warum viele Expertinnen und Experten – insbesondere aus der Kinder- und Jugendlichenpsychoanalyse – hier kompensatorische Wirkungen erwarten.

»Wo der Vater zuhause fehlt, brauchen die Söhne alleinerziehender Mütter engagierte Männer in der Krippe, im Kindergarten und in der Grundschule«, schreibt der Frankfurter Kinder- und Jugendpsychoanalytiker Frank Dammasch (2008a). Es fehle den Jungen »an professionellen männlichen Identifikationspersonen, an positiver Spiegelung und sozialer Anerkennung männlicher Interaktionsmuster« und an Möglichkeiten eines »emotional spielerischen Dialog[s] mit einer bedeutungsvollen Bezugsperson, die das spezifisch männliche, das motorisch-aggressive des Jungen akzeptiert« (ebd.). Letzteres werde zunehmend in Schulen und von den dort zahlenmäßig dominierenden weiblichen Lehrkräften sogar als störend, sozial auffällig und unerwünscht attribuiert. Auch diese Feststellung wird gern von feministisch orientierten Kolleginnen und Kollegen als »gegen Frauen gerichtete« Beschuldigung zurückgewiesen. Wer aber, wenn nicht die Psychoanalytikerinnen und Psychoanalytiker, wüsste besser, dass es hier nicht um eine absichtliche und damit schuldhafte Benachteiligung von Jungen geht? Wir alle sind nie so sehr »Herr und Frau im eigenen Hause«, als dass es Frauen und auch Männern nicht passieren könnte, Verhaltensweisen, die eher Jungen zuzuschreiben sind, als dysfunktional für das Ordnungs- und Leistungssystem, wie es zum Beispiel an Schulen herrscht, zu erleben und auch zu sanktionieren. Es handelt sich hier also immer um strukturelle, nicht um individuelle Phänomene.

Die Frage nach der Männlichkeit

Allerdings stellt sich hier – wenn wir Begriffe wie »das spezifisch männliche, das motorisch-aggressive des Jungen« betrachten – tatsächlich die brisante Frage nach den Besonderheiten des Geschlechts und damit auch nach »dem eigentlich Männlichen«. Nun wissen wir, wie schwierig, ja wie emotionsgeladen eine solche Debatte heute nach wie vor ist. Die Bemühungen insbesondere der Frauenbewegung um Geschlechteregalität haben möglicherweise allzu sehr die *Differenz* der Geschlechter, vor allem auch in ihrer Bezogenheit zur »Mutter als Frau« und zum »Vater als Mann« zugunsten einer radikal sozialkonstruktivistischen Positionierung aus den Denkzusammenhängen ausgeblendet. Alles, was sich um geschlechtsspezifische Zuschreibungen bemüht, war und ist heute teilweise noch bzw. wieder verpönt und steht im Verdacht, alte hegemoniale Verhältnisse zugunsten des Mannes zu legitimieren oder wieder aufzurichten. Deshalb fällt uns schon allein die Frage nach dem Weiblichen und dem Männlichen – selbst bei Zugeständnis der enormen Variationsbreite innerhalb der Geschlechter – ungeheuer schwer. Ohne Antworten darauf werden aber auch die wohlmeinenden Thesen, dass Männer in der Erziehung »einfach wichtig« seien, kaum zu belegen sein.

Freilich muss es sich dabei nicht um generalisierte Erklärungen »des« männlichen Verhaltens handeln (vgl. hierzu auch den Beitrag von Brandes in diesem Heft). Alle Variationsbreiten und auch kulturspezifisch-kulturtypische Eigenheiten männlichen Verhaltens und Empfindens müssen anerkannt werden, und sie entfalten ihre spezifische Wirksamkeit in die geschlechtsspezifische Sozialisation hinein. Wenn aus mehreren Kulturen etwa männliches Spielverhalten in einer Weise beschrieben ist, die deutliche Unterschiede zum weiblichen Spielverhalten aufweist, dann kann von »typisch männlich« – eben für einen bestimmten kulturellen Gültigkeitsbereich – gesprochen werden. Also keine »Welterklärungen«, wie »Mann« angeblich ist, sondern eine Erklärung, die für Kinder und Jugendliche im Rahmen unserer Kultur zutrifft und die vor allem – und hier kann die Psychoanalyse Entscheidendes beitragen – die komplizierten Beziehungen im Beziehungsdreieck Mutter–Vater–Kind(er) entsprechend berücksichtigt. Deren Auswirkungen auf Mädchen und Jungen gilt es dann zu berücksichtigen.

Positive Väterlichkeit

Ein weiteres wichtiges Problem, das sich im Zusammenhang mit dem Nachdenken über gesellschaftliche Väter- und Männerbilder aufdrängt, ist die Art und Weise, wie Männlichkeit heute in der Öffentlichkeit, in der sich natürlich auch Kinder aufhalten und wahrnehmen, repräsentiert ist: Wie werden Männer – mächtige, alltägliche bestimmende, Angst machende, freundlich zugewandte usw. – in der Öffentlichkeit wahrgenommen und dargestellt, und dies zu Recht oder zu Unrecht? Zum Beispiel: Werden sie als generell oder mehrheitlich uninteressiert, kinderfeindlich, ignorant, hektisch dargestellt oder – wenn interessiert, dann gefährlich und übergriffig? Welches Bild von Männlichkeit vermittelt sich damit Heranwachsenden im Alltagsleben? Welche Autoritäten männlicher Art begegnen uns noch und wie werden sie dargestellt: Gibt es noch die guten »Landesväter«, die »Kaiserliche Hoheit«? Oder respektable Lehrer? Weise Alte? Oder nur gefürchtete Despoten, verabscheuungswürdige Gewalttäter und bekämpfenswerte Gegner?

Das »Vateramt«, wie Rath (2006, S. 14) diese über die Familie hinaus in die Gesellschaft hineinreichende symbolische Funktion nennt, ist heute nicht leicht auszuüben bzw. kulturell nur sehr schwach repräsentiert. Zahlreiche und radikale Funktionsänderungen in der Familie selbst, ihr Gestaltwandel und die Vielfältigkeit ihrer Lebensformen, neue Ansprüche an die Väter bei alten oder sogar zugespitzten neuen ökonomisch-beruflichen Verpflichtungen, ja das »Verschwinden« des Vaters (Alexander Mitscherlich) haben die Verbindlichkeit väterlicher Repräsentanzen nachhaltig untergraben – was, bezogen auf die patriarchale Herrschaft, die ihnen lange Zeit ungefragt zustand, natürlich ein Gewinn an Freiheitsgraden ist. Damit scheint aber die Stellung der Väter, »das Gewicht des Vateramtes« überhaupt in Mitleidenschaft gezogen worden zu sein (ebd., S. 15). Nimmt man die »antiautoritäre Revolte« hinzu, die nicht begründbare und hinterfragbare Autoritäten wiederum zu Recht verjagte, in der gleichzeitig aber – trotz enormer Sehnsucht nach großen Vätern (wie Adorno, Mitscherlich, Marcuse u. a. m.), denen die Antiautoritären in überfüllten Hörsälen im wahrsten Sinne des Wortes zu Füßen lagen – Autorität oft generalisierend verdächtigt und stark in den Hintergrund gedrängt wurde, dann wird die Verunsicherung elterlicher Autorität verständlicher.

Gesellschaftstheoretisch schafft diese Situation ein Problem, worauf schon Alexander Mitscherlich, Klaus Horn, Erich Fromm, Max Horkheimer und andere hingewiesen hatten: Das Schwinden dieser familiären (väterlichen) Autoritätsfunktion beschleunigt die zunehmende Herrschaftsausübung anonymer Systeme – der »Kulturindustrie«, wie Max Horkheimer und Theodor W. Adorno (1969) sie nannten. Oder, wie Rath formuliert: Anstelle des symbolischen Vaters (und dessen Nein) werden nun »Meister und Herren« installiert (2006, S. 17). Es verschwinde, so Mitscherlich (1963), die »personelle Relation der Machtverhältnisse überhaupt«, die Macht sei schwer vorstellbar, unpersönlich und ungreifbar, deshalb auch schwer zu bekämpfen: »Das vaterlose [...] Kind wächst zum herrenlosen Erwachsenen auf, es übt anonyme Funktionen aus und wird von anonymen Funktionen gesteuert« (ebd., S. 342). Ist also die Autoritätslosigkeit doch nicht so frei von Herrschaft und Macht?

Väterlichkeit versus Misandrie

Damit scheint mir eine derzeit gar nicht so latente, verbreitete *Misandrie* zusammenzuhängen: Wie auch auf dem Gebiet des Sexualitätsdiskurses (vgl. Sigusch 2005), in dem seit dem Aufkommen von AIDS sexuelle Beziehungen und Verhältnisse fast nur mehr negativ verhandelt werden, gibt es auch eine allgemein *negative Diskursivierung von Sexualität und von Männlichkeit im Speziellen* (und im Zusammenhang mit dem sexuellen Missbrauch in der Familie auch von Väterlichkeit). »(K)ein sicherer Ort«, titelte eine Ausstellung über sexuellen Missbrauch in der Familie, als ob überall Gefahr für Kinder lauere; und als Logo prangte auf dem Plakat jenes Fußgänger-Verkehrszeichens, auf dem auf blauem Untergrund ein Mann mit einem Kind an der Hand abgebildet ist. Die Funktionalisierung dieses Logos als Ausdruck der Gefahr des Männlichen ist ein Akt bedenklicher Misandrie: Könnte es nicht *auch* Abbild des Ander-Hand-durchs-Leben-geleitet-Werdens und damit eine schöne, väterliche Geste sein, wenn ein Mann ein Kind an der Hand führt?

Der aus der Missbrauchsdebatte gespeiste Diskurs und der Generalverdacht gegenüber Männern, die mit Kindern zu tun haben wollen, sind folglich auch tief in die Diskussion um die Elementarpädagogik eingedrungen. So »dürfen« Männer in manchen Einrichtungen nicht mit den Kindern aufs Klo gehen, sie dürfen Kinder nicht wickeln usw. Was einerseits als Schutz männlicher Mitarbeiter vor ungerechtfertigter Verdächtigung gedacht ist, zeigt andererseits, wie schwer es vielen fallen muss, begeistert in einen Beruf einzutreten, in dem solche Vorbehalte herrschen und »mann« von vornherein als misstrauenswürdig gilt. Dabei gibt es nach den vorliegenden europäischen Daten nur ganz wenige Fälle sexuellen Missbrauchs durch Kindergartenpädagogen.

Auch die nicht auf Sexualität gerichteten Gewaltdiskurse sind durchwegs negativ-männlich konnotiert, obwohl nach den empirischen Ergebnissen über Gewalt in der Familie hier Frauen und Mütter – allein schon wegen der Haupterziehungslast, die sie tragen – ebenso häufig vertreten sind. Hier sind Jungen auch häufiger Opfer von gewaltsamen Übergriffen als Mädchen. Betrachtet man den öffentlichen oder auch fachlichen Diskurs darüber, so scheint auch dies ein Feld zu sein, in dem nur Männer die Täter sind (»Täter« ist übrigens ein Begriff, der in diesen Zusammenhängen zu Unrecht fast nie »gegendert« wird). Nur Männer schlagen, prügeln und demütigen angeblich; und die Jungen treten schon früh mit Schulhofschlägereien in ihre Täter-Fußstapfen. Dieses generalisierte negative Männerbild und sein Abfärben auf die Jungen muss kritisch hinterfragt werden. Zudem gilt es, Formen der weiblichen Aggression und Gewalt, die es in anderer Gestalt, aber eben auch gibt, in ihren Ursachen und Wirkungen zu untersuchen.

Wir müssen – wenn wir den Jungen, die später einmal einen solchen Beruf wählen sollen, eine vitale Vorstellung einer erstrebenswerten beruflichen Alternative bieten wollen – von diesem Negativdiskurs über Männlichkeit und Väterlichkeit wegkommen. Wir müssen uns darum bemühen zu zeigen, dass Mann-Sein abseits heroischer Heldenklischees und abseits einer Höchstleistungskultur auch etwas positives Erstrebenswertes sein kann, an dem Jungen und Heranwachsende sich orientieren können. Es gibt genügend Männer in unserer Gesellschaft, die *nicht* schlagen, prügeln, vergewaltigen, sondern Großartiges für die Gesellschaft, für Kinder, für die Kultur leisten und geleistet haben, und die sich mit derselben Abscheu und demselben Entsetzen über die kaputtgefahrene Situation des Patriarchats, das seine Kinder frisst, äußern. Männer, die die »Spiele der Männer« (Bourdieu 2005), die habituellen Kämpfe, die Körperstählung und die Unterdrückung der Gefühle trotz entsprechender Sozialisation *nicht* mitmachen, die aber dennoch – und das ist wichtig – *anders als die Mamas und die Frauen sind.*

Die Bedeutung der Triangulierung

Eine ganze Reihe psychoanalytischer und entwicklungswissenschaftlicher Arbeiten weisen in letzter Zeit verstärkt auf die große Bedeutung der Triangulierung hin, die (in der Regel) durch das Dreieck Mutter–Vater–Kind gegeben ist: Diese Dreiecksstruktur ist eine enorm wichtige Strukturvoraussetzung seelischer Entwicklung. Erst durch die Möglichkeit eines Dritten, die Existenz eines Außenstandpunktes kann ich meine Verwobenheit und meine Zweiheit mit einer Bezugsperson reflektieren; erst dadurch entsteht Bewusstsein und Reflexionsfähigkeit (Dammasch et al. 2008). Nur dadurch kann sich das Kind aus der Dyade lösen, kann sich erstmals als ausgeschlossen aus einer Zweiheit erleben, kann spüren, dass es außerhalb dieser Zweiheit Interessantes gibt, was schließlich auch die Fähigkeit zum Alleinsein fördert, eine wichtige Fähigkeit im Rahmen seelischer Gesundheit und Stabilität.

Die spezifische Bedeutung des konkreten Vaters liegt in seiner kulturüblich anderen Art, mit dem Kind umzugehen: Sein anderer körperlicher Umgang (der auch in unserer Studie von Männern häufig als Spezifikum bezeichnet wird; vgl. den Beitrag von Rohrmann et al. in diesem Heft), seine Art der Pflege, der Beruhigung, der Ermutigung, des Gewährenlassens, des lustvollen Spiels usw. haben eine eigenständige Qualität. Unserer Meinung nach bündelt und neutralisiert er dadurch aggressive Impulse und Strebungen, was wir an einem neuen Projekt (»W-INN – die *Inn*sbrucker *W*irkungsstudie«) zeigen wollen, und setzt gleichzeitig mit dem beschränkten Auslebenkönnen dieser Impulse aber auch Grenzen (Aigner/Poscheschnik 2010). Diese Möglichkeit zur Triangulierung fördert nachweislich die Fähigkeit zum Lernen, zur kompetenten Auseinandersetzung mit der sozialen Umwelt, weil Denken generell auf der Erfahrung von Neuem, von Fremdheit beruht (vgl. Dammasch 2009).

Einerseits wissen wir, dass wir alle dazu neigen, unsere Beziehungen zu anderen Personen unserer Umwelt mittels Übertragung auszugestalten. Doch warum sollte nun, wie wir es von der Bedeutung des Vaters im familiären Kontext wissen, diese Art der »Triangulierung« mit dem Anderem nicht auch für die öffentliche Erziehung von Bedeutung sein? Tatsächlich finden wir hier Anknüpfungspunkte: So wirken männliche Kindergartenpädagogen häufig spontan anregend und spannend für die Kinder, öffnen sozusagen das Feld mütterlicher Übertragungen hin zu einem pädagogischen Neuland. Dies nicht nur, weil sie eine Seltenheit sind, sondern weil sie auch *anders* sind und zum *Anderssein* der Kinder herausfordern: Ihre Bevorzugung eher fordernd-fördernder Spiele und Aktivitäten, die uns viele der befragten männlichen Erzieher bestätigt haben, ihr »risikoreicheres«, expansiveres, platzgreifenderes Tun aktiviert andere Neigungen der Kinder, der Jungen wie der Mädchen. Männer – so der Schluss – bringen damit Neues in die Elementarpädagogik ein. Das wiederum fordert Kinder heraus, bündelt sozusagen die in ihnen steckende Energie. Auch ihr Lern- und Neugierverhalten wird im Kontakt mit männlichen Erziehern als ausgeprägter beschrieben.

Warum sollte also nicht auch in pädagogischen Interaktionen außerhalb der Familie die »Anerkennung der Männlichkeit« des Jungen, die auf der Triangulierung beruht, wirksam werden? (Dammasch 2008b, S. 33) Sind nicht auch dort Prozesse der Bestätigung und Anerkennung durch Männer bzw. durch Frauen, die die Männlichkeit anerkennen können, vonnöten? Warum soll nicht auch hier das Herantasten an erwachsene Männer, die Vaterrepräsentanzen reaktivieren oder zur Verfügung stellen, entwicklungsfördernd sein und einen lebendigen Austausch mit dem Dritten, dem Anderen ermöglichen? (vgl. Datler et al. 2008) Triangulierung wäre damit nicht nur ein im privaten Bereich des Familiären, sondern auch im öffentlichen Raum ein wichtiger und wirksamer Entwicklungs- und Sozialisationsfaktor.

Brauchen Männer Kinder?

Ein letzter Punkt, der gerne in dieser ganzen Debatte vergessen wird: Wenn wir Männer als für Kinder wichtig erachten, wie ist es dann umgekehrt? Sind nicht auch Kinder für Männer ungeheuer wichtig? Für die Entdeckung und Kultivierung anderer als nur berufsbezogener, durchsetzungsfähiger Eigenschaften und für die Entwicklung von Sorge und Bewahrung, die wir angesichts des Zustands unserer Welt so dringend bräuchten (nicht nur von Männern, aber von diesen vielleicht besonders?).

Würden nicht Männer, die mehr mit Kindern zu tun haben, durch die direkte Bezogenheit auf Kinder auch eine ganz andere Art der Politik und des Vorantreibens unserer Gesellschaft bevorzugen und betreiben, ja vielleicht sogar unausweichlich finden? Würde der Kontakt zu Kindern nicht zu einer Sensibilisierung führen, die die Welt wirklich »kinderfreundlicher« machen würde, was Politiker zwar immer wieder bekunden, aber nicht gerade im großen Maßstab zustande bringen?

Dies als kleiner Blick in die große Zukunft; aber zunächst einmal schauen wir darauf und wollen Sorge dafür tragen, dass Männer im Kontakt mit kleinen Kindern, im elementarpädagogischen Bereich gut und besser ankommen – nicht nur bei den Kindern, da tun sie's sowieso, sondern auch bei jenen Instanzen und Verantwortlichen, die für eine gesamtgesellschaftliche Anerkennung und Höherbewertung dieses so wichtigen Berufs zuständig sind.

Literatur

Aigner, J. C. (2002): Der ferne Vater. Zur Psychoanalyse von Vatererfahrung, männlicher Entwicklung und negativem Ödipuskomplex. Gießen (Psychosozial-Verlag).

Aigner, J. C. (2009): Väterlichkeit und Männlichkeit als bedeutende Faktoren in Erziehung, Bildung und Sozialer Arbeit. In: Chancengerechtigkeit durch Gender-Kompetenz. Erfahrungen aus der Schulpraxis und aktuelle Forschungsergebnisse. Wien (Bundesministerium für Unterricht, Kunst und Kultur), S. 61–70.

Aigner, J. C. & Poscheschnik, G. (2010): Die Wirkung männlicher Kindergartenpädagogen auf die Entwicklung von Kindern. Eine empirische Untersuchung mithilfe eines multimethodalen Zugangs im Rahmen des »Public Fathers«-Forschungsprogramms. Universität Innsbruck (Unveröffentlichter Projektantrag).

Aigner, J. C. & Rohrmann, T. (Hg.) (2011): Ele*men*tar: Männer in der pädagogischen Arbeit mit Kindern. Noch unveröffentl. Forschungsbericht an den Fonds zur Förderung der Wissenschaftlichen Forschung (FWF), Innsbruck, Wien.

Bourdieu, P. (2005): Die männliche Herrschaft. Frankfurt/M. (Suhrkamp).

Dammasch, F. (2008a): Jungen – das schwache Geschlecht? Psychoanalyse Aktuell – Online-Zeitschrift der Deutschen Psychoanalytischen Vereinigung. URL: http://www.psychoanalyse-aktuell.de/kinder/jungen.html (Stand: 20.06.2011).

Dammasch, Frank (2008b): Triangulierung und Geschlecht. Das Vaterbild in der Psychoanalyse und die Entwicklung des Jungen. In: Dammasch, F.; Katzenbach, D. & Ruth, J. (Hg.): Triangulierung. Frankfurt/M. (Brandes & Apsel), S. 13–39.

Dammasch, F. (2009): Der Junge ohne väterliche Struktur. In: Haubl, R.; Dammasch, F. & Krebs, H. (Hg.): Riskante Kindheit. Psychoanalyse und Bildungsprozesse. Göttingen (Vandenhoeck & Ruprecht).

Dammasch, F.; Katzenbach, D. & Ruth, J. (Hg.) (2008): Triangulierung. Frankfurt/M. (Brandes & Apsel).

Datler, W.; Hover-Reisner, N.; Steinhardt, K.& Trunkenpolz, K. (2008): Zweisamkeit vor Dreisamkeit? Infant Observation als Methode zur Untersuchung früher Triangulierungsprozesse. In: Dammasch, F.; Katzenbach, D. & Ruth, J. (Hg.): Triangulierung. Frankfurt/M. (Brandes & Apsel), S. 85–109.

Dornes, M. (2006): Die Seele des Kindes. Entstehung und Entwicklung. Frankfurt/M. (Fischer).

ele*men*tar – Männer in der pädagogischen Arbeit mit Kindern (2008): Statistische Auswertungen. Innsbruck (Unveröff. Manuskript).

Friis, P. (2006/2008): Männer im Kindergarten. Wie man sie anwirbt – und dafür sorgt, dass sie auch bleiben. Oslo/Innsbruck (Themenheft des norwegischen Kultusministeriums). Erhältlich unter http://www.uibk.ac.at/ezwi/elementar/literatur/index.html.de.

Hauglund, Erik (2008): Männer in Krippe und Kindergarten! Kinder in Europa (15).
Horkheimer, M. & Adorno, T.W. (1969): Dialektik der Aufklärung. Frankfurt/M. (S. Fischer).
Klingler, A. (2010): Volksschullehrer – kein Beruf für Männer? Universität Innsbruck (Unveröffentl. Forschungsbericht).
Konrad, F.M. (2004): Der Kindergarten: Seine Geschichte von den Anfängen bis in die Gegenwart. Freiburg (Lambertus).
Mitscherlich, A. (1963): Auf dem Weg zur vaterlosen Gesellschaft. Ideen zur Sozialpsychologie. Weinheim (Beltz).
Moss, P. (2008): Männer in Institutionen der frühen und Elementarbildung. Children in Europe 09/2008 (Vorabdruck).
Rath, C.-D. (2006): Vorwort. In: Michels, A.; Müller, P.; Perner, A. & Rath, C.-D. (Hg.): Jahrbuch für Klinische Psychoanalyse 7 (»Familie«). Tübingen (edition diskord), S. 9–20.
Sigusch, V. (2005): Neosexualitäten. Über den kulturellen Wandel von Liebe und Perversion. Berlin, New York (Campus).

Was bringen Männer in Kitas ein?

Zum Stand wissenschaftlicher Forschung zu geschlechtsspezifischem Erziehungsverhalten

Holger Brandes

Der Ruf nach (mehr) Männern unter dem pädagogischen Personal in Einrichtungen der frühkindlichen Bildung und Erziehung ist keineswegs so neu, wie man glauben könnte, wenn man nur die gegenwärtige deutsche Diskussion verfolgt. Schon 1973 schrieb beispielsweise Kelvin Seifert in einem Artikel der Zeitschrift *Child Welfare* von Männern in Kindertageseinrichtungen als einer »breit akzeptierten Idee«. Er verwies damals aber auch schon auf eine erhebliche Forschungslücke, die es schwer mache, den meist nur vage umrissenen Gewinn, der durch männliche Pädagogen in Kindertageseinrichtungen erhofft wird, durch belastbare und objektivierte Fakten zu unterlegen und zu spezifizieren (Seifert 1973, S. 167; das vollständige Zitat findet sich im Beitrag von Rohrmann in diesem Heft).

Heute, fast 40 Jahre später, wird aufgrund von Gleichstellungsgesichtspunkten und wohl auch aufgrund sich sukzessive verändernder Männer- und Vaterbilder (vgl. Brandes 2010) im deutschen wie im europäischen Raum eine deutliche Erhöhung des bislang äußerst geringen Männeranteils an pädagogischem Personal in Kindertageseinrichtungen politisch gewollt und gegenwärtig durch verschiedene Maßnahmen des Bundesministeriums für Familie, Senioren, Frauen und Jugend (BMFSFJ) auch aktiv gefördert. Und auch viele Eltern, Erzieherinnen und Träger scheinen Männern in Kindertageseinrichtungen in hohem Maße aufgeschlossen gegenüberzustehen (vgl. BMFSFJ 2010).

Trotzdem gibt es kritische Stimmen und skeptische Kommentare. Erst kürzlich hat die profilierte Entwicklungspsychologin Heidi Keller hierzu in einem Streitgespräch eine ablehnende Position bezogen und es aus »wissenschaftlicher Perspektive« als fraglich bezeichnet, ob ein höherer Männeranteil die Vielfalt in Kindertagesstätten erhöht: »Vielfalt wird aber nicht durch Geschlechterdichotomisierung hergestellt!« (Keller/Rohrmann 2011)

In der Tat scheint nach wie vor nicht wirklich klar zu sein, welchen Beitrag Männer in die Erziehung kleiner Kinder einbringen. Insbesondere bezogen auf professionelle pädagogische Tätigkeiten haben wir es unverändert mit einem erheblichen Forschungsdefizit bezüglich des Faktors Geschlecht und seiner Auswirkung in der Erziehung zu tun. Die allermeisten Studien zur Rolle des pädagogischen Personals und seiner Wirkung auf die Kinder beziehen bislang nur weibliche Fachkräfte ein. Beklagte Seifert 1973 das Fehlen von Studien über Männer in Kindertageseinrichtungen, so ist heute die Situation kaum anders.

Der folgende Beitrag versucht, zu den wichtigsten Argumenten in der gegenwärtigen Debatte um mehr Männer in Kitas den Stand wissenschaftlicher Forschung zusammenzufassen und kritisch zu reflektieren, was wir wirklich über die männliche Rolle in der Erziehung und männliches Erziehungsverhalten wissen und belegen können und wo weiterer Forschungsbedarf besteht.

Männer als Rollenvorbilder?

Überblickt man einschlägige Publikationen und Stellungnahmen, fokussieren die meisten auf die Bedeutung des männlichen Rollenvorbilds, wobei häufig ergänzend auf die zunehmende Zahl alleinerziehender Mütter und die Problematik vaterlos aufwachsender Jungen hingewiesen wird. Diese Akzentsetzung ist umso bemerkenswerter, da auf der anderen Seite die von den Erzieherinnen gegenüber den Kindern repräsentierte Frauenrolle kaum aus einer Gender-Perspektive problematisiert wird.

Ganz abgesehen von der grundsätzlichen Problematik, »Männlichkeit« und »die Männerrolle« ohne unangemessene Generalisierungen zu definieren (vgl. Connell 1995; Brandes 2002), steht der Verweis auf die Notwendigkeit männlicher Rollenvorbilder aus mehreren Gründen auf schwachen Füßen. Schon Seifert hatte die Mehrdeutigkeit dieses Arguments beklagt. Auch hieran scheint sich zwischenzeitlich nicht viel geändert zu haben. Charlie Owen von der Universität London schreibt:

> »Wie auch immer, es ist nicht immer klar, welche Rollenvorbilder Männer darstellen sollen. Geht es einfach darum, dass Kinder Zeit sowohl mit Männern wie mit Frauen verbringen? Ist damit gemeint, dass männliche Rollenvorbilder dem stereotypen Männerbild entgegen wirken sollen, indem sie zeigen, dass Männer eine fürsorgliche Seite haben? Oder ist es so, dass Männer einer exklusiv weiblichen Umgebung stereotype männliche Eigenschaften entgegenstellen sollen?« (Owen 2003; Übers. H.B.)

Ähnlich sieht es Claire Cameron (2006, S. 75), wenn sie fragt: »Welche Rollen sollen männliche Pädagogen darstellen und wofür? Sind sie ein Vaterersatz, ein guter Freund, ein Spielkamerad oder eine mehr spezifische Quelle familiärer oder ethnischer Identifikation?«

Abgesehen von diesen unterschiedlichen und häufig unklaren Konnotationen, die in der auf das männliche Rollenvorbild zurückgreifenden Argumentation mitschwingen, kann man generell feststellen, dass es zwar gute Gründe für die theoretische Annahme einer für kindliche Entwicklung relevanten Geschlechtsrollenfunktion von pädagogischem Personal gibt, aber so gut wie kaum überzeugende empirische Nachweise hierfür.

Dabei muss man sehen, dass der mit der Geschlechtsrolle angesprochene Vorbildaspekt und seine Auswirkung auf die Identifikations- und Selbstbildungsprozesse von Kindern offenbar ein hochkomplexes und zugleich subtiles Geschehen beschreiben, das sich nur schwer operationalisieren und für empirische Forschung zugänglich machen lässt. Dies gilt schon für die Vater-Sohn-Beziehung, mehr noch aber für die geschlechtliche Identifikation des Kindes mit anderen Männern. Insofern ist der diesbezügliche Mangel an belastbaren empirischen Belegen wenig überraschend.

Wo dennoch versucht wurde, über grobe Indikatoren die Männlichkeiten beispielsweise von Vätern und Söhnen im Vergleich zu erfassen, ergaben sich keine konsistenten und nach heutigem Maßstab als methodisch abgesichert geltende Resultate, die einen direkten Zusammenhang zwischen der vom Vater repräsentierten Männlichkeit und der des Sohnes belegen könnten (Biller/Borstelmann 1967; Rohner/Veneziano 2001). Bezieht man aber die *Qualität der Vater-Sohn-Beziehung* als zusätzliche Variable in die Untersuchung mit ein, so zeigen sich doch Zusammenhänge, die Michael Lamb wie folgt resümiert:

> »Jungen scheinen den Geschlechtsrollenstandards ihrer Kultur zu entsprechen, wenn die Beziehungen zu ihren Vätern liebevollen Charakter [warm relationships] besitzen. Dies ist unabhängig davon, wie ›maskulin‹ ihre Väter sind und selbst davon, ob Wärme und Intimität traditionell als feminine Charakteristika angesehen werden« (Lamb 1997b; S. 9; Übers. H.B.).

Nach diesen Ergebnissen spricht einiges für die Annahme, dass das Geschlecht der Eltern oder anderer Erwachsener im Sinne einer Vorbildfunktion *an sich* für die Entwicklung der Kinder eher eine geringe bzw. nach wie vor schwer nachweisbare Rolle spielt. Dies spiegeln auch Untersuchungen wider, die den Effekt des Geschlechts von Lehrern im Schulbereich zu erfassen versuchen (Faulstich-Wieland 2010). Damit ist das Geschlecht pädagogischer Bezugspersonen aber noch nicht zwangsläufig irrelevant. Vielmehr deutet einiges darauf hin, dass es im Zusammenhang mit bestimmten Beziehungsqualitäten und geschlechtsspezifischen Unterschieden im konkreten pädagogischen Handeln doch eine Bedeutung besitzt. Dies spricht für das zweite in die Diskussion um Männer in Kitas eingebrachte Argument, dass

Männer sich in ihrem konkreten Erziehungsverhalten und in der Art und Weise, wie sie Beziehungen zu Kindern gestalten, von Frauen unterscheiden. Wir sollten also weniger nach geschlechtsspezifischen Vorbildwirkungen fragen, sondern nach unterschiedlichen Parametern des konkreten Interaktionsverhaltens von Männern und Frauen im Umgang mit Kindern.

Gemeinsamkeiten und Unterschiede im Erziehungsverhalten von Männern und Frauen

Zuerst einmal kann man aus den letzten etwa 30 Jahren entwicklungspsychologischer Forschung den Schluss ziehen, dass Väter und Mütter ihre Kinder eher in *ähnlicher Weise* beeinflussen, als dass deutliche geschlechtsspezifische Unterschiede nachzuweisen sind. Nach Michael Lamb zeigt sich, dass

> »elterliche Wärme, Fürsorge und Nähe unabhängig vom Geschlecht der Eltern verbunden sind mit positiven Effekten aufseiten des Kindes. Die wichtigsten Dimensionen elterlichen Einflusses sind also solche, die generell mit Eigenschaften der Eltern zu tun haben und weniger mit geschlechtsabhängigen Charakteristika« (Lamb 1997b, S. 13; Übers. H.B.).

Inzwischen verfügen wir über eine Vielzahl empirischer Belege (Lamb 1997a; Day/Lamb 2004) dafür, dass die aufgrund von Schwangerschaft und Stillfähigkeit größere biologische Nähe der Mutter zum Kind nicht automatisch zu einer höheren Fähigkeit zur Betreuung und Versorgung kleiner Kinder führt. Vielmehr zeigt sich, dass Fürsorge und Erziehung von beiden Eltern im Alltag quasi »on the job« (Lamb) gelernt werden. Zwar zeigen häufig Mütter eine höhere Sensibilität und Reaktionsbereitschaft in Bezug auf das Schreien ihrer Säuglinge, dies lässt sich aber darauf zurückführen, dass sie schlichtweg mehr Umgang mit diesen haben.

Auch Untersuchungen, die zu verschiedenen Aspekten der »intuitiven Elternschaft« (Papoušek/Papoušek 1995) durchgeführt wurden, zum Beispiel zur intuitiven Anwendung der sogenannten »Babysprache« und der kommunikativen Mimik gegenüber Säuglingen, haben keine relevanten geschlechtsspezifischen Unterschiede belegen können. Man geht zwar durchaus davon aus, dass diese Fähigkeiten eine biologische Grundlegung (im Sinne eines angelegten Programms) besitzen, ein Unterschied zwischen Männern und Frauen lässt sich hierbei aber nicht nachweisen. Der französische Psychologe Jean Le Camus sieht es als belegt an, dass die Kommunikation zwischen Eltern und Kleinkind

> »auf der Grundlage von Merkmalen stattfindet, die vom Elternstatus des Gegenüber unabhängig sind. Mutter und Vater stellen sich beinahe auf gleiche Weise auf das Entwicklungsniveau des Babys ein: auf gleiche Weise sprechen sie auf einem hohen Tonregister und auf gleiche Art reden sie mit ihm in vereinfachter Sprache« (2001, S. 58).

Ungeachtet dieser prinzipiellen Ähnlichkeiten im Umgang von Frauen und Männern mit Kindern gibt es im Detail und zum Teil auch sublime Differenzen.

Schon im sogenannten vorsprachlichen Bereich scheint es Unterschiede zwischen mütterlichem und väterlichem Verhalten zu geben. Es gibt Hinweise darauf, dass das Kind eines engagierten Vaters bereits in den ersten Monaten mit zwei teilweise unterschiedlichen nonverbalen Kommunikationsweisen konfrontiert ist. So scheinen Mütter mehr die visuelle, regulierende Stimulation des Säuglings zu bevorzugen, Väter stärker die taktile und kinästhetische, anregende Stimulation. Die Interaktion der Babys mit ihren Vätern wird im Unterschied zu den Müttern mehr durch rhythmisches Geschehen mit größeren Höhepunkten und längeren Phasen beschrieben (Brazelton/Cramer 1994). Le Camus (2001, S. 98) spricht vom tonisch-emotionalen Dialog zwischen Mutter und Kind im Unterschied zum mehr phasisch-motorischen Dialog zwischen Vater und Kind, und Lamb stellt fest: »Amerikanische Väter tendieren zu mehr körperlicher Stimulation und unvorhersehbarem Spiel als Mütter« (2002, S. 101; Übers. H.B.).

Kommen die Kinder in das Sprechalter (zwischen eineinhalb und zwei Jahren) werden weitere Unterschiede deutlich: Väter sind direktiver und ihr Sprachcode weist häufiger Handlungsaufforderungen auf, während Mütter häufiger expressive Botschaften, die eine Emotion beschreiben, benutzen (Le Camus 2001, S. 62). Allen und Daly (2007, S. 1) verweisen auf Untersuchungen, die zeigen, dass Väter mehr W-Fragen stellen als Mütter. Väter scheinen gegenüber kleinen Kinder auch dazu zu neigen, »weniger vertraute Wörter zu verwenden als die, welche im Grundmuster der Sprechweise von Müttern vorkommen« (Le Camus 2001, S. 59). Sie passen sich in der Begriffswahl weniger dem Kind an und benutzen auch ungewöhnlichere Worte, weshalb Le Camus sie auch als die für das Kind »schwierigeren Gesprächspartner« bezeichnet. Dies sieht er aber durchaus positiv: »Wegen ihrer höheren Forderungen wirken Väter als ›sprachliche Brücke‹ zwischen der frühen dyadischen Sprache und der späteren polyadischen (d.h. mit mehreren Gesprächspartnern), wie es im gesellschaftlichen Umfeld der Fall ist« (ebd., S. 60). Für diese Interpretation spricht, dass verschiedene Untersuchungen belegen, dass die Dauer der Interaktionen zwischen Vater und Kind länger ist und Kinder engagierter Väter mehr sprechen, ein umfangreicheres Vokabular benutzen und später einen höheren IQ aufweisen (Allen/Daly 2001, S. 1).

Insgesamt finden wir in verschiedenen Untersuchungen konsistent in die gleiche Richtung weisende Ergebnisse, wobei Väter im Vergleich zu Müttern im Spiel als stärker handlungs- und lösungsorientiert, die kindliche Selbstregulation fördernd, Fähigkeiten des Kindes herausfordernd und bei älteren Kindern als eher aufgabenbezogen charakterisiert werden (Lamb 1997c). Auch für Martin Dornes, der in Deutschland für seine Überblicksarbeiten zur frühen Kindheit bekannt wurde, ist

> »der am besten gesicherte Befund zum differenziellen Umgang […], dass Mütter stärker pflegerische, Väter stärker spielerische Aktivitäten im Umgang mit ihren Kindern entfalten und beide sich auch in der Art des Spielens unterscheiden. Mütter spielen sanfter, Väter rauer, und zwar sowohl mit Mädchen als auch mit Jungen, wobei sie sich von den Mädchen im Laufe der Zeit zu sanfterem Spiel erziehen lassen […]. Das vor allem mit Jungen praktizierte grobmotorische, körperbetonte Spiel (Hochwerfen; akzentuierte Wechsel zwischen aktiven und passiven Phasen) hat verschiedenen Untersuchungen zufolge […] einen Effekt auf die Fähigkeit zum gekonnten Umgang mit Aggressionen« (Dornes 2006, S. 294).

Bezogen auf die Beziehungsqualität zwischen Vater und Kind, der nach den oben zitierten Untersuchungen entscheidende Bedeutung für die Vorbildfunktion von Vätern zukommt, können wir auf richtungsweisende Ergebnisse der Bindungsforschung zurückgreifen. Nachdem anfänglich nur die Mutter-Kind-Beziehung im Blick war, hat die Bindungsforschung in den letzten Jahren beeindruckend konkretes Material zum väterlichen Interaktionsverhalten vorgelegt. Besonders im Rahmen der Bielefelder Längsschnittstudie wurde versucht, den männlichen Beitrag zur Entwicklung des Kindes in einem spezifischen experimentellen Arrangement qualitativ zu untersuchen (vgl. Kindler et al. 2002; Kindler/Grossmann 2004; Grossmann/Grossmann 2004). Der Beobachtungsfokus lag dabei auf der »väterlichen Vermittlungsgüte«, wobei neben »sensitiver Herausforderung« auch die »gewährende« Komponente der Feinfühligkeit auf einer Einstufungsskala erfasst wurde:

> »Als hohe Vermittlungsgüte wurde es angesehen, wenn es dem Vater gelang, auf kindliche Signale einzugehen, sowie dem Kind in einer adäquaten Weise den Umgang mit dem Spielmaterial zu vermitteln. Aktives Fördern und vertrauensvolles Gewährenlassen sollten sich dabei im Gleichgewicht befinden. Dieser Beschreibung entsprach beispielsweise ein Vater, der seinem Kind zu Beginn der Spielsituation grundlegende Formen des Umgangs mit dem Material vermittelte (Rollen, Kneten). Einhergehend mit der Bewältigung dieser väterlichen Anforderungen entstand eine hohe gemeinsame Spielfreude bei Vater und Kind. Im Anschluss wiederholte das Kind mehrmals weitgehend eigenständig und nur im Bedarfsfall mit Unterstützung des Vaters das Rollen von Knete. Mit nachlassendem Interesse an dieser Aktivität gelang es dem Vater, das Kind in ein komplexes Spiel (Bau einer Figur) einzubeziehen« (Kindler et al. 2002, S. 713).

Die Befunde dieser Untersuchungen führen die Autoren zu der Interpretation, der mütterlichen Feinfühligkeit als Hauptfaktor für gelingendes Bindungsverhalten die als spezifisch männlich klassifizierte Qualität eines »sensitiv herausfordernden« Interaktionsstils gegenüberzustellen:

> »Wir sehen als Gemeinsamkeit in den aufgezählten väterlichen im Vergleich zu mütterlichen Verhaltensweisen, dass Väter sich eher als Herausforderer kindlicher Kompetenzen zu verstehen scheinen, indem sie mehr von ihren Kindern in den Bereichen Selbstregulation, Exploration, Kommunikation, Verhaltenskontrolle und Selbständigkeit verlangen« (ebd., S. 710).

Dabei sehen sie den einfühlsam herausfordernden Interaktionsstil des Vaters einhergehen

> »mit der Bereitschaft und dem Selbstvertrauen, durch eine gedankliche Exploration von Schwierigkeiten zu Lösungen zu gelangen [...]. In den Modellvorstellungen der Bindungstheorie entspricht dies einer Förderung der explorativen Seite der Bindungs-Explorations-Balance durch einen sensitiv herausfordernden Vater« (ebd., S. 718).

Zusammenfassend legen insbesondere diese Studien zum Spielverhalten die Interpretation nahe, dass zwar Vater wie Mutter gleichermaßen zum Bindungs- und Erkundungsverhalten der Kinder beitragen, dabei aber das Bindungsverhalten stärker durch die Mütter und das Erkundungsverhalten stärker durch die Väter beeinflusst wird. Folgt man Le Camus in seiner Argumentation, wäre damit ein eigenständiger und wichtiger männlicher Beitrag zur kindlichen Entwicklung identifiziert. »Alles sieht danach aus, als ob die anregende Wirkung der Väter derjenigen der Mütter überlegen ist, anders gesagt, als sei das Kind im Bereich der Anregung aufgeschlossener gegenüber dem Vater als der Mutter« (Le Camus 2001, S. 91).

Grossmann und Grossmann gehen sogar noch weiter, wenn sie als Resultat jahrelanger Bindungs- und Vaterforschung die väterliche bzw. männliche Funktion für die kindliche Entwicklung in folgender Auflistung zusammenfassen:

- »als interessanter, weil andersartiger Interaktionspartner, der andere und oft aufregendere Dinge mit dem Kind macht als die Mutter, und zwar schon im Säuglingsalter [...];
- als Herausforderer, der das Kind auffordert, Neuartiges zu tun, das es sich ohne seine Hilfe nicht zutrauen würde [...];
- als Vermittler von Bereichen der Umwelt, die ohne seine sorgsame Umsicht für das Kind gefährlich wären, z.B. Feuer, Wasser, Abgründe und Höhen [...];
- als Vermittler von Spielen und Festivitäten der jeweiligen Kultur [...];
- als Lehrer und Mentor [...]« (Grossmann/Grossmann 2004, S. 223).

Nachfragen zum gegenwärtigen Forschungsstand

Auf den ersten Blick erscheint es unmittelbar evident und bestätigt viele Alltagserfahrungen, wenn die Bindungsforschung der »einfühlsamen Mutter« den »herausfordernden Vater« gegenüberstellt, oder wenn Le Camus betont, dass trotz individueller Unterschiede im Durchschnitt »Mütter sich als flexibler, beschützender, sanfter, auch vorhersehbarer und die Väter als körperlicher, grober, störender, idiosynkratischer erweisen« (2001, S. 99).

Angesichts dieser Evidenz mag es überraschen, dass beispielsweise V. Jeffery Evans (2004, S. XII) vom renommierten amerikanischen National Institute of Child Health and Human Development (NICHD) die Aussage trifft: »Wir wissen nicht wirklich, ob väterspezifische Verhaltensweisen existieren oder was sie sind.« Aber er steht mit seiner Skepsis nicht alleine.

Von verschiedenen einschlägig forschenden Autoren wird die Eindimensionalität der bisherigen Untersuchungsdesigns beklagt und eine stärker *systemische Forschungsperspektive* eingefordert, die das Zusammenwirken väterlichen und mütterlichen Verhaltens und den Effekt wechselseitiger *Arrangements* der Beteiligten stärker berücksichtigt (Rohner/Veneziano 2001; Allen/Daly 2007). Insbesondere

Catherine Tamis-LeMonda (2004) kritisiert, dass die meisten Forschungsansätze zumeist jeweils entweder nur Männer oder Frauen im Blick haben bzw. auf lediglich eine Dimension des Erziehungshandelns fokussieren. Dabei würden beispielsweise die frühen herausfordernden Spiele der Mütter mit ihren Säuglingen übersehen oder auch die pflegenden und bindungsbezogenen Qualitäten, die Männer zeigen, die viel Zeit mit ihren Neugeborenen verbringen. Sie betont deshalb, dass Spielaktivitäten nur ein Teil des komplexen »Puzzles« männlicher Erziehungstätigkeit umfassen und »Väter viel mehr sind als Herausforderer, wie auch Mütter viel mehr als Pflegende« (Tamis-LeMonda 2004, S. 224; Übers. H. B.). Tamis-LeMonda beharrt zudem auf dem Argument, dass es von großer Bedeutung sei, dass Mütter beispielsweise erheblich mehr Zeit mit ihren kleinen Kindern verbringen als Väter und dass dies für beide Elternteile von erheblicher Auswirkung auch auf ihr Spielverhalten sei. So führe die geringere Zeit, die Männer in westlichen Industrienationen mit ihren Kindern verbringen, beispielsweise dazu, dass sie sich im Spiel in einer Weise engagieren, die zu kürzeren Rhythmen führt und zum schnellen Appell an die Kinder.

Tamis-LeMondas Argumentation zielt darauf ab, dass alle relevanten Dimensionen elterlicher Erziehungsfunktion prinzipiell von beiden Elternteilen ausgefüllt werden können. Deshalb hält sie die Charakterisierung von Vätern als in erster Linie herausfordernde Spielkameraden für historisch und kulturell einseitig. Bei den meisten Elternpaaren zeige sich vielmehr so etwas wie eine intuitive, weitgehend unbewusst praktizierte Arbeitsteilung auch im konkreten Erziehungshandeln, weshalb sie es für notwendig hält, die väterlichen und mütterlichen Beiträge hierzu immer im »Tandem« zu untersuchen, das heißt aus einer konsequent systemischen Perspektive: »Eltern und andere Betreuer konstituieren ein System von interagierenden Partnern, jeder von ihnen beeinflusst andere und ist von ihnen beeinflusst. Deshalb sind die Beiträge der Familienmitglieder komplementär und werden kontinuierlich ausgehandelt« (ebd., S. 225; Übers. H. B.).

Tamis-LeMondas Argumentation steht nicht grundsätzlich im Widerspruch zur Bindungsforschung, insofern auch diese »postuliert, dass sich optimalerweise Eltern in ihren Rollen und Aufgaben hinsichtlich der Entwicklung des Kindes ergänzen« (Grossmann/Grossmann 2004, S. 224). Tamis-LeMonda deckt aber eine grundlegende Schwachstelle auch in der Bindungsforschung auf, da die unterschiedlichen experimentellen Settings für Mütter und Väter (Fremde Situation und Spielsituation) in ihrer ganzen Anlage eine spezifische zeit- und kulturabhängige familiäre Arbeitsteilung abbilden und deshalb in ihren Ergebnissen auch letztlich mehr über Effekte dieser Arbeitsteilung aussagen als über isoliert wirkende und übergreifend gültige geschlechtsspezifische Muster.

Das heißt nicht, dass wir nicht immer wieder auf Merkmale im erzieherischen Handeln von Männern und Frauen stoßen, die die bindungstheoretischen Forschungsergebnisse idealiter widerspiegeln, aber vermutlich treffen wir genauso auf Männer mit ausgeprägt fürsorglichem und sanftem Bindungsverhalten wie auf Frauen mit deutlich herausforderndem Spielverhalten.

Alles in Allem sind wir folglich vermutlich gut beraten, die Qualität des »sensitiven Herausforderers« nicht als geschlechtsspezifisches Wesensmerkmal im Kontrast etwa zur nährenden und pflegenden Haltung von Müttern zu verstehen. Vielmehr gibt es gute Gründe für die Annahme, dass familiäre Erziehungsarrangements von einer Art Arbeitsteilung bestimmt sind, die sich häufig im Sinne alltagspsychologischer Zuschreibungen am Geschlecht der Beteiligten orientieren. Derartige Zuordnungen sind aber eher als soziale Konstruktionen zu verstehen, als dass sie genuin geschlechtsabhängige Dispositionen abbilden und damit als Indikatoren dafür gelten können, was Männer oder Frauen qua Geschlecht tatsächlich mehr oder weniger gut können. Eine solche Interpretation der Forschungsergebnisse würde auch erklären, warum erwerbstätige Mütter in ihrem Spielverhalten mit dem Kind dem väterlichen Muster ähnlicher sind als nicht erwerbstätige (Lamb 1997b).

Besonders gegenüber Aussagen über die positive Wirkung engagierter Vaterschaft auf die kognitive oder soziale Entwicklung der Kinder ist Skepsis angebracht, da hierbei unberücksichtigt bleibt, dass besonders engagierte und einfühlsame Väter häufig auch mit besonders einfühlsamen und engagierten Müttern liiert sind. Der seit den 80er Jahren geführte Nachweis positiver Effekte väterlichen Engagements könnte in diesem Sinne auf einen »systemischen Effekt« zurückgehen, nämlich die simple Tatsache, dass in Familien mit engagierten Vätern auch die Mütter zumeist ein besonders einfühlendes Erziehungsverhalten zeigen. Lamb (1997b, S. 12) unterstreicht dies durch den Beleg, dass Kinder engagierter Väter besonders hinsichtlich ihrer kognitiven und sozialen Kompetenz davon profitieren, dass sie *zwei* hoch beteiligte Elternteile haben.

Dabei besteht der positive »systemische Effekt« vermutlich weniger darin, dass die Eltern sich in ihre Erziehungsqualitäten *angleichen*, sondern vielmehr darin, dass sie sich in diesen *ergänzen*. Jedenfalls sieht die Forschungsgruppe um Le Camus Belege dafür, »dass die für die soziale Entwicklung des Kindes günstigste Familienkonstellation diejenige ist, bei der die Erziehungsfunktion des Vaters sowohl ausreichend vorhanden ist als sich auch genügend von der der Mutter unterscheidet« (Le Camus 2001, S. 48).

Forschungsdefizite und die Perspektive einer Tandem-Studie in Kindertagesstätten

Pädagogische Berufe sind immer durch eine Reduzierung auf geschlechtsspezifische Alltagsmuster in ihrer Professionalität und damit ihrer gesellschaftlichen Wertung gefährdet. Insofern hat die Unterstellung einer »natürlichen, intuitiven Mütterlichkeit« als wesentliches Element von Erziehungshandeln sowohl in der Sozialarbeit wie im Erzieherberuf Professionalisierungsstrategien behindert und dazu beigetragen, dass in diesen Bereichen Männer heute durchgehend unterrepräsentiert sind. Folglich wäre es hoch problematisch (und entspräche auch den faktischen Anforderungen nicht), würde man professionelles männliches Erziehungshandeln auf »Väterlichkeit als Beruf« reduzieren. Pädagogisches Handeln erfordert im professionellen Bereich ganz andere Bezugspunkte als im familiären. Während im familiären Kontext die besondere Nähe zum eigenen Kind, spontane Kommunikationsweisen und intuitives Einfühlungsvermögen Grundlage des Handelns sind, sind es im professionellen Bereich Fachwissen und professionell geschultes Kommunikations- und Einfühlungsvermögen.

Eine schlichte Übertragung der Vaterforschung auf professionelles Erzieherverhalten ist demnach nur sehr bedingt möglich. Notwendig wären deshalb besondere Untersuchungen zum geschlechtsspezifischen Erziehungsverhalten in professionellen Kontexten. Wie oben bereits angeführt, verfügen wir aufgrund des Mangels an Männern in Kindertageseinrichtungen bislang aber nicht über solche Studien. Aigner und Poscheschnik haben dies erst kürzlich wieder konstatiert: »Insgesamt kann von einem eklatanten Mangel an Untersuchungen über den Einfluss professioneller Erziehung und Bildung durch Männer auf die Entwicklung von Kindern gesprochen werden« (2010, S. 429).

Es gibt lediglich vereinzelte Hinweise, unter anderem durch die Übertragung bindungstheoretischer Fragestellungen auf das Feld der institutionellen Erziehung und Betreuung. So stellt beispielsweise Lieselotte Ahnert fest, dass Erzieherinnen »häufiger sichere Erzieherinnen-Mädchen-Bindungen als sichere Erzieherinnen-Jungen-Bindungen« (2004, S. 272) aufweisen. Diesen Befund bestätigen Ahnert, Pingart und Lamb (2006) nochmals in einer Übersichtsarbeit über einschlägige Studien. Ahnert nimmt deshalb an, »dass Erzieherverhalten und -erwartungen deutlicher durch Geschlechtsstereotype geprägt sind als ursprünglich angenommen« (2004, S. 272). Diese geschlechtsstereotypen Tendenzen kommen ihren Beobachtungen nach besonders in der Gruppenarbeit zum Tragen, weil Jungen im Gruppenkontext stärker zu Dominanzverhalten und physischer Aktivität neigen, während Mädchengruppen eher egalitäre Strukturen ausbilden und empathisches und prosoziales Verhalten zeigen. Erzieherinnen würden auf diese unterschiedlichen Verhaltensweisen oft wertend reagieren und es falle ihnen schwer, diese geschlechtsstereotypen Tendenzen der Kinder in der Gruppenarbeit auszubalancieren. Deshalb hält es Ahnert für nachvollziehbar, »wenn Jungen kaum sichere Bindungen aufbauen und auch dann noch schwieriger zu betreuen sind, wenn sie sich in ihre Peergroup zurückziehen. Beobachtungen in Kitas lassen manchmal Erzieherinnen erkennen, die Jungengruppen hilflos gegenüberstehen – vor allem, wenn sie aggressiv entgleiten, dies jedoch aufgrund der sozialen Subkultur der Gruppe positiv verstärkt wird« (Ahnert 2004, S. 273).

Dies sind Indizien dafür, dass die historisch gewachsene Überrepräsentanz von Frauen in frühkindlichen Erziehungsinstitutionen alles andere als optimal ist. Die Anwesenheit von Männern in Kindertageseinrichtungen (und für Schulen ist es vermutlich ähnlich) könnte es zumindest erleichtern, geschlechtsstereotype Interaktionsformen von Mädchen und Jungen besser auszubalancieren.

Bislang verfügen wir aber nur über vage und vereinzelte Belege, die solche Vermutungen stützen. In erster Linie fehlt es an *Vergleichsstudien*, die neben weiblichem auch männliches Personal mit einbeziehen. Darüber hinaus ist eine wichtige Schlussfolgerung aus der theoretischen Debatte um Defizite der Vaterforschung, dass derartige Vergleichsuntersuchungen auch in pädagogischen Institutionen nicht ohne eine *systemische Perspektive* auskommen. Denn es ist anzunehmen, dass zusammenarbeitende pädagogische Fachkräfte, ähnlich wie Elternpaare, in ihrer erzieherischen Aktivität bewusst oder unbewusst Arrangements treffen und Arbeitsteilungen vornehmen. Zur Beantwortung der Frage, ob wir es bei eventuell auftretenden Unterschieden im Verhalten von männlichen und weiblichen Fachkräften mit einem genuin geschlechtsabhängigen Effekt zu tun haben oder eher um Ausdrucksformen einer prinzipiell geschlechtsunabhängigen, pragmatischen Arbeitsteilung, ist es deshalb notwendig, eine Vergleichsmöglichkeit mit geschlechtshomogenen Paaren herzustellen.

Um das 2011 gestartete ESF-Modellprojekt für mehr Männer in Kitas wissenschaftlich zu untermauern, hat das BMFSFJ deshalb ein »Tandem-Projekt« an der Evangelischen Hochschule in Dresden in Auftrag gegeben, das an diesen Kriterien für eine vergleichende Untersuchung geschlechtsspezifischen Erziehungsverhaltens in Kindertageseinrichtungen ausgerichtet ist. Anhand videografierter, teilstandardisierter pädagogischer Situationen mit einzelnen Kindern und einer Kindergruppe werden 20 in ihrem Alltag zusammenarbeitende Tandems aus je einem Erzieher und einer Erzieherin auf Unterschiede in ihrer pädagogischen Haltung und ihrem Interaktionsverhalten untersucht. Ergänzt wird dies durch qualitative Paarinterviews und die Erhebung eines Persönlichkeitsfragebogens. Als Kontrollgruppe fungieren zehn gleichgeschlechtliche Tandems, die entsprechend auf Unterschiede innerhalb der Paare untersucht werden.

Mit dieser bis 2013 projektierten Studie ist die Erwartung verbunden, differenzierte Antworten auf die Frage zu erhalten, ob Männer im Bereich professioneller Erziehung tatsächlich andere Haltungen und ein anderes Interaktionsverhalten als Frauen zeigen und ob diese Unterschiede nachweisbar mit der Geschlechtsdifferenz zu tun haben. Letztendlich soll hierdurch ermöglicht werden, zumindest in einem ersten Schritt die Erwartung zu überprüfen, dass durch mehr Männer in Kitas die Vielfalt in den Einrichtungen wächst und die Kinder hierdurch einen Gewinn erfahren.

Literatur

Ahnert, L. (2004): Bindungsbeziehungen außerhalb der Familie: Tagesbetreuung und Erzieherinnen-Kind-Bindung. In: Ahnert, L. (Hg.): Frühe Bindung. Entstehung und Entwicklung. München, Basel (Ernst Reinhardt), S. 256–277.

Ahnert, L.; Pinquart, M. & Lamb, M.E. (2006): Security of Children's Relationships With Nonparental Care Providers: A Meta-Analysis. Child Development 74(3), 664–679.

Aigner, J.C. & Poscheschnik, G. (2010): Jungen und Männer im pädagogischen Diskurs: zwischen Selbstbehauptung, Empirie und Geschlechterkampf. Erziehung und Unterricht. Österreichische Pädagogische Zeitschrift 160(5–6), 427–434.

Allen, S. & Daly, K. (2007): The Effects of Father Involvement: An Updated Research Summary of the Evidence. URL: http://www.fira.ca/cms/documents/29/Effects_of_Father_Involvement.pdf (Stand: 12.05.2011).

Biller, H.B. & Borstelmann, L.J. (1967): Masculine Development: An Integrative Review. Merrill-Palmer Quarterly of Behavior and Development 13, 253–294.

Brandes, H. (2002): Der männliche Habitus. Bd. 2: Männerforschung und Männerpolitik. Opladen (Leske & Budrich).

Brandes, H. (2010): Ersatzmuttis oder tolle Spielkameraden – Was bringen Männer in Erziehung ein? Erziehung und Unterricht. Österreichische Pädagogische Zeitschrift 160(5–6), 484–496.

Brazelton, T.B. & Cramer, B.G. (1994): Die frühe Bindung. Stuttgart (Klett-Cotta).

Bundesministerium für Familie, Senioren, Frauen und Jugend (Hg.) (2010): Männliche Fachkräfte in Kindertagesstätten. Eine Studie zur Situation von Männern in Kindertagesstätten und in der Ausbildung zum Erzieher. Berlin (BMFSFJ).

Cameron, C. (2006): Men in the Nursery Revisited: issues of male workers and professionalism. Contemporary Issues in Early Childhood 7(1), 68–79.

Connell, R.W. (1995): »The Big Picture«: Formen der Männlichkeit in der neueren Weltgeschichte. Widersprüche 56/57, 23–45.

Day, R.D. & Lamb, M.E. (Hg.) (2004): Conceptualizing and Measuring Father Involvement. Mahwah/New Jersey (Lawrence Erlbaum Associates).

Dornes, M. (2006): Die Seele des Kindes. Frankfurt/M. (Fischer).

Evans, V.J. (2004): Foreword. In: Day, R.D. & Lamb, M.E. (Hg.): Conceptualizing and Measuring Father Involvement. Mahwah/New Jersey (Lawrence Erlbaum Associates), S. IX-XIII.

Faulstich-Wieland, H. (2010): Mehr Männer in die Grundschule: welche Männer? Erziehung und Unterricht. Österreichische Pädagogische Zeitschrift 160(5–6), 497–504.

Grossmann, Kl. & Grossmann, Ka.(2004): Bindungen – das Gefüge psychischer Sicherheit. Stuttgart (Klett-Cotta).

Keller, H. & Rohrmann, T. (2010): Männer in Kitas: Fortschritt oder Idealisierung? Ein Streitgespräch. URL: http://www.erzieherin.de/maenner-in-kitas-fortschritt-oder-idealisierung.php (Stand: 12.05.2011).

Kindler, H. & Grossmann, K. (2004): Vater-Kind-Bindung und die Rollen von Vätern in den ersten Lebensjahren ihrer Kinder. In: Ahnert, L. (Hg.): Frühe Bindung. Entstehung und Entwicklung. München, Basel (Ernst Reinhardt), S. 240–255.

Kindler, H., Grossmann, K. & Zimmermann, P. (2002): Kind-Vater-Bindungsbeziehungen und Väter als Bindungspersonen. In: Walter, H. (Hg.): Männer als Väter. Sozialwissenschaftliche Theorie und Empirie. Gießen (Psychosozial-Verlag), S. 685–742.

Lamb, M.E. (Hg.) (1997a): The Role of the Father in Child Development. New York (John Wiley & Sons).

Lamb, M.E. (1997b): Fathers and Child Development: An Introductory Overview and Guide. In: Lamb, M.E. (Hg.): The Role of the Father in Child Development. New York (John Wiley & Sons), S. 1–17.

Lamb, M.E. (1997c): The Development of Father-Infant Relationships. In: Lamb, M.E. (Hg.): The Role of the Father in Child Development. New York (John Wiley & Sons), S. 104–120.

Lamb, M.E. (2002): Infant-Father Attachments and Their Impact on Child Development. In: Tamis-LeMonda, C. & Cabrera, N. (Hg.): Handbook of Father Involvement. Mahwah, New Jersey (Lawrence Erlbaum Associates), S. 93–118.

Le Camus, J. (2001): Väter. Die Bedeutung des Vaters für die psychische Entwicklung des Kindes. Weinheim, Basel (Beltz).

Owen, C. (2003): Men's Work? Changing the gender mix of the childcare and early years workforce. URL: http://www.koordination-maennerinkitas.de/uploads/media/Owen-Charlie-Men_s-Work_02.pdf (Stand 12.05.2011).

Papoušek, H. & Papoušek, M. (1995): Vorsprachliche Kommunikation: Anfänge, Formen, Störungen und psychotherapeutische Ansätze. In: Petzold, H.G. (Hg.): Die Kraft liebevoller Blicke. Psychotherapie und Babyforschung, Bd. 2. Paderborn (Junfermann), S. 123–142.

Rohner, R.P. & Veneziano, R.A. (2001): The Importance of Father Love: History and Contemporary Evidence. Review of General Psychology 5(4), 382–405.

Seifert, K. (1973): Some Problems of Men in Child Care Center Work. Child Welfare 52(3), 167–171.

Tamis-LeMonda, C.S. (2004): Conceptualizing Father's Roles: Playmates and More. Human Development 47, 220–227.

Männer in der Elementarpädagogik

Ein internationales Thema

Tim Rohrmann

Männer in Kitas sind »in«. Allenthalben wird ein Mangel an männlichen Bezugspersonen in den Lebenswelten von kleinen Kindern beklagt. Das deutsche Familienministerium investiert Millionen in Projekte, mit denen männliche Fachkräfte für Kindertageseinrichtungen gewonnen werden sollen, und entspricht damit Forderungen der Europäischen Kommission. So neu ist das Thema allerdings nicht, denn Diskussionen über Männer im Kindergarten gibt es bereits seit den 70er Jahren. Der folgende Beitrag gibt einen internationalen Überblick über die Situation von männlichen Fachkräften in der institutionellen Bildung und Betreuung von Kindern und zeichnet die Linien der fachlichen Diskussionen nach, die in verschiedenen Ländern geführt werden.

»Warum sollte man also nicht auch dem Mann vorschlagen, als Erzieher zu arbeiten?«, fragte Elena Belotti bereits in den 70er Jahren im feministischen Klassiker *Was geschieht mit den kleinen Mädchen?* und nahm dabei viele Aspekte der heutigen Diskussion vorweg (Belotti 1975). Auch der US-Amerikaner Kelvin Seifert veröffentlichte in dieser Zeit Beiträge zum Thema, die heute noch durchaus aktuell klingen:

> »Eltern und Lehrkräfte vertreten oft die Ansicht, dass mehr männliche Pädagogen in Kinderbetreuungseinrichtungen nötig seien. Die Gründe für diese Ansicht sind nicht recht klar. Eine Person sagt möglicherweise, dass Kinder ein männliches Vorbild benötigen; eine andere, dass kleine Jungen bessere Beziehungen zu männlichen Pädagogen entwickeln; wieder eine andere meint vielleicht, dass Kinder von einem männlichen Pädagogen lernen können, dass Männer auch fürsorglich und liebevoll sein können, so wie Frauen das sind. Diese Annahmen beruhen kaum einmal auf persönlicher Erfahrung, denn Vollzeit tätige männliche Kinderbetreuer gibt es nahezu gar nicht. Sie sind auch nicht von objektiven Studien von Männern in Kinderbetreuungseinrichtungen abgeleitet, denn solche Studien sind nicht durchgeführt worden. Bestenfalls repräsentieren die Kommentare eine Anwendung von Forschung und Wissen über Männer in anderen Kontexten, insbesondere in der Familie, auf die Kindergartengruppe. Noch häufiger wird die »Notwendigkeit« [need] von Männern als selbstverständlich angenommen. Es scheinen nur wenige Belege für so eine breit akzeptierte Idee erforderlich zu sein« (Seifert 1973, S. 167; Übers. T.R.).

In Europa gibt es seit den 90er Jahren Initiativen, die sich mit der Situation von männlichen Pädagogen im Elementarbereich befassen und Strategien zur Erhöhung des Männeranteils entwickeln (Netzwerk der EK 1993). In den letzten Jahren kam es zu einem deutlichen Anstieg des Interesses und einem internationalen Austausch von Forschungsarbeiten. Dabei geht es immer wieder um dieselben Themen: um Chancengleichheit und Geschlechtergerechtigkeit, um die Erweiterung von Berufsperspektiven von Jungen und Männern, um die Bedeutung von männlichen Bezugspersonen für Kinder und insbesondere Jungen, um die Isolation vereinzelter männlicher Pädagogen, um die mangelnde gesellschaftliche Wertschätzung des Elementarbereichs und das zu geringe Gehalt im ErzieherInnenberuf.

Die Ausgangslage: Männliche Pädagogen als kleine Minderheit

Bereits vor 15 Jahren schlug das Netzwerk für Kinderbetreuung der Europäischen Kommission vor, dass bis zum Jahre 2006 20% der Beschäftigten in öffentlichen Einrichtungen für Kinder Männer sein sollten (Netzwerk der EK 1996). Dieses Ziel wurde bei Weitem nicht erreicht. Nur in wenigen Ländern ist es überhaupt zu einem nennenswerten Anstieg der Zahl der Beschäftigten gekommen. Vergleichende Aussagen über den Anteil männlicher Beschäftigter sind allerdings dadurch erschwert, dass es in den verschiedenen Ländern erhebliche Unterschiede in den Systemen der Kinderbetreuung und Vorschulerziehung sowie der Ausbildungen und des beruflichen Status der damit befassten Fachkräfte gibt (Oberhuemer/Schreyer 2010). Dies muss bei den folgenden Aussagen berücksichtigt werden.

Die höchsten Anteile männlicher Beschäftigter werden aus Norwegen und Dänemark berichtet, wo es seit längerem gezielte und staatlich unterstützte Bemühungen um eine Erhöhung ihres Anteils gibt. In Norwegen beträgt der Männeranteil inzwischen 8 bis 9%, in Natur- und Freiluftkindergärten sogar 19% (Hoel/Johannesen 2010; Emilsen/Koch 2011). In Dänemark liegt er je nach Einrichtungsform zwischen 6% und 12%, (Oberhuemer/Schreyer 2010). Der höhere Anteil männlicher Beschäftigter könnte auch damit zusammenhängen, dass die Grundausbildung von Pädagogen in diesen Ländern für die Arbeit mit dem gesamten Altersspektrum von Kindern bis hin zu Jugendlichen qualifiziert.

Von diesen Ausnahmen abgesehen liegt der Männeranteil in Kindertageseinrichtungen weltweit unter fünf Prozent, zum Teil weit darunter. Deutschland liegt mit etwa 3% und leicht steigender Tendenz im oberen Mittelfeld. Im Jahr 2010 waren 15.827 Männer in deutschen Kindertagesstätten beschäftigt und damit fast doppelt so viele wie im Jahr 1998. Wird nur nach pädagogisch ausgebildeten Kräften im Elementarbereich gefragt, liegen sowohl die absolute Anzahl als auch der relative Anteil allerdings niedriger (Koordinationsstelle Männer in Kitas 2011). Ähnlich hoch liegt der Männeranteil in Finnland (4%), Schweden (3%) sowie in den USA (3%). In den meisten Ländern Europas liegt der Männeranteil dagegen bei unter einem Prozent (Oberhuemer/Schreyer 2010; OECD 2006).

Angesichts dieser weltweit eher niedrigen Zahlen muss allerdings erwähnt werden, dass die *absolute* Zahl männlicher Fachkräfte im Elementarbereich in vielen Ländern zugenommen hat (aktuell z.B. in Deutschland, Österreich, Norwegen und Neuseeland). Der rasante Ausbau der Kinderbetreuung insgesamt hat jedoch dazu geführt, dass selbst ein deutlicher Anstieg sich kaum in prozentualen Veränderungen ausdrückt.

Rohrmann (2010) weist darüber hinaus in einem Vergleich von Österreich, Deutschland und Norwegen auf erhebliche Unterschiede zwischen Regionen und Trägern innerhalb der verschiedenen Länder hin. So geben die Wiener Kindergruppen, der regionale Verband selbstverwalteter Elterninitiativen, einen Männeranteil von 26% an; in der norwegischen Provinz Møre og Romsdal liegt dieser dagegen nur bei gut 3%. In westdeutschen Großstädten wie Bremen, Frankfurt oder Hannover ist jeder zehnte Angestellte in Kitas männlich, wogegen Männer in vielen ländlichen Regionen, insbesondere in Ostdeutschland, nach wie vor nur vereinzelt anzutreffen sind. Daraus könnte man schließen, dass regionale Aspekte und spezifische Strategien von Trägern eine größere Bedeutung für den Männeranteil haben als Differenzen zwischen nationalen Systemen und Eigenheiten.

Zum internationalen Stand der Forschung

Insgesamt ist die Bedeutung geschlechtsbezogener Faktoren in der Früh- und Elementarpädagogik recht wenig empirisch erforscht worden (Rohrmann 2009). Seit den 90er Jahren und verstärkt in den letzten Jahren liegen aber relevante Forschungsarbeiten zum Thema aus vielen Ländern vor.

In den angelsächsischen Ländern wurden seit den 90er Jahren eine Reihe von Forschungsarbeiten zu männlichen Pädagogen in der Kinderbetreuung (child care) und in der Vorschule (pre-school) durchgeführt (USA: Becker 2001; Nelson 2002; Sargent 2000, 2005; Australien: Sumsion 2005; Lyons et al. 2004; Neuseeland: Farquhar 2010; Farquhar et al. 2006). Europaweit rezipiert wurden Untersuchungen aus England, insbesondere die Studien von Cameron, Moss und Owen (1999) sowie von Rolfe (2005). Cameron et al. (1999) interviewten 21 ErzieherInnen aus verschiedenen Einrichtungen zu Berufszugängen, ihrer Arbeitssituation und zu ihren Wahrnehmungen von Geschlechterunterschieden im Arbeitskontext. In der Folge hat die Forschungsgruppe sich für eine bessere Balance der Geschlechter im Arbeitsfeld eingesetzt und weitere Entwicklungen dokumentiert (Cameron 2006; Owen 2003). Eine landesweite repräsentative Befragung des Daycare Trust (2003) ergab eine grundsätzlich positive Haltung zu Männern in der Kinderbetreuung. Als wichtigste Begründungen wurden eine gemischtgeschlechtliche Umgebung sowie die Bedeutung von Männern als positive Rollenmodelle für Kinder gesehen, als größte Hindernisse das Risiko, dass Pädophile mit Kindern arbeiten könnten, sowie eine generelle Skepsis gegenüber männlichen Betreuern. Rolfe (2005) erarbeitete eine Expertise im Auftrag der »Equal Opportunities Commission«, in der sie nicht nur Literatur und Forschungsberichte, sondern auch eine staatliche Anwerbekampagne in England auswertete, mit der unter anderem mehr Männer für das Arbeitsfeld gewonnen werden sollten.

In Deutschland wurde im letzten Jahrzehnt eine Reihe von regionalen Befragungen durchgeführt (Übersicht in Rohrmann 2008 sowie Aigner/Rohrmann 2011). Im Jahr 2008 wurde vom deutschen Bundesministerium für Familie, Senioren, Frauen und Jugend (BMFSFJ) eine der international umfassendsten Studien zum Thema in Auftrag gegeben (Cremers et al. 2010). Aufbauend auf einer qualitativen Erhebung in Regionen mit hohem Männeranteil in Kitas wurde eine umfangreiche quantitative bundesweite Telefonbefragung durchgeführt. Erzieher, Erzieherinnen, Auszubildende, Kita-Leitungskräfte, Träger-Verantwortliche und Eltern wurden darin zum Thema »Männliche Fachkräfte in Kindertagesstätten« befragt.

Die Befunde der Studie weisen überzeugend nach, dass »die Türen der Kindertagesstätten für Männer weit geöffnet sind und die wenigen dort anwesenden männlichen Fachkräfte als große Bereicherung für die pädagogische Arbeit wahrgenommen und geschätzt werden« (Rohrmann et al. 2010, S. 8). Auf der anderen Seite werden etliche Vorbehalte und Barrieren deutlich, die einer Steigerung des Männeranteils im Wege stehen. Trägerverantwortliche und Leitungskräfte in Kitas sind zwar an Maßnahmen zur Steigerung des Männeranteils interessiert, vermissen jedoch nachhaltige Strategien, mit denen dieses Vorhaben verwirklicht werden kann.

In Skandinavien ist die Situation von männlichen Pädagogen vor dem Hintergrund der allgemeinen Gleichstellungsdebatte in diesen Ländern zu sehen. In diesem Zusammenhang wurden nicht nur Initiativen zur Erhöhung des Männeranteils am pädagogischen Personal von Bildungseinrichtungen begonnen, sondern auch kritische Analysen zu geschlechtstypischem Verhalten von Männern und Frauen im Elementarbereich durchgeführt (vgl. Baagøe Nielsen 2010).

Insbesondere in Norwegen wurde in den letzten Jahren eine Reihe von Studien durchgeführt, die einerseits erfolgreiche Wege von Männern in den Bereich der Kindergärten dokumentieren, andererseits kritische Fragen an die Rolle männlicher Pädagogen in den Einrichtungen stellen. Bemerkenswert sind Studien zu »Männern in Natur- und Freiluftkindergärten« (Lysklett/Emilsen 2007), in denen der Männeranteil zum Teil bei mehr als einem Drittel liegt. Die AutorInnen stellen fest, dass viele männliche Pädagogen Freiluftkindergärten bevorzugen, weil diese Einrichtungen weniger von der »weiblichen Kultur« üblicher Kindergärten geprägt seien. Männer seien tendenziell »körperlicher« mit Kindern als Frauen, würden mehr mit ihnen spielen und seien weniger auf Sicherheit fokussiert. Dies bedeutet allerdings nicht, dass Bewegungs- und Naturangebote explizit als »männliche Domänen« herausgestellt werden sollten. Friis (2008) weist darauf hin, dass Kampagnen zur Erhöhung des Männeranteils nicht nur auf den »Pfadfinder-Typ« von Mann ausgerichtet sein sollten. Dies könnte wiederum andere Männer abschrecken, die einem solchen Leitbild nicht entsprechen wollen oder können.

Die Situation männlicher Pädagogen im Elementarbereich wird inzwischen auch in Ländern erforscht, in denen es diese bislang nur sehr vereinzelt gibt. In Österreich ist 2008–2010 eine der wohl umfassendsten Studien zu Männern im Kindergarten durchgeführt worden; in anderen Beiträgen dieses Heftes wird darauf eingegangen (vgl. Rohrmann et al.; Aigner/Poscheschnik). In Belgien war die Ausgangssituation ähnlich wie in Österreich: Erst seit den 80er Jahren sind Männer zur Ausbildung zugelassen, der Männeranteil lag bei unter einem Prozent. Seit einem staatlich geförderten Projekt zu Beginn dieses Jahrtausends (Peeters 2003) wurde das Thema kontinuierlich bearbeitet und die Geschlechterthematik in den Kontext der Professionalisierungsdiskussion im Elementarbereich gestellt (Peeters 2008; Vandenbroeck/Peeters 2008).

Als weitere aktuelle Beispiele seien zwei kleinere Studien aus Griechenland und Ungarn genannt. Tsigra (2010) befragte die zehn männlichen Pädagogen (kindergarten teachers) in Kindergärten auf Kreta, die 1% des pädagogischen Personals der Einrichtungen stellen. Als Ergebnis ihrer interessanten Analyse stellt sie fest, dass die befragten Männer sich zwar für Gleichberechtigung aussprechen, sich aber in vieler Hinsicht sehr geschlechtstypisch verhalten. Trotz ihrer für ihr Geschlecht untypischen Berufswahl nehmen Kinder, Eltern und Kolleginnen sie nicht als »nicht-traditionelle Männer« wahr. Auf der anderen Seite stellen sie für Kinder durchaus ein alternatives männliches Rollenmodell dar, womöglich zum ersten Mal in deren Leben.

Toth (2009) stellt in Bezug auf Ungarn fest, dass sich trotz der durch den Sozialismus forcierten Gleichstellung auf dem Arbeitsmarkt die traditionellen Geschlechterrollen kaum verändert haben. Vor diesem Hintergrund wird Kinderbetreuung als Aufgabe der Frau gesehen, für die Männer nicht geeignet seien. Weiter werden das geringe Gehalt und die niedrige gesellschaftliche Anerkennung als Ursachen des geringen Männeranteils gesehen. Dennoch gibt es selbst in traditionellen, ländlich geprägten Gegenden Zustimmung zu männlichen Kinderbetreuern.

Selbst in der Volksrepublik China wird die Frage männlicher Pädagogen inzwischen fachlich diskutiert. Während in den großen Küstenstädten inzwischen mehr Männer in Kindergärten beschäftigt werden, sind sie im Zentrum des Landes sehr selten. Zhang Xiaohui, Professor für Kinderpsychologie am Hunan Institute of Children Project, bedauert dies, da es seiner Ansicht nach »nicht gesund sei«, wenn Kinder nur von Frauen umgeben sind: »Männliche Lehrer stellen die Männlichkeit und den Mut bereit, der Frauen fehlt, und geben den Kindern damit bessere Rollenmodelle« (China View 2005).

Es ist beeindruckend, wie sehr sich trotz unterschiedlicher gesellschaftlicher Systeme und historischer Entwicklungen die Aussagen aus verschiedenen Ländern weltweit ähneln. Dies gilt sowohl für Vorurteile und Klischees als auch für differenzierte Analysen. Das Problem der meisten bislang durchgeführten Studien ist, dass sie sich im Wesentlichen auf Befragungen von männlichen und – seltener – weiblichen Fachkräften beschränken. Ob sich durch die Arbeit von männlichen Pädagogen tatsächlich etwas in der *Praxis* der Elementarpädagogik verändert, wurde bislang kaum durch empirische Studien untersucht.

Wege in den Beruf

Simpson (2005) unterscheidet in einer Studie zu Männern in nicht traditionellen Berufsfeldern drei Gruppen von Männern. Mit »seeker« bezeichnet sie Männer, die sich bewusst für einen »weiblichen« Beruf entschieden, »finder« suchten ursprünglich einen eher traditionell »männlichen« Beruf, landeten dann aber in einem Frauenberuf. »Settler« schließlich sind Männer, die sich nach enttäuschenden Erfahrungen in anderen Berufsfeldern für einen traditionell »weiblichen« Beruf entschieden. Allerdings hat nur ein Teil der männlichen Fachkräfte bereits in der Jugendphase eine Ausbildung im pädagogischen Bereich begonnen. Wie Studien aus mehreren Ländern zeigen, haben Männer, die sich für das

Arbeitsfeld der Kinderbetreuung entscheiden, oft einen ungewöhnlichen Lebensweg hinter sich. Viele Männer entscheiden sich nicht direkt nach dem Schulabschluss für eine Tätigkeit im sozialen Bereich, sondern orientieren sich erst nach einer anderen Ausbildung oder Berufserfahrung bewusst um. Cameron et al. (1999) bezeichnen dies als »rethought career« im Kontrast zur »seamless career« vieler Frauen, bei denen Ausbildung und Beruf nahtlos an die Schulzeit anschließen. Die AutorInnen sprechen auch von einer »zweiten Karrierechance für Männer« in einer Phase der beruflichen Umorientierung (vgl. Cremers et al. 2010; Meyer 2006).

In der aktuellen Diskussion über Männer in Sozial- und Erziehungsberufen in Dänemark wird der Blick auf die Hintergründe und Motivationen von Männern gerichtet, die sich für diese Bereiche interessieren. In einer umfangreichen Untersuchung stellt Wohlgemuth (2010) fest, dass Männer, die sich für Pflege- und Erziehungsberufe interessieren, sehr verschieden sind und sehr unterschiedliche persönliche und berufliche Hintergründe haben. Sie arbeitet mehrere mögliche Motivationen dafür heraus, eine Ausbildung oder Tätigkeit im Care-Sektor zu beginnen:

- Die Grundausbildung im Care-Sektor wird als Schritt auf dem Weg zu weiterer Ausbildung gesehen.
- Eine Ausbildung im Care-Sektor bringt beinahe eine Arbeitsplatzgarantie mit sich.
- Sie ermöglichen einen beruflichen und manchmal auch persönlichen Neuanfang.
- Die Tätigkeit kann als persönliche Berufung (»calling«) erlebt werden.

Die Entscheidung für einen pädagogischen Beruf hat vor dem in den verschiedenen Untersuchungen geschilderten Hintergrund nur selten etwas mit dem Bedürfnis zu tun, *als Mann* mit Kindern zu arbeiten. Vielmehr stehen Fragen der persönlichen Entwicklung, der beruflichen Perspektiven und die Suche nach einer sinnstiftenden Tätigkeit im Vordergrund. Jugendliche bzw. Männer entscheiden sich in der Regel nicht für eine Ausbildung im sozialen oder pädagogischen Bereich, um ein Gegengewicht zur Vielzahl der weiblichen Beschäftigten zu bilden oder um männliche Bezugspersonen für Kinder mit Vatermangel zu werden. Es kann daher sein, dass die Vorstellungen und Wünsche, die ein junger Mann mit seiner Berufsentscheidung verbindet, im Gegensatz zur Erwartung von Frauen stehen, dass er im Alltag mit den Kindern so etwas wie das »männliche Element« vermitteln soll.

Männer in der Praxis elementarpädagogischer Einrichtungen

Untersuchungen aus vielen Ländern zeigen weltweit eine breite öffentliche Zustimmung zu männlichen Pädagogen im Elementarbereich (Seifert 1973; Daycare Trust 2003; Cremers et al. 2010; Aigner/Rohrmann 2011; Toth 2009). Die Situation in der Praxis entspricht jedoch nicht unbedingt den Erwartungen, die mit Männern im Kindergarten verbunden werden. In Praxisberichten zur Zusammenarbeit von männlichen und weiblichen PädagogInnen werden immer wieder zwei Phänomene sichtbar: Zum einen kann geschlechtstypisches Verhalten verstärkt werden, wenn Männer und Frauen gemeinsam den Alltag mit Kindern gestalten. Internationale Forschungen bestätigen, dass Männer sowohl von Kolleginnen als auch von Eltern in traditionelle männliche Rollen gedrängt werden. Viele männliche Fachkräfte beklagen, dass sie zu Hausmeistertätigkeiten herangezogen werden, und sie berichten von zahlreichen Tätigkeiten im Berufsalltag, die nach traditionellen Geschlechterstereotypen aufgeteilt werden, insbesondere Technik, Werken, Sport und Toben (vgl. Rohrmann et al. in diesem Heft). Wenn Männer geschlechtstypische Erwartungen *nicht* erfüllen (wollen), kann dies durchaus zu Enttäuschungen bei Kolleginnen führen.

Sumsion (2005) fasst Studien aus verschiedenen Ländern vorsichtig dahingehend zusammen, dass Männer zwar mit ihrer Berufswahl soziale Erwartungen an ihr Geschlecht nicht entsprechen, in ihrer pädagogischen Tätigkeit aber oft zu geschlechtstypischen Verhaltensweisen tendieren. Um sich in einem als »weiblich« angesehenen Bereich zu behaupten, inszenieren Männer ihre Berufstätigkeit als »männlich«, indem sie sich zum Beispiel Tätigkeitsbereiche aussuchen, die traditionell eher »männliche« Fähigkeiten zu erfordern scheinen, oder ein professionelles Berufsverständnis entwickeln, das Fachlichkeit und »männliche Coolness« in den Vordergrund stellt (vgl. Cameron et al. 1999; Peeters 2003; Rohrmann 2008; Tünte 2007).

Aktuelle Studien belegen zwar nach wie vor geschlechtstypische Erwartungen und Verhaltensweisen von pädagogischen Fachkräften im Elementarbereich, aber auch viele Übereinstimmungen in Einstellungen und Verhalten von Frauen und Männern (Cremers et al. 2010; Rohrmann et al. in diesem Heft). Im Ergebnis sind sich männliche und weibliche PädagogInnen möglicherweise ähnlicher, als es verbreiteten Annahmen über die Unterschiedlichkeit der Geschlechter entspricht.

Insgesamt erscheint die Situation von Männern in von Frauen dominierten Bereichen der Arbeit mit Kindern ambivalent. Vorteilen wie hoher Arbeitszufriedenheit und einer großen Flexibilität der beruflichen Tätigkeit stehen Nachteile in Bezug auf Bezahlung und Karrieremöglichkeiten, aber auch Probleme mit dem Geschlechtersystem der Einrichtungen und subtile Diskriminierung gegenüber.

Zunächst bietet der pädagogische Bereich Männern Chancen und Vorteile. Sie haben bessere Chancen auf einen Arbeitsplatz als Frauen mit der gleichen Qualifikation; insbesondere dort, wo es für wichtig gehalten wird, dass Kinder nicht nur von Frauen betreut und unterrichtet werden. Erhebungen in verschiedenen Ländern zufolge ist die Arbeitszufriedenheit im Arbeitsfeld allgemein und insbesondere die von männlichen Mitarbeitern generell hoch (Rolfe 2005; Sataøen 2010; Uhrig 2006; Aigner/Rohrmann 2011). So betonen Fachkräfte die Zufriedenheit, die die Arbeit mit Kindern gibt: »Es gibt mir viel Energie mit kleinen Kindern zusammen zu sein. Es ist leicht, sie zu erfreuen, sie zum Lachen zu bringen […].« Andere heben die Freiheit und die Vielfältigkeit ihrer Arbeit hervor: »Ich habe einen Job, der zu Sand in meinen Ohren führt, zu Farbe auf meinem Hemd, Blut auf meinen Hosen und Marmelade in meinem Bart. Ich liebe es!« (Sataøen 2010, Folien 13 und 14)

Uhrig stellt allerdings fest: »Die Befriedigung der Männer mit ihrer Tätigkeit und die Möglichkeiten der Selbstverwirklichung werden bisher kaum kommuniziert« (Uhrig 2006, S. 30). Die vielfältigen Möglichkeiten der Teilzeitarbeit und Beurlaubung, die pädagogische Berufe für viele Frauen heute attraktiv machen, sind für Männer unbedeutend, solange ihre Lebensplanung vom Modell des lebenslang vollzeitbeschäftigten Familienernährers ausgeht. Erst in dem Maße, in dem sich ein verändertes Verständnis der Vereinbarkeit von Familie und Beruf für *beide* Geschlechter durchzusetzen beginnt, kann sich dies ändern.

Guten Jobchancen und hoher Berufszufriedenheit stehen problematische Aspekte gegenüber, die in Studien aus verschiedenen Ländern immer wieder genannt werden. Vor allem halten die geringe Bezahlung, schlechte Karriereoptionen und mangelnde soziale Anerkennung Männer von einer Tätigkeit als Erzieher bzw. Kinderbetreuer ab und tragen zur hohen Fluktuation von Männern im Arbeitsfeld bei (vgl. Cameron et al. 1999; Vandenbroeck/Peters 2008; Cremers et al. 2010). Cremers et al. (2010) weisen darüber hinaus in Bezug auf Deutschland auf das Problem hin, dass Erzieher in der Ausbildung kein Geld verdienen, im Gegensatz zu Jugendlichen, die Ausbildungen im dualen System der Berufsausbildung absolvieren.

Einige Beobachtungen relativieren die Annahme, dass das geringe Interesse von Männern an pädagogischen Berufen, insbesondere am Beruf des Erziehers, in erster Linie mit finanziellen Aspekten zusammenhängt. So ist der Männeranteil im Elementarbereich auch in vielen Ländern niedrig, in denen sich die Gehälter in den Bereichen frühkindliche Bildung und Schule nur unwesentlich unterscheiden. Die geringe Zahl männlicher Fachkräfte in der Arbeit mit kleinen Kindern muss also auch mit anderen Faktoren zusammenhängen. Eine entscheidende Rolle spielt das Geschlechtersystem des Arbeitsfeldes, das in starkem Maße von Assoziationen zu »natürlicher« Mütterlichkeit geprägt ist (Rolfe 2005; Sargent 2005; Friis 2008). Ähnlich stellen Cremers et al. fest, dass »das veraltete, stereotype Berufsbild« und »eine als dominant wahrgenommene weibliche Kultur« (2010, S. 87) von Männern als Barrieren erlebt werden.

Zudem wirkt in vielen Ländern der »Generalverdacht«, der männliche Erzieher zumindest gedanklich mit dem Thema »Missbrauch« in Verbindung bringt, bei jungen Männern als Berufswahlbarriere und beeinflusst das Verhalten von Erziehern in der pädagogischen Praxis. Körperliche Nähe zwischen Männern und Kindern steht schnell unter Missbrauchs- bzw. Pädophilieverdacht oder kann zumindest entsprechende Unsicherheiten auslösen. In der Diskussion in den angelsächsischen Ländern wird der »Generalverdacht« als einer der wesentlichen Gründe gesehen, die Männer vom Feld der Kinderbetreuung fernhält. In den USA und Neuseeland haben Panikreaktionen nach Veröffentlichungen von Missbrauchsfällen in den 90er Jahren des vergangenen Jahrhunderts sogar zur Entwicklung von »no touch policies« geführt, die körperlichen Kontakt zwischen Erwachsenen und Kindern weitgehend einschränken bzw. zu vermeiden suchen (vgl. Farquhar et al. 2006; Johnsson 2000; Piburn 2005). Es wird berichtet, dass das Misstrauen sich vor allem auf Männer bezieht und daher »no touch«-Regelungen vor allem für Männer zur Anwendung kommen.

Auch in deutschen Studien wird der »Generalverdacht« regelmäßig zum Thema, wenn männliche Erzieher oder Auszubildende befragt werden. Cremers et al. (2010, S. 63) berichten, dass männliche Erzieher »gedanklich immer wieder mit Missbrauch in Verbindung gebracht werden«. Umso interessanter ist das Ergebnis, dass sich die große Mehrheit der befragten Eltern, Leitungskräfte und Trägerverantwortlichen trotz derartiger Gedanken ausdrücklich für männliche Erzieher ausspricht. Die Autoren bezeichnen dies als »reflektierte Zustimmung«: »Bei der Zustimmung zu Männern als Erzieher handelt es sich nicht um eine naive, unreflektierte Zustimmung, sondern um eine Zustimmung im Bewusstsein der besonderen Herausforderung, die durch die Missbrauchsthematik gegeben ist« (ebd., S. 62). 86% der befragten Eltern würden ihr Kind bedenkenlos einem männlichen Erzieher anvertrauen.

Insgesamt entsprechen negative Erfahrungen von Männern im Elementarbereich durchaus den Benachteiligungen von Frauen, die in von Männern dominierten Bereichen arbeiten, nur ist dies oft weniger offensichtlich. Man kann dabei durchaus von subtiler Diskriminierung sprechen (Murray 1997; Rohrmann 2008, S. 179f.; Sargent 2000).

Mehr Männer in Kindertageseinrichtungen – aber wie?

Wie lassen sich nun Jungen und Männer für eine Ausbildung oder Tätigkeit in Kindertageseinrichtungen gewinnen? Bereits in den 90er Jahren wurden auf europäischer Ebene vielfältige Strategien vorgeschlagen, um den Männeranteil in der Kinderbetreuung zu erhöhen. Dabei wurde gefordert, verschiedenste Institutionen, Behörden und Organisationen einzubinden (Netzwerk der EU 1993). Tatsächlich umgesetzt wurden diese Vorschläge nur punktuell; lediglich in Norwegen sowie jüngst in Deutschland gibt es breiter angelegte Strategien.

In Norwegen ist es mit langjährigen Aktivitäten gelungen, die Zahl männlicher Beschäftigter in Kindergärten erheblich zu erhöhen (Norwegian Ministry 2008). In mehr als zehn Prozent der norwegischen Kindergärten ist das gesetzte Ziel von 20% Männeranteil inzwischen erreicht. Bei einigen Kommunen und Trägern sowie insbesondere in den »Freiluftkindergärten« liegt der Männeranteil mit bis zu einem Drittel sogar noch höher.

Dies wurde möglich, weil das Ziel einer Erhöhung der Zahl männlicher Beschäftigter auf vielen Ebenen gleichzeitig verfolgt wird. Die Anstellung männlicher Fachkräfte ist inzwischen fester Bestandteil der Qualitätsstandards norwegischer Kindertageseinrichtungen. Geschlechtergerechtigkeit und Gender Mainstreaming werden mit staatlicher Unterstützung landesweit und in allen Kommunen implementiert. Männerarbeitskreise und Initiativen zur Erhöhung des Männeranteils am Personal von Kindertageseinrichtungen werden staatlich unterstützt. Der »Action Plan for Gender Equity in Kindergarten and Basic Education 2008–2010« fasst einige Voraussetzungen für diese Erfolge zusammen (Norwegian Ministry 2008, S. 38f.):

- Eine aktive Außendarstellung der Kindergärten unter Einsatz der Medien;
- Konzentration auf Erfolge und auf für Männer attraktive Bereiche der Kindergartenarbeit;
- Formulierung von Stellenanzeigen, die Männer ansprechen;
- administrative Regeln, die eine bevorzugte Berücksichtigung von Männern bei Bewerbungen und Anstellungen ermöglichen;
- Unterstützung der fortlaufenden Weiterbildung männlicher Beschäftigter;
- Anwerbung von männlichen Studenten für Praktika;
- Ansprechen von Schülern für Berufspraktika in der Sekundarstufe I;
- Kooperation mit Netzwerken von männlichen Erziehern sowie Ausbildungseinrichtungen;
- Platzierung des Themas in der kommunalen Verwaltung und Politik.

Die Evaluation des norwegischen Aktionsplans kommt allerdings zu dem Schluss, dass ein höherer Männeranteil nicht unbedingt mit mehr Geschlechtersensibilität verknüpft ist, insbesondere wenn es um alltägliches Handeln geht (Hoel/Johannesen 2010). Die Erziehung bleibt in vieler Hinsicht sehr geschlechtstypisch und der Einsatz für mehr männliche Erzieher ist manchmal mit sehr traditionellen Vorstellungen von Männlichkeit verknüpft.

In Deutschland haben Cremers et al. (2010) als Ergebnis ihrer Studie etliche Strategien vorgeschlagen, mit denen mehr männliche Fachkräfte für das Arbeitsfeld Kindertagesstätten gewonnen werden sollen. Dabei benennen sie acht Handlungsfelder:

1. Berufsorientierung junger Männer;
2. Öffentlichkeitsarbeit;
3. Aus- und Weiterbildung von Erzieherinnen und Erziehern
4. Qualifizierung erwerbsloser bzw. umschulungsinteressierter Männer;
5. Qualitäts-, Personal- und Organisationsentwicklung in Kindertagesstätten;
6. Verbreitung und Weiterentwicklung konkreter Praxisideen;
7. Zivil- und Freiwilligendienst;
8. Gleichstellungsstrategien und Geschlechtersensibilisierung (ebd., S. 95f.).

Für jeden dieser Bereiche benennen die Autoren konkrete Anregungen und Handlungsempfehlungen. Auf der Grundlage finanzieller Förderung durch das BMFSFJ ist es im Anschluss an das Forschungsprojekt möglich geworden, etliche dieser Anregungen umzusetzen. So gibt es in Berlin seit Anfang des Jahres 2010 eine deutschlandweit tätige, vom BMFSFJ geförderte Koordinationsstelle »Männer in Kitas«, deren Hauptaufgaben Information, Vernetzung und Unterstützung der Praxis sowie strategische Beratung von Trägern und Politik sind. Darüber hinaus finanziert das BMFSFJ seit 2011 im Rahmen eines ESF-Modellprogramms 16 regionale Modellprojekte mit insgesamt über 13 Millionen Euro. Angestrebt wird, alle Akteure im Bereich der frühkindlichen Erziehung und Bildung für das Thema »Männer in Kitas« zu sensibilisieren und mit diesen gemeinsam Strategien zur Erhöhung des Männeranteils umzusetzen (vgl. www.koordination-maennerinkitas.de).

Ein entscheidender Ansatzpunkt sind dabei Maßnahmen, mit denen Jungen und junge Männer für soziale Berufe und insbesondere eine Ausbildung im Bereich der Elementarpädagogik interessiert werden. Das Projekt »Neue Wege für Jungs« unterstützt und vernetzt seit einigen Jahren Aktivitäten, die Jungen neue berufliche Perspektiven insbesondere in Sozial-, Pflege- und Erziehungsberufen aufzeigen. Bereits 2008 war im Rahmen der wissenschaftlichen Begleitung des deutschen Projekts »Neue Wege für Jungs« festgestellt worden, dass sich 10% von 4.000 befragten Jungen »sehr gut« und weitere 20% »gut« vorstellen konnten, später in typisch »weiblichen« Berufsfeldern wie Kitas oder Pflege zu arbeiten (Cremers et al. 2008). Seit 2011 wird mit Unterstützung des Bundesministeriums für Familie, Senioren, Frauen und Jugend der »Boys Day – Jungen-Zukunftstag« bundesweit parallel zum bereits länger etablierten »Girl's Day« durchgeführt (www.boys-day.de). Darüber hinaus werden in verschiedenen Projekten längerfristigere Schnupperangebote in Kitas, Sozial- und Schülerpraktika gefördert.

Auch in China gibt es ein staatliches Förderprogramm, mit dem junge Männer für die Ausbildung zum Erzieher gewonnen werden. Hua Aihua, Direktor der Vorschulabteilung der

East China Normal University in Nanjing, stellt fest: »In der chinesischen Gesellschaft sind traditionelle Vorurteile verbreitet, die diese Arbeit für ›unmännlich‹ halten […]. [Aber] von einer modernen Sichtweise aus sind männliche Lehrer genauso wichtig wie weibliche Lehrerinnen. Kinder benötigen die Gegenwart beider Geschlechter« (Wu 2010). Um junge Männer für die fünfjährige Ausbildung zu gewinnen, werden Schulgebühren, Unterkunft und Verpflegung voll übernommen. Einem Bericht von *China Daily* zufolge sollen sich mehr als 10.000 Männer (!) für die 300 Plätze beworben haben.

Neben Maßnahmen zur Berufsorientierung und Erstausbildung wird aktuell die Frage einer Qualifizierung von »Quereinsteigern«, das heißt Arbeitslosen oder umschulungsinteressierten Männern intensiv und teils kontrovers diskutiert. Dabei geht es insbesondere um die Frage der Qualität spezieller Ausbildungsgänge für Quereinsteiger.

In Schottland hat das Projekt *Men in Childcare* mit speziellen Trainings für Männer inzwischen über 1.200 Männer für eine Tätigkeit in der Kinderbetreuung ausgebildet, die zuvor überwiegend in einem anderen Bereich tätig gewesen waren (Spence/Chisholm 2005; Spence 2010). Als Ursachen für den Erfolg des Projekts sehen die Initiatoren unter anderem, dass sich die Werbung für die Maßnahmen direkt an Männer richtete und ein schnell zugänglicher und vollständiger Ausbildungsweg angeboten wurde. Außerdem stellt das Projekt kontinuierliche Unterstützung bereit und fördert gute Beziehungen unter männlichen Kollegen.

Ein weiteres interessantes Praxismodell zur tätigkeitsbegleitenden Qualifizierung von Quereinsteigern ist in Brandenburg entwickelt worden (Diskowski 2007). Entgegen öffentlich geäußerter Kritik handelt es sich dabei nicht um einen »Schnellkurs«, mit dem das Ausbildungsniveau abgesenkt und das Ansehen des Berufs insgesamt beschädigt anstatt gestärkt wird. Die externe Evaluation des »Brandenburger Modells« kommt zu dem Ergebnis, dass es in der pädagogischen Qualität keine größeren Differenzen zwischen den von im Modell qualifizierten Männern geführten Gruppen und denen von traditionell ausgebildeten Erzieherinnen gab (Gralla-Hoffmann et al. 2010, S. 29). Aktuell hat das Bundesministerium für Familie, Jugend, Frauen und Senioren in Zusammenhang mit der Bundesagentur für Arbeit begonnen, Möglichkeiten für eine erwachsenengerechte Qualifizierung von Quereinsteigern zu erkunden und zu entwickeln. Der konkrete Rahmen dieser Initiativen stand zum Redaktionsschluss dieses Heftes noch nicht fest.

In Dänemark hat das Gleichstellungsministerium im Zuge des dänischen Vorsitzes im Nordischen Ministerrat eine Initiative für Quereinsteiger unter der Überschrift »Die Finanzkrise und der geschlechtssegregierte Arbeitsmarkt« gestartet. Männer sollen für verschiedene soziale Berufe gewonnen werden. Zentraler Bestandteil der Argumentation ist dabei die Aussage: »Du kannst deinen Beruf wechseln, ohne dein Geschlecht zu wechseln.« Anders als in früheren Kampagnen soll die Entscheidung für einen Beruf im sozialen Bereich ausdrücklich nicht mit Geschlecht oder Bezeichnungen als »untypisch« verbunden werden. Die Website des Projekts (www.skiftjob.dk) bietet unter anderem Praxisbeispiele sowie konkrete Leitfäden für die verschiedenen Akteure, wie zum Beispiel ArbeitsberaterInnen, Träger, Projekte und Politik.

Internationale Vernetzung

Aktivitäten zur Erhöhung des Männeranteils benötigen gesellschaftliche und politische Unterstützung und müssen in den Kontext der Qualitätsentwicklung und Professionalisierung von Kindertageseinrichtungen eingebunden werden. Sie benötigen aber auch empirische Grundlagen, damit sie nicht auf unreflektierten Annahmen über das Wesen der Geschlechter oder der Besonderheit von Männern aufbauen.

Angesichts der geschilderten und etlicher weiterer Aktivitäten gibt es europaweite Initiativen, die an bereits seit den 90er Jahren aktive Netzwerke zum Thema anknüpfen. Im Jahr 2009 haben wir das europäische Forschungsnetzwerk KOME (Knowledge on Men in Early Childhood Education and Care) ins Leben gerufen. Das Netzwerk unterstützt das Ziel, auf der Grundlage einer geschlechterbewussten Grundhaltung den Männeranteil in Kindertageseinrichtungen zu erhöhen, um mehr Balance zwischen den Geschlechtern im Personal von Institutionen der Kinderbetreuung und Elementarpädagogik zu erreichen. Gleichzeitig sind sich die WissenschaftlerInnen der Notwendigkeit einer differenzierten Sichtweise bewusst und sehen es als ihre Aufgabe an, fundierte empirische Forschung zum Beispiel zur Bedeutung von männlichen Pädagogen für die Entwicklung von Kindern, zur Situation von Männern in Ausbildung und Praxis und zu Geschlechterverhältnissen in der Elementarpädagogik bereit zu stellen.

Vor einiger Zeit formulierte eine Initiative europäischer Organisationen gemeinsame Leitlinien für einen Europäischen Ansatz zur Betreuung kleiner Kinder (*European approach to services to young children*, Children in Europe 2008). Darin wird unter anderem gefordert, dass Kinderbetreuungseinrichtungen in ihrer Praxis und in ihrem Personal die Vielfalt der Menschen in den lokalen Gemeinschaften widerspiegeln sollen – und damit auch die der Geschlechter. Demnach wird ganz konkret gefolgert: »Dies beinhaltet 20% männliche Beschäftigte bis 2020 – und 40% auf lange Sicht« (ebd., S. 8).

Literatur

Aigner, J. C. & Rohrmann, T. (Hg.) (2011): Ele*men*tar – Männer in der pädagogischen Arbeit mit Kindern. Abschlussbericht des Forschungsprojekts »Public fathers – Austrian's male workforce in child care« (2008–2010) am Institut für psychosoziale Intervention und Kommunikationsforschung der Universität Innsbruck (Veröffentlichung in Vorbereitung).

Baagøe Nielsen, S. (Hg.) (2010): Nordiske mænd til omsorgsarbejde! En forskningsbaseret erfaringsopsamling på initiativer til at rekruttere, uddanne og fastholde mænd efter finanskrisen. Roskilde: VELPRO – Center for Velfærd, Profession og Hverdagsliv. URL: http://www.skiftjob.dk/files/files/antologi_nordiske_maend_til_omsorgsarbejde.pdf (Stand: 16.03.2011).

Becker, S. (2001): The Good, the Bad and the Few: Men In Child Care. Interaction 14(4), 10–12. URL: http://www.cccf-fcsge.ca/practice/policy/men_en.html (Stand: 02.09.2010).

Belotti, E. G. (1975): Warum also sollte man nicht auch dem Mann vorschlagen, als Erzieher zu arbeiten? In: Belotti, E. G. (Hg.): Was geschieht mit den kleinen Mädchen? München (Verlag Frauenoffensive), S. 113–123. Nachdruck (2004) in: Switchboard, Zeitschrift für Männer und Jungenarbeit, Nr. 166, H. 10–11, 8–9.

Cameron, C. (2006): Men in the Nursery Revisited: issues of male workers and professionalism. Contemporary Issues in Early Childhood 7(1), 68–79. URL: http://dx.doi.org/10.2304/ciec.2006.7.1.68 (Stand: 15.08.2007).

Cameron, C.; Moss, P. & Owen, C. (1999): Men in the Nursery: gender and caring work. London (Paul Chapman Publishing).

Children in Europe (2008): Young children and their services: developing an European approach. A *Children in Europe* Policy Paper. URL: http://www.childrenineurope.org/english.php (Stand: 31.12.2008).

China View (2005): More male teachers needed for kids in China. China View (Xinhua Online), 1.6.2005. URL: http://news.xinhuanet.com/english/2005-06/01/content_3032287.htm (Stand: 30.08.2006).

Cremers, M.; Krabel, J.; Calmbach, M. & Bundesministerium für Familie, Senioren, Frauen & Jugend (Hg.)(2010): Männliche Fachkräfte in Kindertagesstätten. Eine Studie zur Situation von Männern in Kindertagesstätten und in der Ausbildung zum Erzieher. Berlin (BMFSFJ).

Cremers, M.; Puchert, R. & Mauz, E. (2008): So gelingt aktive Jungenförderung. Neue Wege für Jungs startet Netzwerk zur Berufs- und Lebensplanung. Bericht der wissenschaftlichen Begleitforschung. Bielefeld: Kompetenzzentrum Technik-Diversity-Chancengleichheit e. V.

Daycare Trust (2003): Men and Childcare. URL: http://www.ipsos-mori.com/researchpublications/researcharchive/798/Men-And-Childcare.aspx (Stand: 21.03.2011).

Diskowski, D. (2007): Männer in die Kita. Eine tätigkeitsbegleitende Qualifizierung arbeitsloser Männer als Fachkräfte. KiTa aktuell, Ausgabe MO, 10/2007, 208–210.

Emilsen, K. & Koch, B. (2010): Men and women in outdoor play – changing the concepts of caring. Findings from Norwegian and Austrian research projects. European Early Childhood Education Research Journal 18(4), 543–553.

Farquhar, S. (2010). A few more few good men. Child Forum. URL: http://www.childforum.com/news/297-male-childcare-teachers-statistics.html (Stand: 16.03.2011).

Farquhar, S.; Cablk, L.; Buckingham, A.; Butler, D. & Ballantyne, R. (2006): Men at work. Sexism in Early Childhood education. Porirua, New Zealand (Child Forum Research Network).

Friis, P. (2008): Männer im Kindergarten. Wie man sie anwirbt – und dafür sorgt, dass sie auch bleiben. Themenheft des norwegischen Kultusministeriums (2006). Deutsche Fassung 2008, Hg. vom Forschungsprojekt Elementar, Universität Innsbruck. URL: http://www.uibk.ac.at/ezwi/elementar/literatur/friis_maenner_im_kindergarten.pdf (Stand: 01.01.2009).

Gralla-Hoffmann, K.; Lee, H.-J. & Tietze, W. (2010): Qualifizierung von langzeitarbeitslosen Männern zu Erziehern im Land Brandenburg – Evaluation ihrer pädagogischen Praxis im Berufsfeld. Ministerium für Bildung, Jugend und Sport des Landes Brandenburg. URL: http://www.mbjs.brandenburg.de/media_fast/5527/CB_Bericht20100422_korr.pdf (Stand: 05.08.2010).

Hoel, A. & Johannesen, N. (2010): »Status of Gender equality work in Norwegian Kindergartens – New kindergartens in old tracks?« Paper presented on the 20th EECERA Conference (European Early Childhood Education Research Association), Birmingham, UK, 6th–8th September 2010. URL: http://www.koordination-maennerinkitas.de/uploads/media/EECERA__2010__Johannesen_Hoel_01.pdf (Stand: 24.03.2011).

Johnson, R.T. (2000): HANDS OFF! The Disappearance of Touch in the Care of Children. New York (Peter Lang).

Koordinationsstelle Männer in Kitas (2011): Mehr männliche Beschäftigte als je zuvor in deutschen Kindertagesstätten: Ein Trend, der sich fortsetzen lässt? Online-Newsletter der Koordinationsstelle Männer in Kitas 3/2011. URL: http://www.koordination-maennerinkitas.de/index.php?id=81 (Stand: 01.04.2011).

Lyons, M.; Quinn, A. & Sumsion, J. (2004): Gender, the labour market, the workplace and policy in children's services: Parent, staff and student attitudes. Australian Journal of Early Childhood 30(1), 6–13.

Lysklett, O.B. & Emilsen, K. (2007): De er mange, de er motiverte, de er menn i natur- ogfriluftsbarnehage! Sluttrapportfraprosjektet »Menn i natur- ogfriluftsbarnehager«. Trondheim (Dronning Mauds Minne Høgskolefor Førskolelærerutdanning).

MenTeach (2010): Data about Men Teachers. URL: http://www.menteach.org/node/34 (Stand: 31.03.2011).

Meyer, C. (2006): »Also, als Mann im Kindergarten, die Kinderherzen fliegen einem sofort zu.« Männer in Frauenberufen und ihr Beitrag zur Professionalisierung personenbezogener Dienstleistungsberufe in Erziehung, Pflege und Sozialem. Neue Praxis 3, 269–285.

Murray, S.B. (1997): It's safer this way. The subtle and not-so-subtle exclusion of men in child care. In: Benokraitis, N.V. (Hg.): Subtle Sexism – Current practice and prospects for change. London (Sage), S. 136–153.

Nelson, B.G. (2002): The importance of men teachers and why there are so few. Minneapolis (Men in Child Care and Elementary Education Project).

Nelson, B.G. & Shikwambi, S.-J. (2010): Men in Your Teacher Preparation Program. Five Strategies to Recruit and Retain Them. Young Children 5, 36–41. URL: http://www.naeyc.org/files/yc/file/201005/YCNelsonOnline0510.pdf (Stand: 29.01.2010).

Netzwerk der Europäischen Kommission für Kinderbetreuung (1996): Qualitätsziele in Einrichtungen für kleine Kinder. Brüssel (Europäische Kommission).

Netzwerk der Europäischen Kommission für Kinderbetreuung (1993): Männer als Betreuer. Für eine Kultur der Verantwortung, der Aufgabenteilung und Gegenseitigkeit zwischen Mann und Frau bei der Betreuung und Erziehung der Kinder. Brüssel (Europäische Kommission).

Norwegian Ministry of Education and Research (2008): Action Plan for Gender Equality in Kindergarten and Basic Education. Oslo. URL: http://www.regjeringen.no/upload/KD/Vedlegg/Barnehager/likestilling/Gender_Equality.pdf (Stand: 31.12.2008).

Oberhuemer, P. & Schreyer, I. (Hg.) (2010): Kita-Fachpersonal in Europa. Ausbildung und Professionsprofile. Opladen (Barbara Budrich).

OECD (2006): Starting Strong II. Early childhood education and care policy. Paris (OECD).

Owen, C. (2003): Men's Work? Changing the gender mix of the childcare and early years workforce. Facing the Future policy paper n° 6. London (Daycare Trust). URL: http://www.meninchildcare.co.uk/Mens%20Work.pdf (Stand: 31.12.2008).

Peeters, J. (2003): Men in childcare: an action-research in Flanders. International Journal of Equity and Innovation in Early Childhood 1(1), 72–83.

Peeters, J. (2008): The construction of a new profession. A European perspective on professionalism in Early Childhood Education and Care. Amsterdam (SWP Publishers).

Piburn, D.O. (2005): Just Say NO, to No Touch. Minneapolis/MN (MenTeach). URL: http://www.menteach.org/news/just_say_no_to_no_touch (Stand: 19.03.2011).

Rohrmann, Tim (2008): Zwei Welten? Geschlechtertrennung in der Kindheit: Forschung und Praxis im Dialog. Opladen (Budrich UniPress).

Rohrmann, T. (2009): Gender in Kindertageseinrichtungen. Ein Überblick über den Forschungsstand. München (Deutsches Jugendinstitut). URL: http://www.dji.de/bibs/Tim_Rohrmann_Gender_in_Kindertageseinrichtungen.pdf (Stand: 01.06.2009).

Rohrmann, T. (2010): From research to action: A comparison of recent research in Austria and Germany. Presentation on the 20th EECERA Conference (European Early Childhood Education Research Association), Birmingham, UK, 6th–8th September 2010. URL: http://www.koordination-maennerinkitas.de/uploads/media/EEECERA_2010_Rohrmann.pdf (Stand: 24.03.2011).

Rohrmann, T. (2011): Zur Bedeutung von männlichen Pädagogen für Jungen. In: Forster, E.; Rendtorff, B. & Mahs, C. (Hg.): Back to the Boys? Jungenpädagogik im Widerstreit. Stuttgart (Kohlhammer).

Rohrmann, T.; Cremers, M. & Krabel, J. (2010): Männer in Kitas – welche Bedeutung hat das Geschlecht pädagogischer Fachkräfte? Archiv für Wissenschaft und Praxis der sozialen Arbeit 41(2), 44–55.

Rolfe, H. (2005): Men in childcare. EOC Report No. 35. Manchester: Equal Opportunities Commission. URL: http://www.eoc.org.uk/cseng/research/men%20in%20childcarewp%2035%20full%20report.pdf (Stand: 16.08.2005).

Sargent, P. (2000): Real men or real teachers? Contradictions in the lives of men elementary teachers. Men and masculinities 2(4), 410–433.

Sargent, P. (2005): The gendering of men in early childhood education. Sex Roles: A Journal of Research 52(3–4), 251–259. URL: http://www.findarticles.com/p/articles/mi_m2294/is_3-4_52/ai_n13620138/print (Stand: 08.05.2008).

Sataøen, S.O. (2008): Mannlegeførskulelærarargjennom fire tiår 1977–2007: rapport frå eit kartleggingsprosjekt ved førskulelærarutdanninga. Sogndal: Høgskulen i Sogn og Fjordane. Avdeling for lærarutdanning og idrett. URL: http://brage.bibsys.no/hsf/bitstream/URN:NBN:no-bibsys_brage_5278/3/HSF_rapport_2008_01.pdf (Stand: 31.12.2008).

Sataøen, S.O. (2010): Male Childcare Workers coping with their professional lives and career after graduation. Presentation on the 20th EECERA Conference (European Early Childhood Education Research Association), Birmingham, UK, 6th–8th September 2010. URL: http://www.koordination-maennerinkitas.de/uploads/media/EEECERA_2010_Sataoen.pdf (Stand: 24.03.2011).

Seifert, K. (1973): Some problems of men in childcare work. Child Welfare 52(3), 167–171.

Simpson, R. (2005): Men in non-traditional occupations: career entry, career orientation and experience of role strain. Gender, Work and Organisation 12, 363–380. URL: http://bura.brunel.ac.uk/bitstream/2438/3755/1/Gender%20Work%20and%20Organiztion.pdf (Stand: 29.03.2010).

Spence, K. (2010): Men in childcare-courses. URL: http://www.meninchildcare.com (Stand: 29.03.2011).

Spence, K. & Chisholm, C. (2005): »We can work it out«. Presentation on the conference on Men in Child-care, September 20, London. URL: http://www.meninchildcare.co.uk (Stand: 09.07.2006).

Sumsion, J. (2005): Male teachers in early childhood education: issues and case study. Early Childhood Research Quarterly 20(1), 109–123.

Toth, A. (2009): Men as nursery school teachers. Abstract from BA Thesis. University of Budapest (Institute of Sociology and Social Policy).

Tsigra, M. (2010): Male teachers and children's gender construction in Preschool Education. Presentation on the XXVI OMEP world conference, 11.–13.8.2010, Göteborg. URL: http://www.koordination-maennerinkitas.de/uploads/media/OMEP_2010_Tsigra_01.pdf (Stand: 11.10.2010).

Tünte, M. (2007). Männer im Erzieherberuf. Die Relevanz von Geschlecht in einer traditionellen Frauenprofession. Saarbrücken (VDM Verlag Dr. Müller).

Uhrig, K. (2006): Motivationslage männlicher Fachkräfte und Evaluierung von Personalgewinnungsmaßnahmen für männliche Fachkräfte im Tätigkeitsbereich von Kindertageseinrichtungen in städtischer und freier Trägerschaft in Frankfurt am Main. Zusammenfassung der Gesamtergebnisse. Frankfurt/M.

Vandenbroeck, M. & Peeters, J. (2008): Gender and professionalism: a critical analysis of overt and covert curricula. Early Child Development and Care 178(7), 703–715.

Wohlgemuth, U.G. (2010): Men and Care – why (not)? Unveröffentlichtes Abstract der Dissertation, von der Autorin zur Verfügung gestellt. Esbjerg (University College Syddanmark).

Wu, Y. (2010): More men becoming kindergarten teachers. China Daily, 1.6.2010. URL: http://www.chinadaily.com.cn/usa/2010-06/01/content_11019298.htm (Stand: 27.11.2010).

Männer in Kindergärten und Ausbildungseinrichtungen in Österreich

Tim Rohrmann, Bernhard Koch, Barbara Strubreither & Gabriele Schauer

In Österreichs Kindergärten sind Männer bislang sehr selten. Vor diesem Hintergrund ist ein umfassendes Forschungsprojekt zu Männern im Elementarbereich durchgeführt worden. Es ermöglicht aufgrund seiner methodischen Anlage umfassende Vergleiche zwischen verschiedenen Untersuchungsgruppen: Schüler und Schülerinnen in der Berufsfindungsphase, Schüler und Schülerinnen in der Ausbildung zum Kindergartenpädagogen, in der Praxis tätige Männer und Frauen und Eltern. Insgesamt belegen die Ergebnisse eine breite Zustimmung zu männlichen Pädagogen im Kindergarten. Sie zeigen aber auch spezifische Schwierigkeiten und Barrieren auf, die es Burschen und Männern erschweren, eine Perspektive im Arbeitsfeld der Bildung und Betreuung von Kindern zu entwickeln.

»Kindergärtner gelten laut neuer Studie als unmännlich«, titelten etliche Zeitungen im Juni 2010 zur öffentlichen Präsentation der Eurydice-Studie zu »Geschlechterstudien bei Bildungsresultaten« (Eurydice-Netz 2009). Diese europaweit durchgeführte Studie fasst etliche Daten, Analysen und Maßnahmen zu Gender im Bildungssystem zusammen. Der Bereich der Elementarpädagogik wird dabei nur kurz am Rande gestreift, die Frage der Männlichkeit von Kindergärtnern wird gar nicht untersucht. Die Aussagen machen aber deutlich, dass die internationale Diskussion über Männer im Bereich der institutionellen Bildung und Betreuung von Kindern auch in Österreich angekommen ist, einem Land, in dem die Elementarpädagogik bis vor Kurzem noch sehr von traditionellen Mustern geprägt war.

In den letzten Jahren hat europaweit eine intensive bildungs- und geschlechterpolitische Debatte um die Bedeutung der Frühpädagogik eingesetzt. Österreich liegt dabei weit hinter anderen Ländern zurück. Das Ausbildungsniveau ist im internationalen Vergleich sehr niedrig. Die Ausbildung zur »Kindergartenpädagogin« findet bislang auf Sekundarschulniveau statt. Zudem arbeiten in österreichischen Kindergärten auch zahlreiche Helfer bzw. Assistenten, die nur eine Kurzzeitausbildung oder sogar gar keine Ausbildung absolviert haben.

International wird im Zusammenhang mit der Qualitätsentwicklung in der Elementarpädagogik auch die Bedeutung eines gemischtgeschlechtlichen Personals thematisiert. In Österreich liegt der Anteil männlicher Fachkräfte im Kindergarten bei etwa 1% und damit unter dem EU-Durchschnitt.

Vor diesem Hintergrund wurde von 2008 bis 2011 an der Universität Innsbruck eines der weltweit umfassendsten Forschungsprojekte zum Thema Männer in der Elementarpädagogik durchgeführt. Ziele der Studie waren

- die Erforschung des Profils und der Erfahrungen von Männern in Kinderbetreuungseinrichtungen bezüglich Sozialisation und Biografie, Ausbildung, Berufslaufbahn, Männlichkeitsbild, Berufszufriedenheit, Einstellungen zur Bedeutung von Geschlechtsunterschieden usw.;
- eine Annäherung an die Frage einer »männlichen Art« der Betreuung von Kindern;
- davon ausgehend die Identifizierung von Faktoren, die eine Steigerung des Anteils von Männern erschweren bzw. begünstigen können.

Die empirische Erhebung beinhaltete neben umfangreichen Literatur- und statistischen Analysen Befragungen der wesentlich beteiligten Personengruppen: Schüler vor der Berufswahl, Kindergartenpädagogen in Ausbildung (BAKIP-Schüler[1]), Absolventen, tätige Kindergartenpädagogen und Eltern. Beim methodischen Vorgehen wurden quantitative und qualitative Ansätze miteinander verbunden. Eingesetzt wurden Fokusgruppen (9), Fragebögen (N = 1.209) und leitfadengestützte Interviews (N = 79).

Angestrebt wurde eine Vollerhebung aller in Kindertagesheimen tätigen männlichen Kindergartenpädagogen sowie aller Schüler in Ausbildung an Bildungsanstalten für Kindergartenpädagogik. Während für die Gruppe der Auszubildenden eine gute Rücklaufquote erzielt werden konnte, war die Ermittlung von Adressen der in der Praxis tätigen Fachkräfte schwierig, sodass zwar eine umfangreiche Stichprobe, aber keine Vollerhebung vorliegt. Mit kleineren, nicht repräsentativen Stichproben wurden darüber hinaus Schüler in der Phase der Berufsorientierung, Absolventen sowie Eltern untersucht. Als Vergleichsgruppen wurden Mädchen bzw. Frauen in alle Teilstudien miteinbezogen.

Die Fragebögen wurden mit dem Statistikprogramm SPSS ausgewertet. Alle Interviews wurden inhaltsanalytisch, ein Teil auch psychoanalytisch-tiefenhermeneutisch ausgewertet. Nachfolgend werden wesentliche Ergebnisse des Forschungsprojekts zusammenfassend dargestellt. Auf die Ergebnisse der psychoanalytischen Auswertungen wird im Beitrag von Aigner und Poscheschnik in diesem Heft eingegangen.

Allgemeine Einstellungen zu Männern im Kindergarten

Es gibt eine breite Zustimmung zu mehr männlichen Pädagogen in Kinderbetreuungseinrichtungen – so lässt sich eines der Hauptergebnisse der Studie zusammenfassen. In allen Teilstichproben spricht sich die überwiegende Mehrheit der Befragten beiderlei Geschlechts für mehr Männer im Kindergarten aus. Auch männliche Jugendliche sind mehrheitlich dieser Ansicht, obwohl in dieser Gruppe die Zustimmung mit 61,3% am geringsten ist.

Ein kleinerer Teil der Befragten äußert sich grundsätzlich kritisch zu Männern im Kindergarten. Während es sich dabei bei den BAKIP-Schülerinnen, tätigen Frauen und Eltern nur um einzelne Stimmen handelt, ist es bei den Schülern in der Berufsfindungsphase eine erhebliche Minderheit – insbesondere der männlichen Befragten. Implizit wird aber auch in den Interviews mit BAKIP-SchülerInnen und in der Kinderbetreuung Tätigen wiederholt Ambivalenz und eine gewisse Skepsis deutlich, wenn männliche Pädagogen zwar grundsätzlich begrüßt, aber auch als »keine richtigen Männer« bezeichnet werden.

Insgesamt wird der Beruf KindergartenpädagogIn von den Befragten im Allgemeinen mit geringen Aufstiegsmöglichkeiten und geringer Bezahlung, aber auch mit guten Möglichkeiten der Vereinbarkeit von Beruf und Familie in Verbindung gebracht. Die Mehrheit der befragten Schüler in der Berufsfindungsphase ist der Ansicht, dass der Beruf KindergartenpädagogIn ein tendenziell positives Image hat, wobei Mädchen sich hier positiver äußern als Burschen. Im Gegensatz dazu beklagen sowohl BAKIP-SchülerInnen als auch in Kindertagesheimen tätige Männer und Frauen, dass die gesellschaftliche Wertschätzung des Berufes gering sei. Dies ist jedoch, so machen die Ergebnisse der Erhebungen deutlich, ein Problem beider Geschlechter, auch wenn es zuweilen Stimmen gibt, die sich von einem höheren Männeranteil auch eine höhere gesellschaftliche Wertschätzung des Berufs erhoffen.

Festzuhalten bleibt: Männer, die sich in das Arbeitsfeld Kinderbetreuungseinrichtungen begeben, bewegen sich in einem statusniedrigen, gesellschaftlich als »Frauenberuf« wahrgenommenen Feld. Eine solche Tätigkeit entspricht nach wie vor nicht den verbreiteten stereotypen Vorstellungen von Männlichkeit. Daran ändert auch die inzwischen breite gesellschaftliche Zustimmung zu mehr Männern im Kindergarten zunächst nichts.

Ganz normale Männer?!

Männliche Fachkräfte sind einerseits sehr erwünscht, werden aber andererseits nach wie vor häufig als »Exoten« angesehen. Sind sie wirklich so ungewöhnlich? Die vorliegende Studie ist nicht nur für Österreich, sondern auch international die erste Arbeit, die auf der Grundlage einer größeren Stichprobe Aussagen über biografische Hintergründe von Männern in der Elementarpädagogik ermöglicht. Sie belegt, dass die dort tätigen Burschen und Männer nicht so andersartig sind, wie sie manchmal medial dargestellt werden. Zeigen lässt sich aber auch, dass eine Entscheidung für das Arbeitsfeld Kinderbetreuung im Rahmen von Bewältigungsmustern biografischer Herausforderungen und Lebensereignissen stattfinden kann, die einen spezifisch »männlichen« Charakter zu haben scheinen.

Auf den ersten Blick wirken die befragten Männer erstaunlich »normal«. Sie berichten überwiegend von sehr traditionellen Familienverhältnissen in ihrer Kindheit – mit nahen, umsorgenden Müttern, die die Hauptlast der Erziehungsverantwortung trugen, und eher blassen, häufig berufsbedingt abwesenden Vätern, die die klassische Ernährerrolle übernahmen, wie es lange Zeit allgemein üblich war. Die Mehrzahl der Befragten (auch der Frauen) erinnert sich an eine harmonische Kindheit, die von überdurchschnittlicher emotionaler Wärme und wenig von Ablehnung und Strafe gekennzeichnet war. Ein Teil der Befragten – etwa ein Viertel – war von Trennung betroffen, aber dieser Anteil liegt im österreichischen Durchschnitt; Unterschiede zwischen den Geschlechtern fallen an dieser Stelle nicht auf. Die Mehrheit der männlichen Befragten berichtet rückblickend von einer tendenziell typischen Bubenkindheit, die von Aktivitäten im Freien und gleichgeschlechtlichen Spielgruppen geprägt war. Vier Fünftel der in Kindertagesheimen tätigen Männer sehen sich im Rückblick auf ihre Kindheit als »typische Buben« – im Gegensatz zu den Frauen, von denen sich nur die Hälfte daran erinnert, ein »typisches Mädchen« gewesen zu sein. Nur eine Minderheit der befragten Burschen und Männer berichtet dagegen schon aus der Kindheit von untypischem Verhalten oder besonderen Schwierigkeiten.

Ein offensichtliches »Anders-Sein« als die Mehrheit ihrer Geschlechtsgenossen beginnt für viele Burschen erst mit der Ausbildungsentscheidung für die BAKIP, den Reaktionen der Gleichaltrigen auf diese Entscheidung und die dann beginnende spezifische Sozialisation im frauendominierten Bereich der Bildungsanstalten für Kindergartenpädagogik. Für Quereinsteiger beginnt dieser Prozess noch später.

Die Annahme, es handle sich bei männlichen Pädagogen im Kindergarten um seltsame Sonderlinge, die schon als Kind »ganz anders« waren und/oder nur aufgrund problematischer biografischer Erfahrungen in das Arbeitsfeld geraten sind, kann damit als widerlegt angesehen werden. Aber auch die Vermutung, dass sich insbesondere Männer für den Bereich der Kinderbetreuung interessieren, die selbst gute familiäre Beziehungserfahrungen mit ihrem Vater oder anderen Männern gemacht haben, konnte nicht bestätigt werden. Entgegen der Ausgangshypothese des Projekts stellte sich heraus, dass nicht Väter und andere Männer, sondern die Mütter und andere weibliche Bezugspersonen nicht nur für die persönliche Entwicklung, sondern auch für die Berufsentscheidung vieler junger Männer sehr entscheidend, sogar »wegweisend« waren.

Burschen und Männer im Bereich der Kinderbetreuung erscheinen, so zeigen die Ergebnisse des Forschungsprojekts, überwiegend als »moderne« oder als »verunsicherte« Männer, wenn man der Typologie von Zulehner und Volz folgen will (Zulehner 2003; Zulehner/Volz 2009). Dies zeigt sich zum Beispiel an ihren Einstellungen zu Familie und Beruf. Die traditionelle Rollenaufteilung, die dem Mann die Erwerbsarbeit und der Frau die Versorgung der Kinder zuordnet, wird überwiegend abgelehnt. Eine große Mehrheit der Befragten hält Männer und Frauen in der Kindererziehung für gleich geeignet und spricht sich für eine partnerschaftliche Aufteilung von Familien- und Berufsarbeit aus. Dabei gibt es jedoch erhebliche Unterschiede zwischen den verschiedenen Befragtengruppen. Der größte Anteil von Befragten, die eine traditionelle Rollenaufteilung befürworten, ist in der Gruppe der Burschen in der Berufsfindungsphase zu finden. In der Kinderbetreuung tätige Männer befürworten dagegen im Vergleich der Teilstichproben am häufigsten eine partnerschaftliche Aufgabenteilung. Aber auch der größte Teil der BAKIP-Schüler vertritt tendenziell partnerschaftliche Einstellungen. Während also in der Berufsfindungsphase etliche Burschen an traditionellen Geschlechterrollen orientiert sind, sind die Burschen und Männer, die sich für den Bereich der Kindergartenpädagogik entschieden haben, ganz überwiegend partnerschaftlich und damit »moderner« orientiert.

Bei den weiblichen Befragten stellt sich dies anders dar. Die Unterschiede zwischen den Befragtengruppen sind eher gering. Im Ergebnis bedeutet das, dass in der Berufsfindungsphase Mädchen im Durchschnitt partnerschaftlicher orientiert sind als Burschen, wogegen es in der Gruppe der schon Tätigen gerade umgekehrt ist: Die männlichen Tätigen sind tendenziell partnerschaftlicher eingestellt als ihre Kolleginnen. Obwohl die befragten Frauen ganz überwiegend für eine partnerschaftliche Teilung von Arbeits- und Familienaufgaben befürworten, übernimmt die große Mehrheit der Befragten den größeren Teil der Kinderbetreuung, während ihre Partner mehr arbeiten und mehr zum Familieneinkommen beitragen. Insgesamt stehen diese Ergebnisse im Gegensatz zur generellen auch aus den Männerstudien berichteten Tendenz, dass Frauen »modernere« Ansichten haben als Männer: Burschen und Männer im Bereich der Kinderbetreuung sind deutlich »modernere« Männer, und zwar sowohl im Vergleich zu anderen Burschen als auch im Vergleich mit weiblichen Befragten.

Wege in den Beruf

Wie können Burschen und Männer den Weg zur pädagogischen Arbeit mit Kindern finden? Die Teilstudien des Forschungsprojekts offenbaren hierzu drei wesentliche Ergebnisse:

- viele Burschen können sich grundsätzlich so eine Tätigkeit vorstellen;
- Burschen werden völlig unzureichend über entsprechende Möglichkeiten informiert;
- negative Einstellungen und Reaktionen von Gleichaltrigen stellen für mögliche Interessierte ein wesentliches Hindernis dar.

Wie die Befragung von Schülern in der Berufsfindungsphase zeigt, ist mehr als ein Viertel der befragten Burschen an Berufen im Bereich Bildung und Erziehung interessiert. Auch einer Tätigkeit mit Kindern und Jugendlichen stehen viele positiv gegenüber: Ein Viertel der befragten Burschen kann sich grundsätzlich vorstellen, in einem Kindergarten oder Hort zu arbeiten. Zwar liegt der jeweilige Anteil bei den befragten Mädchen gut doppelt so hoch, und Burschen äußern noch deutlich häufiger Interesse an technischen und handwerklichen Berufen. Dennoch zeigen diese Zahlen, dass das Spektrum potenziell interessierter Burschen weit größer ist als die Gruppe derjenigen, die tatsächlich später einen solchen Beruf ergreifen. Hier bestätigt unsere Studie entsprechende Ergebnisse aus Deutschland, nach denen sich fast 30% der befragten Jungen »gut« oder sogar »sehr gut« vorstellen können, als Erzieher in einer Kindertagesstätte zu arbeiten (Cremers et al. 2008, S. 68).

Vorerfahrungen in der Betreuung von Kindern sind ein möglicher Ausgangspunkt für eine spätere Ausbildungs- und Berufswahl in dieser Richtung. Dabei gibt es bemerkenswerterweise kaum Unterschiede zwischen Schülern vor der Berufsentscheidung und denen, die sich dann tatsächlich für einen solchen Ausbildungs- bzw. Berufsweg entschieden haben. Während allerdings viele Frauen schon im Kindes- oder Jugendalter eine Berufsperspektive im Bereich Kinderbetreuung sahen, war dies bei der überwiegenden Mehrheit der tätigen Männer erst im Erwachsenenalter der Fall. Dies liegt den Ergebnissen des Forschungsprojekts zufolge nicht zuletzt daran, dass Burschen im Rahmen der Berufsorientierung nicht ausreichend und weit weniger als Mädchen auf entsprechende Möglichkeiten hingewiesen werden.

Die Mehrheit der befragten tätigen Männer zählt zu den Quereinsteigern, denen erst als Erwachsener der Blick auf den Beruf geöffnet wird. Viele Männer berichten von einem Prozess der Umorientierung, dem Erfahrungen in anderen Berufsfeldern, eine Phase der Erwerbslosigkeit und/oder der Abbruch einer anderen Ausbildung bzw. eines Studiums vorausgingen. Dies bestätigt die Ergebnisse von Untersuchungen aus anderen Ländern, die die Brüche und Umorientierung in den Berufswegen vieler Männer den »nahtlosen« Berufsverläufen ihrer weiblichen Kolleginnen gegenüberstellen (Cameron et al. 1999).

Warum finden so wenige Burschen und Männer den Weg an die BAKIP bzw. in die Praxis der Kinderbetreuung, obwohl ein erheblicher Teil der Schüler in der Berufsfindungsphase diesem Bereich durchaus interessiert und positiv gegenübersteht? Als wesentliche Einstiegsbarrieren für Männer erscheinen zunächst das geringe Gehalt und das schlechte Image des Berufs. Die Ergebnisse der Teilstudien deuten darauf hin, dass dabei negative Reaktionen insbesondere von männlichen Peers eine entscheidende Rolle spielen können. Während sich etwa ein Viertel der männlichen Jugendlichen in der Berufsorientierungsphase grundsätzlich für eine Arbeit mit Kindern interessiert, gibt es eine ähnlich große Gruppe männlicher Jugendlicher, die männliche Kindergartenpädagogen stark ablehnt: Ein Drittel der befragten Burschen vertritt die Ansicht, dass Männer im Kindergarten »keine richtigen Männer« seien. Drei von zehn befragten Burschen halten Männer tendenziell für eine »Gefahr für Kinder«, und jeder Fünfte stimmt sogar der Aussage zu, dass männliche Kindergärtner »Perverse« seien, »die Kinder missbrauchen«. Dies ist die Gruppe, von der Burschen, die sich für die Arbeit mit kleinen Kindern interessieren, negative Reaktionen zu befürchten haben.

Aus ihrem aktuellen Umfeld berichten sowohl BAKIP-Schüler als auch Berufstätige dagegen ganz überwiegend von positiven Reaktionen auf ihre Ausbildungswahl bzw. berufliche Tätigkeit. Auch die Mehrheit der eigenen Eltern der Befragten reagierte überwiegend unterstützend und akzeptiert die Entscheidung ihres Kindes. Erwähnt sei zudem, dass positive Reaktionen auf Männer im Kindergarten auch von den Eltern aus den untersuchten Kindergärten berichtet werden. Das Problem der negativen Reaktionen auf die Ausbildungs- und Berufswahl erscheint damit entscheidend als ein Problem der Jugendphase und der Interaktionen unter jugendlichen Peers.

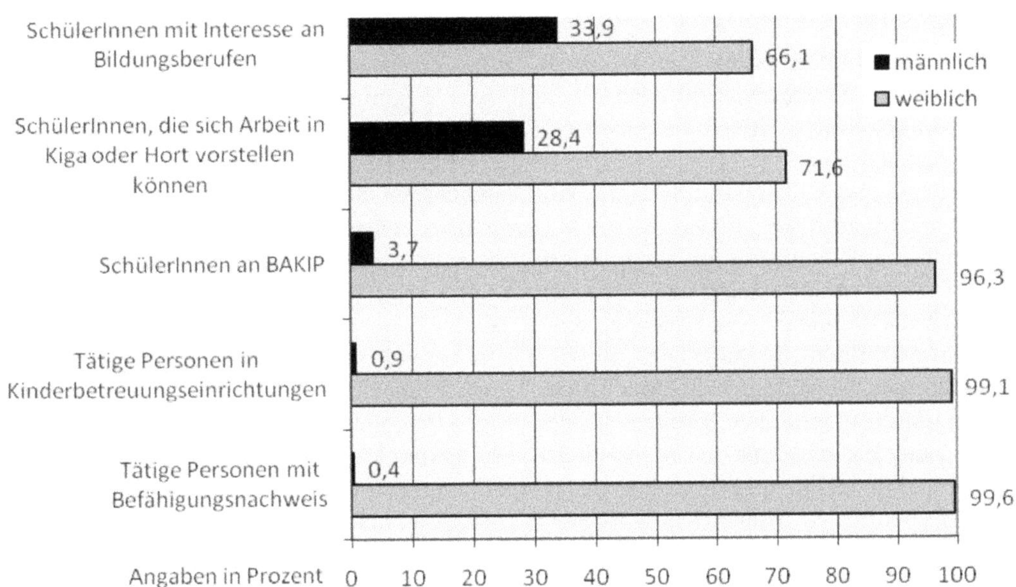

Abbildung 1: Vom Interesse zur beruflichen Tätigkeit: relativer Anteil von Burschen/Männern und Mädchen/Frauen in der jeweiligen Gruppe

Quellen: SchülerInnen eigene Befragungen; BAKIP: 2008/2009 (Statistik Austria 2009); tätige Personen: 2007/2008 (Statistik Austria 2008), da für die neueren (etwas höheren) Zahlen noch keine differenzierten Berechnungen vorlagen

Die Ausbildung beginnt zu früh

In Österreich beginnt die Ausbildung zum Kindergartenpädagogen, im internationalen Vergleich gesehen, in einem sehr frühen Alter. Auch vom Niveau her liegt sie im internationalen Vergleich deutlich zurück. Gleichzeitig arbeitet in den Kindertagesheimen ein großer Anteil von kaum oder niedrig qualifizierten Beschäftigten als HelferInnen oder AssistentInnen. Berufsbegleitende Qualifizierungen sind die Ausnahme. Die Ergebnisse des Forschungsprojekts belegen an verschiedenen Stellen, dass diese Ausgangslage problematisch ist und den heutigen Anforderungen des Arbeitsfeldes nicht mehr gerecht wird. Sie ist darüber hinaus eine der wesentlichen Barrieren, die Männer vom Kindergarten fernhält.

Zunächst äußert sich die große Mehrheit der Befragten insgesamt tendenziell zufrieden mit ihrer Ausbildung. Als positive Aspekte werden in beiden Teilstichproben insbesondere die Praxisorientierung sowie, bezogen auf die BAKIP, das Schulklima genannt. Dabei wird oft das gute Verhältnis zu den Lehrkräften hervorgehoben. Das Kolleg wird als adäquate Ausbildungsform für Quereinsteiger bezeichnet, die große Altersmischung und der heterogene berufliche Hintergrund der Kollegschülerinnen als bereichernd erlebt.

Allerdings wird vielfach die Situation von Burschen und Männern als Minderheit in Schulklassen und Ausbildungsgruppen thematisiert. Bemerkenswerterweise beklagen auch Mädchen und Frauen die Dominanz von Mädchen bzw. Frauen im Ausbildungssystem. Die überwiegende Mehrheit der befragten Schüler ist der Meinung, dass »männliche« Themen an der BAKIP zu kurz kommen, und eine Mehrheit der Schülerinnen stimmt ihnen zumindest tendenziell zu. Vor allem im Sportunterricht, aber auch im Werken und im technischen Bereich sind Burschen, aber auch Mädchen der Meinung, dass »männliche« Interessen nicht bzw. zu wenig berücksichtigt werden. Subtile Diskriminierung lässt sich in unterschiedlichsten Bereichen finden und ist oft nicht direkt bewusst oder nur schwer konkret zu beschreiben.

Insgesamt weisen die Ergebnisse des Forschungsprojekts aus unserer Sicht unmissverständlich darauf hin, dass an der BAKIP ein »heimlicher Lehrplan« existiert, der an der traditionellen weiblichen Sozialisation orientiert ist. Einfacher formuliert: Fast die Hälfte der männlichen BAKIP-Schüler stimmt der Aussage zu, dass die BAKIP »eigentlich eher für Mädchen gemacht sei« – wenngleich die Mehrheit der Schülerinnen nicht dieser Ansicht ist.

Hohe berufliche Zufriedenheit

Burschen und Männer, die den Weg in den Kindergarten finden, berichten insgesamt viele positive Erfahrungen. Die überwiegende Mehrheit der befragten Burschen und Männer berichtet, in der Praxis sehr positiv aufgenommen worden zu sein. Dies gilt nicht nur für Kolleginnen, die diesen Eindruck der Männer bestätigen, sondern auch für Eltern, die die Beschäftigung von Männern ebenfalls begrüßen. Oftmals wird berichtet, dass Männern gleich nach Abschluss der Ausbildung oder sogar bereits vorher eine Stelle angeboten worden ist. Ein Viertel der befragten BAKIP-Schüler macht jedoch zumindest gelegentlich die Erfahrung, dass Burschen bzw. Männern »grundsätzlich mit Skepsis« begegnet wird.

Für die berufliche Praxis belegen unsere Forschungsergebnisse zunächst die hohe berufliche Zufriedenheit von Männern und Frauen, die in Kindertagesheimen arbeiten. Dies bestätigt die Ergebnisse verschiedener internationaler Studien (Rolfe 2006; Sataøen 2010; Uhrig 2006). Insbesondere die Zusammenarbeit von Frauen und Männern erhält Bestnoten, auch wenn es im Alltag immer wieder Unterschiede und Reibungspunkte gibt, die zu Problemen führen können. Zu dieser hohen Berufszufriedenheit trägt in erster Linie der Spaß und die Freude bei, die es bereitet, Kinder in ihrer Entwicklung zu begleiten. Auch die Gestaltungsspielräume und Möglichkeiten zur Selbstverwirklichung am Arbeitsplatz werden als sehr positiv erlebt.

Die vorliegende Studie zeigt allerdings auch – wie vergleichbare Untersuchungen aus anderen Ländern –, dass diese positiven Aspekte des Berufs des Kindergartenpädagogen viel zu wenig in die Öffentlichkeit kommuniziert werden. Damit wird eine Chance vertan, den Beruf für Burschen und Männer attraktiver erscheinen zu lassen.

Gibt es einen »männlichen Stil« in der Erziehung?

»Do men and women, in general, work in different ways?«, fragen Cameron und Moss (2007, S. 155). Unsere Studie belegt, dass es deutliche Unterschiede in den Einstellungen, Erwartungen und Verhaltensweisen von Männern und Frauen im Bereich der Kinderbetreuung gibt (soweit sich eine solche Aussage überhaupt aus Befragungen ableiten lässt). Als Charakteristika eines »männlichen Stils« in der Pädagogik können die folgenden Tendenzen beschrieben werden:

- Männer haben einen stärker körperorientierten Zugang zu Kindern;
- Männer sind mehr an Sport und Bewegung interessiert, nicht zuletzt am Fußballspiel;
- Männer zeigen mehr Bereitschaft zu wildem Spiel, Raufen und Toben mit Kindern;
- Männer sind mehr nach »draußen« orientiert, bevorzugen das Außengelände und Aktivitäten im Freien;
- Männer gehen anders mit kindlicher Aggression um und können sich besser durchsetzen;
- Männer haben eine größere Toleranz, was das Einhalten von Regeln und das Eingehen von Risiken betrifft;
- Männer interessieren sich weniger für typisch weibliche Aktivitäten im Kindergarten, insbesondere für das Basteln;
- Männer werden von Kindern als Vaterersatz gesehen und bieten sich zum Teil auch selbst als ein solcher an.

Diese Aussagen bestätigen Ergebnisse internationaler Untersuchungen, die ebenfalls einen solchen »männlichen« Zugang zur Kindererziehung finden (z. B. Vandenbroeck/Peeters 2008, S. 709). Allerdings sind diese Tendenzen, die weitgehend traditionellen Geschlechterstereotypen entsprechen, in mehrfacher Hinsicht »gebrochen«.

In der Fragebogenstudie gibt die Mehrheit (!) der Befragten an, dass es in Bezug auf die meisten genannten Tendenzen »eher keinen Unterschied« zwischen ihnen und ihren andersgeschlechtlichen KollegInnen gebe. In den vertiefenden Interviews finden sich dagegen zahlreiche Hinweise auf Differenzen. Es bleibt offen, was in der Praxis tatsächlich stimmt. Die Antworten in der Fragebogenerhebung lassen sich als Ausdruck einer in Kindergärten weit verbreiteten »Gleichheitsideologie« (Permien/Frank 1995) interpretieren, die die Wahrnehmung von vorhandenen Unterschieden zwischen den Geschlechtern und insbesondere eigenen geschlechtstypischen Verhaltens verhindert. Andererseits kann auch die Betonung von Unterschieden in vielen Interviews ein Wahrnehmungseffekt sein. Die in den Interviews gestellte Frage nach Unterschieden zwischen Männern und Frauen deckt solche nicht nur auf, sondern kann sie auch »erzeugen«. Hinweise auf solche Konstruktionsprozesse finden sich dort, wo Befragte verbreitete Aussagen wiedergeben, sie aber gar nicht aus ihrer Erfahrung bestätigen können. Dies gilt zum Beispiel für die Annahme, dass Männer insbesondere für Kinder von alleinerziehenden Müttern wichtig sind. Sie wird zwar von einer großen Mehrheit der Befragten unterstützt, aber nur wenige berichten entsprechende Interaktionen aus der Praxis.

Sehr deutlich kommen in den Erhebungen die geschlechtstypischen Erwartungen zum Ausdruck, die viele Frauen in Kindergärten an männliche Kollegen haben. Hier bestätigt die vorliegende Studie zahlreiche andere Untersuchungen, nach denen Hausmeistertätigkeiten und handwerkliche Aufgaben an Männer delegiert werden, oder denen zufolge von ihnen erwartet wird, typisch »männliche« Aktivitäten mit Kindern zu übernehmen, insbesondere das Fußballspielen, aber auch das Raufen und Toben oder das Werken. Viele Männer sind bereit, diese Erwartungen zu erfüllen, einigen scheint dies auch Sicherheit zu geben. Dies bestätigt die Annahme, dass Männer zwar mit ihrer Berufswahl sozialen Erwartungen an ihr Geschlecht nicht entsprechen, in ihrer pädagogischen Tätigkeit aber oft zu geschlechtstypischen Verhaltensweisen tendieren, um sich in ihrer besonderen Situation als Mann im Frauenbereich zu behaupten (vgl. Sumsion 2005; Tsigra 2010; Tünte 2007). Gleichzeitig äußern sich viele Männer kritisch zu diesen Zuschreibungen. Auch hier decken sich unsere Ergebnisse mit denen anderer Untersuchungen.

Eine weitere Brechung erfährt die Vorstellung eines »männlichen Stils« in der Kindererziehung durch die Bemühungen vieler Befragter, geschlechtsstereotypen Bildern von Männlichkeit und Weiblichkeit eben gerade nicht entsprechen zu wollen. Nicht nur, aber verstärkt in Einrichtungen mit geschlechtersensiblem Konzept formulieren Männer wie Frauen es ausdrücklich als Ziel ihrer Arbeit, Kindern zu vermitteln, dass typischerweise als »weiblich« angesehene Aufgaben auch von Männern ausgeführt werden können, dass es ganz allgemein eben *keine* männliche Art der Betreuung und Bildung von Kindern gibt, sondern Männer und Frauen in vieler Hinsicht dasselbe tun (können) und nicht so unterschiedlich sind. Die Aussagen der Befragten zeigen, dass diese in Konzeptionen beschriebenen Ziele in der Praxis tatsächlich umgesetzt werden, wenn auch nicht immer so konsequent wie in der Theorie. Die gleichzeitig den Männern zugeschriebene hohe Bedeutung für Kinder widerspricht dem nicht unbedingt. Sie wird eben gerade darin gesehen, als *Mann* dieselben Dinge zu tun, die sonst Frauen zugeschrieben werden, und damit zu einer Vielfalt von Verhaltensoptionen in der Entwicklung von Mädchen und Jungen beizutragen.

Die Erhebungen zeigen eine erhebliche Ambivalenz in den Einstellungen der befragten Männer. Aussagen zu Ähnlichkeiten der Geschlechter stehen in den Interviews manchmal direkt neben Aussagen, die die Unterschiede zwischen Männern und Frauen hervorheben, wenn zum Beispiel ein Mann zunächst meint, dass im Team »alles total gemischt« sei, im nächsten Satz aber von seiner Neigung zu handwerklichen Tätigkeiten und Fußballspielen erzählt.

Für die pädagogische Praxis bedeutet das für viele Männer einen Balanceakt. Auf der einen Seite stehen Erwartungen an ihre »Männlichkeit«, die nicht nur von Frauen ausgehen, sondern für viele männliche Beschäftigte auch für ihr Selbstverständnis als Mann wichtig sind. Auf der anderen Seite stehen die Notwendigkeit, sich an die Normen des Geschlechtersystems im Kindergarten anzupassen, in denen betont »männliches« Auftreten unerwünscht ist, sowie das Bemühen um Geschlechtergerechtigkeit und »Gleichheit«. Angesichts dieser widersprüchlichen Erwartungen ist es nicht erstaunlich, dass viele Männer dieser Auseinandersetzung auszuweichen versuchen, indem sie ihrer Geschlechtlichkeit keine Bedeutung für ihr praktisches Handeln im Kindergarten beimessen, wie es ein Pädagoge formuliert: »Sobald man einmal beweist, dass man seine Arbeit sehr gut macht, ist es, glaube ich, egal ob man ein Mann ist oder eine Frau.«

Die geschilderte Widersprüchlichkeit findet sich auch in vielen anderen Studien zu männlichen Erziehern wieder. Gut zusammengefasst hat dies Kohlmann (2010) in seiner Formulierung, dass Männer »männliche Diversität verkörpern« (S. 87). Die Wirkung des männlichen Körpers, das Anbieten der eigenen Körperlichkeit und die Bereitschaft zu körperlicher Nähe – ob wild oder sanft – sind unbestreitbar mit biologisch fundierten Unterschieden verbunden. Dies wird relevant, wenn Männer körperorientiert arbeiten, sich auf wilde Spiele und Raufereien einlassen oder ihre Stimme einsetzen. Dass gerade die tiefere Stimme von Männern von besonderer Bedeutung ist, wurde wiederholt zum Ausdruck gebracht: So berichten männliche BAKIP-Schüler von Problemen beim Vorsingen in der Aufnahmeprüfung oder beklagen sich, dass sie im Unterricht schneller auffallen, wenn sie einmal tratschen. Auch die Ansicht, dass es männlichen Pädagogen in der Praxis leichter fällt, Grenzen zu setzen – »Dann sage ich einmal, ›so Freunde, jetzt ist aber genug‹. Und dann ist es mucksmäuschenstill« – ist im Zusammenhang mit den unterschiedlichen Stimmlagen von Männern und Frauen zu sehen.

Wie reagieren Kinder auf männliche Pädagogen?

Übereinstimmend wird berichtet, dass Kinder sehr positiv auf männliche Pädagogen und Betreuer reagieren. Die Reaktionen der Kinder werden manchmal als geradezu euphorisch beschrieben: Burschen und Männer werden als

»Magnete« bezeichnet oder fühlen sich sogar als »König« oder »Star«, wie es ein Pädagoge beschreibt: »Also als Mann ist es doch noch [...] um ein Vielfaches leichter, also ... man ist ja eigentlich schon wie ein Star in dem Ganzen.« Insbesondere wird häufig berichtet, dass sich Spielaufforderungen von Kindern an Männer auf »wilderen«, intensiven Körperkontakt, Toben und Kräftemessen sowie geschlechtstypische Aktivitäten wie Fußball und Bauen beziehen.

Allerdings berichten viele Burschen und Männer von Unsicherheiten beim körperlichen Umgang von Männern und Kindern. Zwar wird enger Körperkontakt beim Toben oder Kräftemessen akzeptiert – dies wird als männertypisch angesehen und teils sogar ausdrücklich von Burschen und Männern erwartet. Anders sieht es aber bei zärtlichem Körperkontakt sowie bei körpernahen Versorgungsaufgaben aus. Während viele Burschen und Männer berichten, dass naher Körperkontakt mit Kindern für sie selbstverständlich sei, meinen andere, dass sie dabei sehr vorsichtig sind. Bemerkenswert ist, dass nach den Ergebnissen der Fragebogenerhebung sowohl Tätige als auch BAKIP-Schüler mehrheitlich berichten, Kinder zu wickeln oder auf die Toilette zu begleiten, viele Mädchen und Frauen – insbesondere fast die Hälfte der BAKIP-Schüler*innen* – dies aber nicht für selbstverständlich halten. Die befragten Eltern wiederum sind ganz überwiegend der Ansicht, dass männliche Pädagogen auch Pflegetätigkeiten wie Toilettengänge übernehmen sollen.

Die vertiefenden Interviews zeigen, dass insbesondere jüngere und berufsunerfahrene Burschen und Männer aufgrund von Irritationen und möglicher Vorwürfe sexueller Übergriffe in diesem Bereich sehr vorsichtig sind und zum Teil körperliche Nähe gezielt vermeiden. Lebens- und berufserfahrene Männer gehen mit diesem Thema dagegen oft souverän um und betrachten körperliche Nähe bei emotionaler Fürsorge und Pflegetätigkeiten als selbstverständlichen Teil ihrer Arbeit. Insgesamt bleibt festzuhalten, dass der »Generalverdacht« (siehe unten) für Burschen und Männer im Bereich der Arbeit mit Kindern ein zentrales Problem darstellt und ihren selbstverständlichen körperlichen Umgang mit Kindern erschwert.

Sind Kindergartenpädagogen »richtige Männer«?

Sowohl BAKIP-Schüler als auch tätige Männer wurden in Interviews nach ihren Einstellungen zu Männlichkeit und zu ihrem Selbstbild als (werdender) Mann befragt. Bemerkenswert ist, dass eine ganze Reihe lebens- und berufserfahrener Männer auf die Frage nach »Männlichkeit« zunächst gar nichts zu sagen weiß. So antwortete ein Pädagoge: »Ich muss überlegen, was meine Frau an mir schätzt.« Viele Burschen und Männer assoziieren zunächst traditionelle Stereotype und teils überzeichnete negative Klischees von Männlichkeit, von denen sie sich oft sogleich abgrenzen. Positive Eigenschaften werden spontan weit weniger benannt.

Vertiefende Fragen offenbaren nicht selten erhebliche Unsicherheit und bringen innere Ambivalenzen bei den Befragten zum Vorschein. Etliche Befragte – sowohl Tätige als auch Schüler – stellen fest, dass sie ihren eigenen (Klischee-) Vorstellungen von Männlichkeit selbst nicht entsprechen, was sie manchmal in Konflikt mit sich selbst bringt. Nur wenige Burschen und noch weniger Männer beziehen sich aber auf ein traditionelles Männerbild. Stattdessen wird von vielen Befragten ein gleichberechtigter Umgang zwischen den Geschlechtern in den Vordergrund gestellt. Vielen Interviewpartnern fällt es schwer, Männlichkeit im positiven Sinn zu beschreiben, und nur wenige Befragte meinen ausdrücklich, »keine Schwierigkeiten mit ihrem Mann-Sein« zu haben. Einhellig positiv wird allerdings der Bereich der Übernahme von Verantwortung für Kinder als durchweg positiver Aspekt des Mann-Seins beschrieben.

Auch Mädchen und Frauen assoziieren zunächst Klischees, wenn sie nach »Männlichkeit« gefragt werden. Im Gegensatz zu den meisten männlichen Befragten nennen aber viele der befragten Mädchen und Frauen durchaus traditionell als »männlich« angesehene Eigenschaften, wenn sie über ihre persönlichen Vorstellungen und Wünsche von Mann-Sein sprechen. Andererseits erwarten sie auch untypische, »weibliche« Verhaltensweisen von Männern, oder geschlechtstypische Unterschiede werden heruntergespielt.

Bemerkenswert ist, dass die befragten Schülerinnen und weiblichen Tätigen häufiger als ihre männlichen Kollegen feststellen, dass männliche Kindergartenpädagogen nicht ihrem Bild eines »richtigen Mannes« entsprechen. Dabei werden bei den weiblichen Befragten Widersprüche deutlich zwischen dem privaten Bereich, in dem von Männern mehr traditionelle »Männlichkeit« erwartet wird, und dem beruflichen Kontext, in dem die Orientierung an Gleichberechtigung und typisch »weiblichen« Verhaltensweisen und Werten dominiert.

Insgesamt fällt es den befragten Schülerinnen und weiblichen Tätigen wesentlich leichter als ihren männlichen Kollegen, positive Vorstellungen von Männlichkeit zu formulieren, wobei diese deutlich an stereotypen Vorstellungen orientiert sind. Die befragten Männer distanzieren sich dagegen ganz überwiegend von solchen Vorstellungen. Bei beiden Geschlechtern ist jedoch auch ein erhebliches Ausmaß an Ambivalenz festzustellen.

Im Gegensatz zu den anderen Teilstudien gibt es in der Befragung von Schülern in der Berufsfindungsphase eine große Gruppe insbesondere von Burschen, die Männern im Kindergarten grundsätzlich kritisch gegenüber steht. Hier vertritt ein Drittel der befragten Burschen tendenziell die Ansicht, dass Männer im Kindergarten »keine richtigen Männer« seien. Von den befragten Mädchen meint dies dagegen »nur« – oder immerhin? – jedes fünfte.

Der »Generalverdacht«

Nicht selten kommen bei der Frage nach dem »richtigen« Mann die Themen Homosexualität und Pädophilieverdacht auf. Ein grundsätzliches Misstrauen gegenüber männlichen Pädagogen – der »Generalverdacht« – erscheint in drei Formen:

- diffuse Vermutungen, dass mit dem betreffenden Burschen bzw. Mann »etwas nicht stimmt«;
- die Annahme, solche Burschen bzw. Männer seien homosexuell;
- der Verdacht, Burschen bzw. Männer, die sich für eine Arbeit mit Kindern interessieren, seien pädophil bzw. potenzielle Kindesmissbraucher.

Insgesamt können zwei Bereiche identifiziert werden, in denen der »Generalverdacht« zum Problem wird: zum einen die Phase der Ausbildungs- und Berufswahl, zum anderen der Umgang mit körperlicher Nähe im pädagogischen Alltag mit Kindern. Negative Reaktionen von Peers erschweren Burschen und Männern die Entscheidung für eine pädagogische Ausbildung bzw. eine Tätigkeit in der Kinderbetreuung. Dies ist insbesondere für Jugendliche von Relevanz, da es in den Peergruppen männlicher Jugendlicher eine starke Tendenz zur Ablehnung und Abwertung von Männern im Kindergarten gibt.

Während dieses Problem für diejenigen Männer, die dennoch einen solchen Weg einschlagen, mit wachsender Lebens- und Berufserfahrung deutlich an Bedeutung verliert, bleibt die Unsicherheit beim Umgang mit Körperkontakt bestehen. Dies kann sich sowohl auf den alltäglichen pädagogischen Umgang mit Kindern auswirken als auch zu einem belastenden Faktor entwickeln, der es erschwert, eine langfristige Perspektive im Beruf zu entwickeln. Auch ein knappes Drittel der befragten Eltern sieht den möglichen Verdacht des sexuellen Missbrauchs als Problem für Männer, die sich für eine Tätigkeit im Kindergarten interessieren. Es lässt sich zusammenfassen, dass der »Generalverdacht« das konkrete pädagogische Handeln von Burschen und Männer erheblich irritieren kann, auch wenn nicht sie persönlich gemeint sind und es in ihrem konkreten Arbeitsumfeld keine Vorbehalte gegen sie gibt.

Perspektiven

Warum ist der Anteil von Burschen und Männern im Bereich der Bildung und Betreuung von Kindern so gering, obwohl sich doch ein erheblicher Teil der Burschen in der Berufsorientierungsphase für solche Tätigkeiten durchaus interessiert? Neben grundsätzlichen Zweifeln an der »Männlichkeit« von Kindergartenpädagogen sowie den bereits diskutierten negativen Reaktionen aus der Peergroup sind es vermutlich vor allem das niedrige Gehalt und die geringen Karriereoptionen. »Die Gehälter sind einfach unter jeder Kritik«, wie ein Pädagoge es formuliert.

Viele Befragte sehen dies als einen Ausdruck mangelnder gesellschaftlicher Wertschätzung ihrer Tätigkeit. Dies gilt für Männer wie für Frauen gleichermaßen. Dennoch führt es zu einem Geschlechtereffekt zuungunsten männlicher Interessierter, weil Burschen und Männern Gehalt und Karrieremöglichkeiten wichtiger sind als Mädchen und Frauen; hierin bestätigt unsere Studie die Ergebnisse etlicher anderer Untersuchungen. Benannt werden aber auch mangelndes Selbstbewusstsein von Männern sowie vor allem der »Generalverdacht« als Gründe für den nach wie vor niedrigen Männeranteil. Zudem sind die Erwartungen von Frauen an männliche Kollegen hoch und widersprüchlich.

Dies kann bei aller Wertschätzung, die männliche Pädagogen oft in ihrer Sonderrolle erfahren, für sie schwierig sein und sie davon abhalten, eine langfristige Perspektive im Arbeitsfeld zu entwickeln. Zwar haben sich viele männliche Tätige mit ihrer finanziellen Situation arrangiert, indem sie die ideellen Seiten ihrer Tätigkeit und die positiven Aspekte einer Arbeit mit Kindern hervorheben. Die niedrige Entlohnung bleibt dennoch ein Problem, das etliche männliche Beschäftigte nach beruflichen Perspektiven außerhalb der Kinderbetreuung suchen lässt. Dass weibliche Tätige mit ihrer finanziellen Lage insgesamt zufriedener sind als ihre männlichen Kollegen liegt vor allem daran, dass viele von ihnen einen Partner haben, der mehr verdient und damit mehr zum erwünschten Lebensstandard beitragen kann.

Was müsste sich verändern, damit das Arbeitsfeld Kinderbetreuung insgesamt – für Männer wie für Frauen – attraktiver werden kann? Nach Ansicht der Befragten ist dafür zunächst mehr Wertschätzung für das gesamte Arbeitsfeld erforderlich, wozu auch ein höheres Gehalt gehört. Mit Blick auf die Praxis sind außerdem allgemein bessere Rahmenbedingungen sowie Freiräume und Bewegungsmöglichkeiten für die Kinder die entscheidenden Ansatzpunkte.

Weiter würde für die überwiegende Mehrheit der Befragten das Arbeitsfeld an Attraktivität gewinnen, wenn es »viel Zeit im Freien/in der Natur« und »mehr Bewegungsmöglichkeiten« gäbe. Auch bei jenen Schülern in der Berufsfindungsphase, die grundsätzlich am Arbeitsfeld interessiert sind, stehen diese Aspekte obenan. Bemerkenswerterweise trifft dies aber in allen Befragtengruppen nicht nur für die männlichen, sondern auch für die weiblichen Befragten zu. Insbesondere für männliche BAKIP-Schüler sowie auch für grundsätzlich interessierte Schüler in der Berufsfindungsphase wäre das Arbeitsfeld zudem attraktiver, wenn es »zumindest einen männlichen Kollegen« sowie »mehr Experimente, Werkbänke, technische Dinge« gäbe.

Bei der Frage, wie *Ausbildungsmöglichkeiten* attraktiver gestaltet werden können, um Burschen und Männer mehr anzusprechen, stehen ein »sportlicher Schwerpunkt« sowie »viele Praxismöglichkeiten« an erster Stelle. Gefordert wird auch, mehr typisch »männliche« Aktivitäten in den Unterricht mit aufzunehmen, insbesondere in den Bereichen Bewegung und Sport sowie Werken und Technik. Zudem wird vermutet, dass die Einführung eines »Outdoorschwerpunktes« Natur- und Erlebnispädagogik sowie ein ausgewogenes Verhältnis beider Geschlechter die Ausbildung für Burschen und Männer attraktiver machen könnte – interessanterweise meinen dies insbesondere Mädchen. Am häufigsten befürwortet wird von männlichen Tätigen die Anregung, Angebote für Quereinsteiger bereitzustellen. Dies ist sicher auch im Kontext des großen Anteils von männlichen Befragten zu sehen, die ihren Weg in das Arbeitsfeld nicht über die fünfjährige BAKIP-Ausbildung gefunden haben, sondern zum Teil lange Umwege gegangen sind.

Insgesamt kann einem verstärkten Einbezug von Männern in die österreichische Elementarpädagogik ein hohes Innovationspotenzial zugesprochen werden. Die Ergebnisse des Forschungsprojekts unterstreichen damit aktuelle Forderungen des Aktionsplanes der Europäischen Kommission zur frühkindlicher Betreuung, Bildung und Erziehung. Hier wird festgestellt, dass es vor dem Hintergrund der unausgewogenen Repräsentation der Geschlechter im Arbeitsfeld »dringend erforderlich« sei, »in allen EU-Ländern die Laufbahn im FBBE-Sektor für Männer attraktiver zu machen« (Europäische Kommission 2011). In diesem Zusammenhang weist die Kommission auch auf die generelle Notwendigkeit von höheren Gehältern, besseren

Arbeitsbedingungen, einem höheren Niveau und einer größeren Vielfalt der geforderten Bildungsabschlüsse hin.

Aus den Ergebnissen des Forschungsprojekts können insbesondere folgende Strategien zur Erhöhung des Männeranteils abgeleitet werden:

- Erhöhung des Ansehens des Berufsfeldes in der Öffentlichkeit, Außendarstellung des Kindergartens als professionelle Bildungseinrichtung;
- Veränderung des Images des Kindergartens als »weiblich« dominierten Bereichs;
- öffentliche Kampagnen zur generellen Bedeutung von Männern für Kinder;
- Maßnahmen zur Berufsorientierung, zum Beispiel bessere Berufsinformation auch für junge Männer, Boys' Day, Praktika, Mentoringprogramme;
- Buben- und Männerarbeit zum Thema Lebensplanung (Beruf und Familie);
- Reflexion von Ausbildung und Praxis aus Genderperspektive;
- Erweiterung von Ausbildung und Praxis um typisch »männliche« Themen und Schwerpunkte wie Bewegung und Sport oder Outdoor;
- Anhebung der Ausbildung auf Hochschulebene, größere Durchlässigkeit von Ausbildungsgängen;
- gezielte erwachsenengerechte Qualifizierungsmaßnahmen für männliche Quereinsteiger;
- umfassende und vielfältige Maßnahmen auf politischer und administrativer Ebene.

Hier verweisen die Ergebnisse auf aktuelle Entwicklungen in Norwegen und Deutschland, wo entsprechende Maßnahmen ergriffen worden sind und somit Ergebnisse von Forschungsprojekten zu konkreten Veränderungen von Praxis führen.

Abschließend möchten wir noch einmal die Chancen hervorheben, die sich aus einer Beschäftigung von mehr männlichen Pädagogen im Kindergarten ergeben können. Wie uns unsere Gespräche immer wieder gezeigt haben, führen nicht nur spezifische Kindheitserfahrungen, sondern auch die besondere berufliche Sozialisation als Mann im weiblich dominierten Bereich dazu, dass diese Männer ein hohes Maß an Reflexionskultur und Bereitschaft zur persönlichen Auseinandersetzung mit Geschlechterfragen entwickeln. Möglicherweise ist es gerade die besondere Situation, der »Exotenstatus« der wenigen männlichen BAKIP-Schüler und Männer im Kindergarten, der eine reflexive Beschäftigung mit der eigenen geschlechtsbezogenen Sozialisation nahelegt oder sogar erzwingt. Eine solche Auseinandersetzung ist aber eine zentrale Voraussetzung für professionelles Handeln von Fachkräften. Insofern sehen wir als Ergebnis unseres Forschungsprojekts durchaus große Chancen dafür, dass mehr männliche Pädagogen mit einem differenzierten Verständnis von »Männlichkeit« und »Väterlichkeit« die pädagogische Arbeit im Elementarbereich wesentlich bereichern und weiterentwickeln können. Nicht zuletzt ist Reflexionsbereitschaft von Männern *und* Frauen eine wesentliche Grundlage dafür, dass der Dialog der Geschlechter gelingt (Kunert-Zier 2005; Rohrmann 2008) und damit die Arbeit in geschlechtergemischten Teams zum Gewinn für alle Beteiligten werden lässt.

Anmerkung

1 BAKIP: Bildungsanstalten für Kindergartenpädagogik; wichtigster Ausbildungsweg in Österreich: schulische Ausbildung zum Kindergartenpädagogen/zur Kindergartenpädagogin auf Sekundarniveau, parallel wird die Matura (Hochschulreife) erreicht.

Literatur

Cameron, C. & Moss, P. (2007): Care Work in Europe – Current Understandings and Future Directions. London (Routledge).

Cameron, C.; Moss, P. & Owen, C. (1999): Men in the Nursery: gender and caring work. London (Paul Chapman Publishing).

Cremers, M.; Puchert, R. & Mauz, E. (2008): So gelingt aktive Jungenförderung. Neue Wege für Jungs startet Netzwerk zur Berufs- und Lebensplanung. Bericht der wissenschaftlichen Begleitforschung. Bielefeld (Kompetenzzentrum Technik-Diversity-Chancengleichheit e. V.).

Europäische Kommission (2011): Frühkindliche Betreuung, Bildung und Erziehung: der bestmögliche Start für alle unsere Kinder in die Welt von morgen.

Mitteilung der Europäischen Kommission. URL: http://ec.europa.eu/education/school-education/doc/childhoodcom_de.pdf (Stand: 23.03.2011).

Eurydice-Netz; Delhaxhe, A.; Forsthuber, B.; Horvath, A. & Motiejunaite, A. (Hg.) (2009): Geschlechterunterschiede bei Bildungsresultaten: Derzeitige Situation und aktuelle Maßnahmen in Europa. Brüssel (Eurydice). URL: www.eurydice.org (Stand: 10.06.2010).

Kohlmann, H.-C. (2010): Männer in Erzieherberufen: Kompetenzen, Perspektiven und Schwierigkeiten insbesondere in der Arbeit mit Jungen – Eine qualitative Analyse. Hausarbeit zur Erlangung des Magistergrades (Sozialwissenschaftliche Fakultät der Georg-August-Universität Göttingen).

Kunert-Zier, M. (2005): Erziehung der Geschlechter. Entwicklungen, Konzepte und Genderkompetenz in den sozialpädagogischen Feldern. Wiesbaden (VS Verlag für Sozialwissenschaften).

Permien, H. & Frank, K. (1995). Schöne Mädchen – Starke Jungen? Gleichberechtigung: (k)ein Thema in Tageseinrichtungen für Schulkinder. Freiburg i.Br. (Lambertus).

Rohrmann, T. (2008): Zwei Welten? Geschlechtertrennung in der Kindheit. Forschung und Praxis im Dialog. Opladen (Budrich Unipress).

Rolfe, H. (2006): Where are the men? Gender segregation in the childcare and early years sector. National Institute Economic Review 195, 103–117.

Sataøen, S.O. (2010): Male Childcare Workers coping with their professional lives and career after graduation. Presentation on the 20th EECERA Conference (European Early Childhood Education Research Association), Birmingham, UK, 6th–8th September 2010. URL: http://www.koordination-maennerinkitas.de/uploads/media/EEECERA_2010_Sataoen.pdf (Stand: 24.03.2011).

Statistik Austria (2008): Kindertagesheimstatistik 2007/2008. Sonderauswertung Personal in Kindertagesheimen für das Forschungsprojekt elementar.

Statistik Austria (2009): Bildung in Zahlen. Tabellenband. Wien: Statistik Austria. URL: http://www.statistik.at/web_de/statistiken/bildung_und_kultur (Stand: 31.12.2009).

Sumsion, J. (2005): Male teachers in early childhood education: issues and case study. Early Childhood Research Quarterly 20(1), 109–123.

Tsigra, M. (2010): Male teachers and children's gender construction in Preschool Education. Presentation on the XXVI OMEP world conference, 11.–13.8.2010, Göteborg. URL: http://www.koordination-maennerinkitas.de/uploads/media/OMEP_2010_Tsigra_01.pdf (Stand: 11.10.2010).

Tünte, M. (2007): Männer im Erzieherberuf. Die Relevanz von Geschlecht in einer traditionellen Frauenprofession. Saarbrücken (VDM Verlag Dr. Müller).

Uhrig, K. (2006): Motivationslage männlicher Fachkräfte und Evaluierung von Personalgewinnungsmaßnahmen für männliche Fachkräfte im Tätigkeitsbereich von Kindertageseinrichtungen in städtischer und freier Trägerschaft in Frankfurt am Main. Zusammenfassung der Gesamtergebnisse. Frankfurt/M.

Vandenbroeck, M. & Peeters, J. (2008): Gender and professionalism: a critical analysis of overt and covert curricula. Early Child Development and Care 178(7), 703–715.

Zulehner, P.M. (2003). MannsBilder. Ein Jahrzehnt Männerentwicklung. Ostfildern (Schwabenverlag).

Zulehner, P.M. & Volz, R. (2009). Männer in Bewegung. Zehn Jahre Männerentwicklung in Deutschland. Forschungsreihe des Bundesfamilienministeriums. Baden-Baden: Nomos. URL: http://www.bmfsfj.de/bmfsfj/generator/BMFSFJ/Service/Publikationen/publikationen,did=121150.htl (Stand: 07.06.2010).

Fürsten und Könige?

Aspekte der Psychodynamik von Männern in pädagogischen Berufsfeldern

Josef Christian Aigner & Gerald Poscheschnik

Einleitung

Unsere im Rahmen des Forschungsprojektes »ele*men*tar – Männer in der pädagogischen Arbeit mit Kindern« (2008–2011) durchgeführte Studie an österreichischen Kindergartenpädagogen (vgl. den Beitrag von Rohrmann et al. in diesem Heft) beinhaltete auch einen psychoanalytisch-tiefenhermeneutischen Teil. Diese Teilstudie von ele*men*tar, über die hier berichtet werden soll, konzentrierte sich auf eventuelle Besonderheiten biografischer, psychodynamischer und psychosozialer Art bei männlichen Kindergartenpädagogen. Damit war auch die Ambition verbunden, Erkenntnisse zu gewinnen, mit denen die Entscheidung von Männern für diesen Beruf gefördert werden kann.

Für diese psychoanalytisch-tiefenhermeneutische Studie wurden zwölf Interviews mit männlichen Kindergartenpädagogen mithilfe der *Psychoanalytischen Textinterpretation* bzw. des *Szenischen Verstehens* ausgewertet, also mittels einer gestuften »Zerlegung« und Deutung der Interviewaussagen nach logischem, psychologischem, szenischem und – als Ganzes betrachtet – tiefenhermeneutischem Verstehen interpretiert (vgl. Drews 2000; Leithäuser/Volmerg 1979, 1988; Lorenzer 1970).

Die Interviews wurden zuerst in einer Querschnittsanalyse von drei Mitgliedern des psychoanalytischen Forschungsteams (den Autoren und Tessa Zeis) unabhängig voneinander ausgewertet und anschließend, um die Konsistenz und Qualität der Auswertung zu erhöhen, im Team einer Konsensvalidierung unterzogen.[1] Im Anschluss daran wurden die auf diesem Weg eruierten kategorialen Themenfelder in einer Längsschnittanalyse über alle zwölf Interviews ausgewertet. Dies geschah wiederum zuerst unabhängig voneinander und wurde anschließend von unserer Taskforce konsensvalidiert.

Inhaltlicher Interessensschwerpunkt der psychoanalytischen Auswertung waren die biografischen Erfahrungen der befragten Männer, deren psychodynamische Verarbeitung und ihr Einfluss auf Männlichkeitskonstruktionen, Selbstattribuierung und damit verbunden auf die individuelle Wahrnehmung des Geschlechterverhältnisses sowie die Fantasien und die Ausgestaltung der beruflichen Rolle als Männer. In Bezug zu Letzterem wollten wir auf Grundlage dieser Befunde herausfinden, welche biografischen Konstellationen und individuellen Entwicklungspfade zum Beruf des Kindergartenpädagogen geführt haben und welche unbewussten Funktionen dieser Beruf für die dort tätigen Männer erfüllt. Um möglichst umfassende Ergebnisse zu erzielen, haben wir dabei ebenso auf Gemeinsamkeiten zwischen den interviewten Personen wie auf Unterschiede zwischen ihnen geachtet. Da unsere Ergebnisse aufgrund der geringen Stichprobengröße eine Generalisierung und auch die Ausdifferenzierung von Subtypen nicht wirklich erlauben, haben wir uns entschieden, die Endergebnisse in einer Art »dichten Beschreibung« (vgl. Geertz 1983) zusammenzufassen. Hierbei sollen die für alle interviewten Männer typischen Konstellationen hervorgehoben, aber auch ihre individuellen Variationen dargestellt werden.

Aufgrund der gebotenen Kürze können wir die Ergebnisse lediglich kurz und bündig zusammenfassen, möchten allerdings einige Ausschnitte etwas detaillierter präsentieren, nämlich die psychodynamische Bedeutung und psychosoziale Funktion der Berufswahl sowie die Männlichkeitskonstruktionen der Befragten.

Biografische Bezüge und Beziehungen

Was die biografischen Erfahrungen anbelangt, so lässt sich als ein erster Eindruck festhalten, dass die interviewten Männer alles andere als Bilderbuchkindheiten hatten. Schon das Verhältnis zu den primären Bezugspersonen, also Mutter und Vater, war auf die eine oder andere Art und Weise belastet. Die Bindung an die Mutter war häufig sehr eng, wir möchten fast meinen zu eng und vor allem hoch ambivalent; teilweise war die Bindung an die Mutter so nah, dass ihre Charakterisierung idealisierte Züge annahm und sie zur engsten Vertrauten wurde, vor der es keinerlei Geheimnisse gab. Andererseits wurde uns aber auch von Ambivalenzen und Zweifeln wegen einer enttäuschenden Mutter berichtet, die anstatt ihre Funktion der Versorgung des Kindes zu erfüllen, sich selbst in die Rolle der zu versorgenden begeben, ihre Kinder parentifiziert und für ihre Zwecke instrumentalisiert hat. Begünstigt wurden solche engen und verstrickten Mutter-Sohn-Konstellationen durch Väter, die eigentlich – dem klassischen Typus entsprechend – weder in den Familien besonders präsent, noch in der Erziehung besonders engagiert waren; vielmehr waren diese Väter auf unterschiedliche Art und Weise den Söhnen fern, die Vaterimagines dementsprechend blass. Teilweise waren die Eltern getrennt, vereinzelt war der Vater bereits in der Kindheit gestorben, häufig zwar als Familienernährer erwerbsmäßig tätig, allerdings emotional nur wenig für seine Kinder erreichbar.

Zahlreiche Interviewte erzählten demzufolge auch, von ihren Vätern enttäuscht zu sein, und berichteten von einer starken Sehnsucht nach einer männlichen Bezugsperson, die bezeichnenderweise in der Adoleszenz zum Ausbruch kam, in einer Phase der Entwicklung, in der es zu einer Neudefinition der eigenen Geschlechtsidentität und damit korrespondierend zu einer Neuordnung des Verhältnisses zum anderen Geschlecht kommt. In den Biografien der Befragten fanden sich allerdings nicht nur auf die eine oder andere Art und Weise problematische Beziehungen mit den Eltern, sondern auch diverse weitere Belastungsfaktoren, die nicht unbedingt mit den Eltern in direktem Zusammenhang stehen müssen. Neben Trennung und Scheidung der Eltern berichteten einige weitere auch vom Tod und Verlust naher Anverwandter sowie von schweren Krankheiten oder Behinderungen, die schon die Kindheit überschattet haben. Kurzum, die Biografien der Befragten waren gespickt mit Ereignissen und Umständen, die regelmäßig in Listen belastender Entwicklungsfaktoren auftauchen (vgl. z.B. Häfner et al. 2001a, b; Hoffmann/Egle 1996).

Jenseits der Eltern haben wir noch weitere bedeutende prägende Objektbeziehungen und Bindungen in der Entwicklung dieser Männer gefunden. So berichteten beinahe alle befragten Kindergartenpädagogen von alternativen männlichen Bezugspersonen innerhalb oder außerhalb der Familie, von lebendigen Geschwisterbeziehungen, vor allem auch von bedeutenden »wegweisenden« Frauen und von intensiven partnerschaftlichen Liebesbeziehungen. Auch wenn die Beziehungen zu den Eltern meist in der einen oder anderen Form kompliziert waren und die Befragten häufig über belastende Lebensumstände in ihrer Kindheitsbiografie sprachen, schilderten sie doch auch häufig sehr positive Beziehungen in der Kindheit, die offenbar eine gewisse kompensatorische Wirkung auf ihre Persönlichkeitsentwicklung entfaltet haben. Diese Befunde stehen in Einklang mit Ergebnissen der Entwicklungspsychopathologie, die wenigstens eine positive Beziehungserfahrung bei ansonsten mit Belastungsfaktoren übersäten Entwicklungsverläufen als unabdingbare Voraussetzung einer gesunden Persönlichkeitsentwicklung identifiziert hat (Tress 1986).

Bei fast allen interviewten Kindergartenpädagogen wurde eine *positive männliche Bezugsperson* gefunden, die gegenüber dem Kind eine Rolle als Identifikationsfigur und Schutzmacht einnahm und so auch die Entwicklung männlicher Identitätsanteile ermöglichte. Des Weiteren zeigte sich, *dass Frauen eine wegweisende Funktion im Leben dieser Probanden einnehmen*. Neben der Mutter gibt es häufig auch eine Reihe weiterer wichtiger weiblicher Bezugspersonen, die zu Dreh- und Angelpunkten im Leben dieser Männer wurden. Diese Frauen haben unterschiedliche Funktionen:

Teilweise sind sie Vermittlerinnen von Werten und Einstellungen, also bewunderte Objekte der Identifikation bzw. Rollenmodelle. Teilweise waren es Vermittlerinnen des beruflichen Wegs als Beraterinnen. Manchmal haben sie auch die Rolle von »Therapeutinnen« inne, die einen Wendepunkt im Leben der Interviewten bilden, indem sie ihnen in einer Zeit der Krise helfen, ihre Probleme zu überwinden. Frauen sind demnach häufig sehr bedeutsam für gewisse Entscheidungen und Wendepunkte im Leben dieser Männer. Dementsprechend ist es freilich auch nicht weiter verwunderlich, dass auch die partnerschaftliche Bindung an Frauen einen wichtigen Stellenwert im Leben dieser Männer einnimmt.

Verlässliche, zeitstabile und oft sehr früh eingegangene Bindungen spielen fast ausnahmslos bei allen Interviewten eine bedeutsame Rolle. IP 1 hatte beispielsweise schon im zarten Alter von 13 eine Beziehung zu einem Mädchen, das im Alter von 16 plötzlich gestorben ist (eine dieser massiven Belastungen, von denen schon die Rede war). Noch heute besucht er regelmäßig ihr Grab, erweist ihr also die Treue über den Tod hinaus (IP 1, 229–233). Auch danach ist er wieder eine langfristige, verbindliche und durch gemeinsamen Besitz schwer auflösbare Bindung eingegangen. Diese frühen und engen Beziehungen verstehen wir auch als Resultat einer Trennungs- und Ablösungsproblematik analog zur problematischen Mutterbindung. Der Auszug aus dem Elternhaus geht oft Hand in Hand mit einem Einzug bei der Partnerin. Die enge Bindung an sie tritt also das Erbe der Bindung an die Mutter an. IP 2 zieht beispielsweise mit 21 von zu Hause aus, um mit seiner Freundin in eine andere Stadt zu gehen. Man könnte fast von einer Flucht von der Mutter zur Freundin sprechen.

Psychodynamisch besonders bedeutsam und psychosozial äußerst relevant für die Berufswahl der Befragten erschien uns eine *ausgeprägte Tendenz zu altruistischem Verhalten*, die wir als Verarbeitung der biografischen Enttäuschungen verstehen. Diese Abwehrstrategie dient unter anderem der Verarbeitung biografischer Traumata und Defizite und führt dazu, dass eigene unerfüllte Wünsche in prosozialer Manier bei anderen Menschen gefördert werden (vgl. A. Freud 1936; Rudolf 2008). Durch eine Art Wiedergutmachung an der nächsten Generation sollen eigene unerfüllt gebliebene Beziehungswünsche aus der Kindheit verarbeitet und kompensiert werden. Alle männlichen Kindergartenpädagogen, die wir untersucht haben, legen dieses Muster des Altruismus an den Tag, das es ihnen erlaubt, ihre Defizite zu verarbeiten, indem sie anderen, besonders Kindern, das angedeihen lassen, was sie sich selbst in ihrer Kindheit gewünscht, aber zu wenig bekommen haben. Die Kinder erlangen den Status von Ersatzobjekten, bei denen sich die unerfüllten Wünsche nach Anerkennung, Zuwendung und Liebe deponieren lassen: »Ja, es ist wirklich von Kind zu Kind unterschiedlich und du musst einfach auf die Kinder eingehen. Das ist das, was ich damals in meiner Kindheit vermisst habe, das kann ich halt jetzt wieder machen« (IP 2, 1411–1413).

Bei einigen Ergebnissen der psychoanalytischen Interviewauswertung möchten wir in der Folge etwas ins Detail gehen. In einem ersten Abschnitt werden wir unsere Ergebnisse zur unbewussten Bedeutung der Wahl des Berufs Kindergartenpädagoge für die befragten Männer (»Der Kindergarten als symbolischer Raum«) präsentieren. Ein weiterer Abschnitt, den wir »Der andere Job« betitelt haben, vertieft die Analyse der bewussten und unbewussten Bedeutung des Berufs; der Beruf des Kindergartenpädagogen imponiert dabei als ein Job jenseits neoliberaler Verwertungs- und Konkurrenzlogik, bei dem noch Menschlichkeit und echte Anerkennung möglich zu sein scheinen. Ein dritter Abschnitt widmet sich der psychischen Verarbeitung der prekären Männlichkeit, die teils den besonderen biografischen Konstellationen, teils den gesellschaftlich bedingten Verunsicherungen der Geschlechterrollen geschuldet ist. Dabei konnten wir zwei Strategien der Verarbeitung eruieren, die je nach Lebensphase und aktuellem sozialen Umfeld aktiviert werden: eine *hypermaskuline* und eine *pseudofeminine* Verarbeitung prekärer Geschlechtsidentitäten. Erstere besteht in einer Überbetonung von als männlich geltenden Attitüden, letztere in einer betonten Identifikation mit weiblichen Selbstanteilen.

Der Kindergarten als symbolischer Raum

Entlang seiner Geschichte, aber auch aktuellen Studien zufolge (vgl. Aigner/Rohrmann 2011; Thielemann 2010) wird deutlich, dass der Kindergarten bis heute eine *weiblich-mütterliche Welt* symbolisiert, die einer Übertragung der geschlechtsrollentypischen Aufteilung der Familienarbeit in unserer Kultur auf den Kindergarten entspricht. Nun neigen wir dazu, nicht nur Personen, sondern auch Institutionen symbolisch mit Mutter- und Vaterfunktionen zu versehen (vgl. Metaphern wie »Vater Staat« oder »Mutter Kirche« u.ä.). Deshalb erfährt auch eine pädagogische Institution wie der Kindergarten zumindest bislang eine symbolische Aufladung – analog zu gesellschaftlichen Geschlechterstereotypien – »als weiblich-mütterlicher Raum«.

Zugleich sind die in diesen Institutionen tätigen Pädagoginnen und neuerdings auch Pädagogen Objekte solcher Übertragungsgefühle. So werden männliche Kindergartenpädagogen von den Kindern immer wieder (besonders in regressiven Müdigkeitsphasen) auch wörtlich als »Papa« bezeichnet (z.B. IP 8, 23–25). Diese *Vaterübertragung* geschieht aber nach unseren Interpretationen nicht nur seitens alleinerzogener oder vaterloser Kinder auf die Pädagogen, sondern färbt auch die Gegenübertragung der Pädagogen in Form mehr oder weniger bewusster Selbstattribuierung. Demnach wird der Kindergarten als (mütterlicher) Ort erlebt, *an dem in der Folge unbewusst der Platz des Vaters re-inszeniert* wird; und diese Re-Inszenierung von Väterlichkeit kann verschiedene Formen annehmen, die wahrscheinlich mit der Erfahrung von Mütterlichkeit/Väterlichkeit sowie der Bindung und Identifikation der einzelnen Männer im Verlauf ihrer eigenen Geschichte zusammenhängen. So scheinen die von uns interviewten Männer, die allesamt ein mehr oder weniger deutliches *Vaterdefizit* aufweisen und gleichzeitig eine zumeist wirklich auffällig innige (und natürlich ambivalente) Mutterbindung hatten, im Kindergarten *die als defizitär erlebte Vaterrolle kompensatorisch zu reinszenieren*.

Je nachdem, welcher Art die Mutterbeziehung der Befragten (okkupatorisch eng, ambivalent und/oder symbiotisch-idealisierend) war, wird dann auch diese *Funktion »an Vaters statt«* im Kindergarten ausgestaltet. Folgende Typen ergeben sich dabei:

- der eher unterworfene Typus des weiblich Identifizierten;
- der relativ konfliktfrei egalitär Handelnde;
- der zwischen Mutteridentifikation und prekärer Männlichkeit schwankende;
- der gegen die Frauendominanz ankämpfende Typus.

Freilich existieren diese Typen nie »in Reinkultur«, sondern mit entsprechenden Übergängen und Überschneidungen. Man könnte auch sagen, Männer, die diesen Beruf wählen, versuchen damit unbewusst, die als *ungleichgewichtig erlebte Triangulationsstruktur durch Eintritt in die »Mutter- und Frauenwelt« des Kindergartens zu »korrigieren«*. Ihre Berufswahl bzw. die Wahrnehmung ihrer beruflichen Rolle kommt somit unbewusst einer kompensatorisch gefärbten, deswegen aber nicht minder intensiven Zuwendung zu Kindern und Kindlichkeit und damit einer re-inszenierten dritten Position im symbolischen Dreieck Mutter–Vater–Kind gleich.

Im Rahmen der Interviewaussagen waren für uns mehrere Kategorien von Relevanz. Aus diesen möchten wir beispielhaft eine herausgreifen, nämlich die Wahl des Berufs des Kindergartenpädagogen als *»die Einnahme des Platzes des Vaters«* bzw. des *»fehlenden Herrn im Haus«*.

Wenn jemand beispielsweise wie unser IP 1 aufgrund einer äußerst symbiotischen Mutterbeziehung die Mutter – wie er sagte – sogar als »mehr Mann« als den Vater erlebt, dann herrschte in seiner Familie eine so dominante Mütterlichkeit vor, dass dieser Mann sich im Kindergarten offenbar als ganz besonders »männlich« positionieren muss; und tatsächlich gehört er zu jenen, die massiv gegen die Frauendominanz im Kindergarten auftreten. Eine gewisse Geschlechterkampf-Stimmung ist nicht zu überhören und er betont sein männliches Äußeres ganz besonders (z.B. auch mittels Bodybuilding). Dementsprechend wehrt er sich auch gegen jegliches Softie-Klischee, das Kindergartenpädagogen oft nachhängt: »... das ist der klassische brave, dünne, kleine Softie so mit einfach einem warmen Touch« (IP 1, 798–799). Dagegen tritt er vehement auf, offenbar auch, um die unbewusste Mutter-Überidentifikation, die ja auch ein Stück »Entmännlichung« darstellt, abzuwehren.

Er stellt die weibliche Übermacht der Kindergartenwelt allein schon mit seiner maskulinen Anwesenheit infrage, als ob er damit unbewusst die Zurückdrängung der Mutterdominanz in seiner Biografie im Berufsfeld reinszenieren und endlich das darstellen wollte, was gefehlt hat (und fehlt): einen starken, bedeutenden Vater.

Die Art, wie er zum Beispiel die Konfliktaustragung seiner Arbeitskolleginnen als das »Zickenhafte«, das »Hintenherum«, das »ewige Herumdiskutieren« (515–525) schildert, schreit geradezu nach dem »Herrn im Haus«, nach einem Mann, der – anders als sein eigener Vater – der Mutter die Stirn bieten kann.

Eine andere Variante dieses Phänomens ist »der Mann als Befreier aus mütterlicher Erstarrung«. Dieses Muster findet sich bei IP 4: Er nimmt im Kindergarten den Platz des eher traditionellen Vaters ein und lässt die Sehnsucht nach dem Aufbrechen der engen mütterlichen Welt durch den Vater erkennen, indem er sich als Garant für die Befreiung der Kinder aus einer weiblich dominierten Welt des Stillsitzen-Müssens und der Bewegungsarmut (wie etwa in der Schule) versteht:

> »... ich glaube, als Mann ist es einfach noch viel offensichtlicher, dass Kinder sich einfach bewegen dürfen, müssen, und nicht still sitzen können, nicht in der Schule und schon gar nicht im Kindergarten – und das auch nicht nur die Buben, sondern die Madln genauso wenig! Die passen sich halt noch viel schneller an, leider muss man sagen, aber brauchen täten sie das genauso, und ich denke mir, wenn mehr Männer in diesen Berufen arbeiten würden, dann würde sich vielleicht auch dahingehend mehr verändern, also diese Starrheit einfach aufzubrechen, die immer noch da ist, das ist ja einfach, also für mich ist es einfach skandalös, dass es immer noch so ist, dass Kinder in all diesen Jahren hinter Schulbänken sitzen müssen« (IP 4, 637–643).

Dieser Appell für eine Art »Befreiung« von Kindern aus der Starrheit in der mütterlich kontrollierten Welt ist dem Sprecher, der sich bewusst für egalitäre Geschlechterverhältnisse ausspricht, in seiner drastischen Art sicher nicht bewusst. Dennoch stellt dies ein gutes Beispiel dafür dar, wie das kulturell Männliche, das uns aus der familiären Struktur als das Väterliche vertraut ist, auch im Kindergarten und der öffentlichen Erziehung wiederkehrt.

Der andere Job

> *»... als wenn i, als wenn i ... ja, so a Fürst oder König wär!«*

Ein anderer, immer wieder sichtbar werdender Trend in unseren Ergebnissen über die Bedeutung des Kindergartens für Pädagogen lässt sich unter dem Slogan »Der andere Job« zusammenfassen und beschreibt den Umstand, dass die Tätigkeit mit Kindern – ungeachtet der gesellschaftlichen und finanziellen Unterbewertung – eine *enorme narzisstische Gratifikation* zu erbringen scheint. Diese Arbeit scheint *eine lebenswerte Alternative zu einer zunehmend brutalisierten Arbeitswelt* darzustellen, in der ja vornehmlich Männer mehr denn je konkurrenzhaft aufeinander bezogen sind. Dieser Druck hat sich in den letzten Jahren verschärft – nicht zuletzt durch die auf den Arbeitsmarkt drängenden Frauen (vgl. Böhnisch 2003).

Dieser Aspekt ist psychoanalytisch gesehen auch wegen seines regressiv-kompensatorischen Charakters – um also Defizite aus der eigenen Kindheitsgeschichte verarbeiten zu können – interessant. Aber auch gute Kindheitserfahrungen, die im krassen Widerspruch zur gesellschaftlichen »Kälte« in vielen Berufen stehen, scheinen hier konserviert bzw. wiederholt und als anziehend erlebt zu werden. Neben der Exklusivität, die ein Mann als Mitarbeiter im Kindergarten erfährt, führt seine Tätigkeit offenbar zu einer massiven narzisstischen Befriedigung und Aufwertung, wobei es hier um eine *Mehrfach-Anerkennung* mit hohem Gratifikationswert geht:

- seitens der Kinder;
- seitens der Eltern;
- seitens der Vorgesetzten und Kolleginnen;
- seitens der Gesellschaft als »Exot«.

Vor allem die spürbare *Anerkennung durch die Kinder* ist in diesem Zusammenhang ein ganz wichtiger positiver Faktor. Manchmal klingen die Aussagen der Männer dazu geradezu biblisch idealisierend wie etwa »Lasset die Kinder zu mir kommen« bei IP 11, der (auch mit Hinweis auf die Problematik fehlender Väter) erzählt:

> »... es kommen alle Kinder. Also es kommen auch die Kinder, die wirklich einen Papa haben zu Hause, kommen genauso zu mir. Und wenn ich in eine Kindergruppe reinkomme, setzte ich mich einmal hin. Also ich bin nie der gewesen, der auf die Kinder zugeht, weil ich sage, wenn ich mich hinsetze, wirklich eben dadurch dass ich Mann bin, schon einmal so ansprechend auf viele Kinder – war auch in meiner Ausbildung immer so und auch heute noch –, dass die frechen, die kommen gleich. Die ruhigen Kinder beobachten und kommen dann auch ...« (IP 11, 363–367).

IP 5 betont die herausstechende Wirkung männlicher Pädagogen auf die Kinder und vergleicht Reaktionen auf deren Auftreten mit dem weiblicher Kolleginnen:

> »... und ich sehe es auch bei Kollegen: wir haben jetzt einen Schüler gehabt im Kindergarten dieses Jahr, mit dem jetzt das genauso ja, wenn der kommt, ist ein Holladrio und alles stürmt hin, und wenn die gruppenzugehörige Erzieherin kommt, dann ist ein ›Hallo‹ fertig ja, obwohl sie sie auch ganz gern haben, keine Frage, aber es ist einfach was Besonderes ja. Man braucht es sich nicht auf die eigene Brust heften, weil das ist einfach so, dass man als Mann heraussticht« (IP 5, 1016–1020).

IP 7 wiederum erlebt sich als Mann im Kindergarten »eigentlich schon wie ein Star« – also ohne viel dazutun zu müssen – einfach wegen des Geschlechts. Er erzählt von seinem Tagesbeginn im Kindergarten:

> »Jeder begrüßt mich extra, obwohl ich nicht in der Gruppe bin, aber ... hallo ... hin und her ... und so, nicht. Also da genügt schon die Erscheinung, dass da bist, da ... man merkt schon, was das für ... wie man da ... was das für eine Bedeutung für die Kinder hat ... als Mann« (IP 7, 118–121).

> »... und in der Früh seh' ich sie halt, wenn ich sie seh', sag ich, ›Guten Morgen und Hallo‹, und die freuen sich so, als wenn ich, als wenn ich ... weiß ich ... ja, so ein Fürst oder König wär, echt, das ist so ... die sind begeistert einfach« (IP 7, 1072–1074).

Ganz besonders emotional trat in vielen Interviewpassagen die große *Sehnsucht nach Authentizität* – psychoanalytisch wohl auch als Sehnsucht nach Einheit, Verbundenheit mit der mütterlichen bzw. elterlichen Anerkennung zu verstehen – zutage: einfach so sein zu können, wie man ist. IP 5 etwa drückt diese Sehnsucht im Kontrast zum Fehlen des Menschlichen in anderen Jobs aus, zum Beispiel auch im Psychologiestudium, das seiner Kindergartenausbildung vorausging:

> »... mir fehlte das Menschliche, mir fehlt auch sehr viel an Psychologie- und Pädagogikkenntnissen, ja bei den Menschen, die heute oder die mit mir gearbeitet haben, die einfach kein Gespür haben, ja und das merkst du bei Kindern erst recht rasch, ja, Kinder sind ja der Indikator eigentlich, da gehst du in eine Gruppe rein und weißt genau, wie es da rennt« (IP 5, 658–661).

Bei IP 8, der wie viele Männer über berufliche Umwege in den Kindergarten gekommen ist, ist das Entscheidende und Schöne, dass dieser Beruf einen »wirklich so lässt, wie man ist. Da kann man wirklich seine Stärken auch rauslassen und braucht sich nicht verstellen, und ich glaub', das ist auch eine Sache, die für mich gut passt« (IP 8, 290–292).

Hier wird das Besondere an diesem »anderen Job«, wie wir dieses Kapitel überschrieben haben, und die Sehnsucht nach Sosein-Können, wie man ist, sehr deutlich, denn wo im Arbeitsleben kann man(n) noch »authentisch« sein, ohne Schaden zu erleiden? Sind nicht »Charaktermaske« (vgl. Fromm 1993), Verstellung, Starksein, »Fitness« und stetes Flexibel-Sein die nachgefragten Persönlichkeitseigenschaften – anstatt Authentizität?

Ein weiterer Aspekt, der den »anderen Job« des Kindergartenpädagogen charakterisiert ist ein *Kreislauf von Geben und Nehmen*. Die erlebte *Gegenseitigkeit* des sich Einlassens, des *etwas Geben* und dafür *auch etwas Bekommen* werden als Erlebnisqualitäten wohltuend an dieser Arbeit geschildert, zum Beispiel von IP 3:

> »... es war sehr selten, dass ich gefrustet nach Hause gegangen bin. Am Ende vom Tag hat es immer gepasst, ich habe den Kindern was Gutes getan. Es mag sein dass es sehr angenehme Kinder waren. Es waren anstrengende Kinder, aber die Kinder, die ich hatte, mit denen habe ich es gut können, sie haben es mit mir gut können. Wir haben uns gegenseitig ergänzt« (IP 3, 509–513).

Dass man etwas zurückbekommt, ist auch bei IP 5 Thema, insbesondere in belasteten Zeiten, wenn es zu Konflikten kommt. Er betont in diesem Zusammenhang auch die Bedeutung einer verlässlichen Beziehung für die Kinder selbst, die das in einer Zeit, in der nichts mehr wirklich sicher ist und Bestand zu haben scheint, selten erleben können – wobei hier auch wieder die schon geschilderte Kompensation selbst erlebter Unverlässlichkeiten eine Rolle spielt:

> »... und sie glauben gar nicht, wie viel auch zurückkommt, es hat schon Zeiten gegeben wo ich mir gedacht habe, das kann das nicht mehr, das halte ich nicht aus,... und grad da hat man aber auch gesehen, dass die Kinder genau diesen Zeitpunkt auch gebraucht haben, dass du gerade dann da bist, wenn es so schwierig war und das gibt auch eine gewisse Stärke dann« (IP 5, 1300–1303).

Obwohl einerseits mit diesem Beruf symbolisch der Platz des Vaters eingenommen wird (siehe oben), wird andererseits auch ein *Ausweichen vor männlicher Konkurrenz* spürbar (man könnte auch vermuten: vor dem Ödipalen). Schon in der Zeit der Ausbildung zeigt IP 5 derartige Vermeidungstendenzen gegenüber anderen Männern; er vermied den Kontakt mit dem zweiten Jungen in seiner Klasse und vermisste ihn auch nicht, als dieser die Schule wieder verließ (IP 5, 623–626). Hier wird die »Berührungsangst« mit einem, der den exklusiven Platz in der Gruppe der Frauen streitig machen könnte, besonders spürbar. Diese Konkurrenz wird bei IP 2 nicht nur gegenüber anderen Kollegen, sondern sogar gegenüber dem Hausmeister sichtbar:

> »Hin und wieder denke ich mir schon, ein zweiter Mann wäre nicht schlecht und dann denke ich mir, nein ich möchte aber meinen Hahn im Korb, die Rolle, die möchte ich nicht hergeben. Also, das ist schon wichtig für mich. Dass ich der Hahn im Korb bin, das ist schon was ganz besonderes. Also, das möchte ich jetzt nicht unbedingt hergeben« (IP 2, 1558–1562).

Und er hätte »die größten [das Wort wurde vom IP besonders betont] Probleme«, wenn er nicht mehr so im Mittelpunkt stünde, meint er: »Weil jetzt bin ich der einzige Mann, gut der, der Hausmeister ist ja auch noch da, aber ... der macht die Arbeit nicht so, wie sie [die weiblichen Kolleginnen] es gerne hätten« (IP 2, 1566–1569).

Prekäre Männlichkeit und ihre hypermaskuline bzw. pseudofeminine Verarbeitung

Einige Fragen in den Interviews zielten auch explizit auf die *Männlichkeitsentwürfe der Interviewten*. Dies war für uns deshalb wichtig, weil wir herausfinden wollten, wie Kindergartenpädagogen mit der Spannung zwischen ihrer »männlichen« Identität und einem traditionell als »weiblich« geltenden Beruf umgehen. Wir vertreten hierbei freilich einen kulturalistischen Geschlechtsbegriff, der davon ausgeht, dass es tendenzielle Unterschiede zwischen den Geschlechtern gibt, die auch auf biologisch-genetischen Grundlagen fußen mögen, in ihrer Ausprägung und ihrem Ausmaß allerdings in erster Linie von Sozialisationserfahrungen und damit kulturellen Gegebenheiten abhängig sind.

Generell zeigte sich bei den Antworten auf gezielte Fragen zum Thema »Männlichkeit« ein Mix aus Irritation, Abgrenzung, Entwertung und positiven Visionen. Die Probanden grenzten sich einerseits stark von »Männlichkeit« ab, betonten ihre Sonderstellung, oder entwarfen andererseits auch positive Männlichkeitsbilder, die allerdings mehr ein zu erreichendes Ideal darstellten, als dass sie die Realität ihres eigenen Männlichkeitsempfindens widergespiegelt hätten – jedenfalls fällt hier die Mühe auf, halbwegs schlüssige Antworten zu finden.

Die psychoanalytische Auswertung der Interviews hat den Eindruck dieser Unsicherheit über das eigene Geschlecht, die wir als *prekäre Männlichkeit* bezeichnet haben, bestätigt. Sie wird auf zweierlei Arten psychisch verarbeitet: zum einen durch eine *forcierte Männlichkeit (Hypermaskulinität)*, zum anderen durch eine *betonte Weiblichkeit (Pseudofeminität)*. Diese Verarbeitungsmodi im Umgang mit (prekärer) Männlichkeit sind im Fall der *Hypermaskulinität*[2] durch Entwertung des Weiblichen, Idealisierung des Männlichen und betonte Unabhängigkeit charakterisiert, im Fall der *Pseudofeminität*[3] von Idealisierung des Weiblichen, Entwertung des Männlichen und Unterwerfung geprägt. Auch hier gilt, dass diese Typen fast nie in Reinkultur, sondern nur in erheblichen Mischformen auftreten.

Die Kritik an althergebrachten Vorstellungen von Männlichkeit und Weiblichkeit, nicht zuletzt durch die feministische Bewegung, aber auch verschiedene ökonomische Entwertungsmechanismen bisheriger männlicher Lebensweisen haben eine Unsicherheit zurückgelassen, was denn nun eigentlich »männlich« und was »weiblich« ist. Kurzum, die Kategorie Geschlecht ist prekär geworden in der Postmoderne. Während sich Männer und Frauen früher noch an klaren Geschlechtsrollenvorstellungen orientieren konnten, sind diese heute zunehmend abhanden gekommen. Jeder Mensch muss seine Identität selbst finden und »erfinden« (vgl. dazu Keupp 1999). Dabei ist klar, dass die Auseinandersetzung der männlichen Kindergartenpädagogen mit Männlichkeit gesamtgesellschaftlich betrachtet nichts Außergewöhnliches ist, sondern etwas, das durch das weibliche Berufsumfeld lediglich zugespitzt erscheint, was aber alle Männer in dieser Gesellschaft bis zu einem gewissen Grad erleben und verarbeiten müssen.

Die hypermaskuline Abwehr

Der prekären Männlichkeit können die Pädagogen entgehen, indem sie sich im Falle der hypermaskulinen Abwehr ihrer Männlichkeit durch betont männliches Verhalten versichern; das heißt, die unsichere Männlichkeit wird durch eine gewisse Hypermaskulinität inklusive einer Entwertung des Weiblichen abgewehrt. Die Strategie der Hypermaskulinität entspricht quasi einer *Flucht nach vorne*, einer Idealisierung von »Männlichkeit« im Allgemeinen sowie einer Überbetonung der eigenen Männlichkeit im Besonderen. Gleichzeitig werden das Weibliche, Frauen und »weibische« Männer entwertet; latente weibliche Identifikationen werden am anderen bekämpft.

Teilweise wird diese forcierte hypermaskuline Abwehr gegen das Weibliche durchaus reflektiert: »[I]ch versuche mich natürlich immer ....durch die Kindergartenschule, da bin ich überzeugt davon, dass ich mich so explizit männlich hinstellen will aus dem Grund, weil ich mich abheben will aus der ... aus meiner weiblichen dominierten Umwelt ...« (IP 1, 777–779).

Auf die Frage, ob er mit einem Unmännlichkeitsvorwurf wegen seines Berufs konfrontiert werden könnte, reagiert der Interviewte recht heftig. Seine Angst scheint größer, als ihm lieb ist. Vielleicht sind es gerade bei IP 1 auch verstärkte Kastrationsängste durch reale Belastungen in seiner Kindheit, in der ihm immerhin wegen eines Wundbrands die Amputation eines Unterschenkels drohte, die ihn besonders vulnerabel machen. Es ist leicht nachvollziehbar, dass das Antrainieren von Muskelmasse hier helfen soll, jeden Verdacht der Unmännlichkeit zu vermeiden:

> »Ja schau mich an, glaubst du, dass ich eine Schwuchtel bin (lacht) oder? Nein blöd geredet, ich rede da halt blöd zurück, ich muss mir schon viel anhorchen: [...] spinnst du oder du schaust überhaupt aus wie ein Maurer, aber da denke ich mir, ja gut, aber ich meine, ich denke mir auch sicher, dass ich schau, dass ich mich abhebe, optisch und auch von meinen Hobbys und so von dem Weiblichen, weil ich das vielleicht umgehen will, ich will das, ich wollte nicht, dass jemand ... ja du schaust ja aus wie so einer, sondern ich glaube, dass das schon viel

ausmacht, warum ich mich so gebe wie ich bin, bin dann doch immer so ein bissl, immer große Goschen und immer gescheit und das bin halt einfach ich; und ich will halt einfach rausstechen aus dem Ganzen, also ich tue mich dann schon stark von dem … distanzieren« (IP 1, 806–813).

Auch IP 3 ist es scheinbar wichtig, trotz oder gerade wegen seines »weiblichen« Berufs als »männlich« angesehen zu werden. Die starke weibliche Identifikation macht es notwendig, von anderen Männern narzisstische Bestätigung als Mann zu bekommen, weshalb er auch eine gewisse narzisstische Lust daraus bezieht, dass andere Leute aufgrund seines maskulinen Habitus (»rauer Action-Typ«) gar nicht glauben können, dass er Kindergartenpädagoge ist. Auch hier findet sich also dieser Verarbeitungsmodus: Rau sein, Action machen, ein wilder Hund, sich mehr trauen als andere. Mit Alfred Adler (1910) könnten wir fast von »männlichem Protest« sprechen, einer betonten Zurschaustellung von Männlichkeit zur Stabilisierung des angeschlagenen Narzissmus. Teilweise ist das aufgesetzte Bemühen, die Pseudoprogressivität erkennbar (»ich lass manchmal *bewusst* die Sau raus«), die ähnlich wie der exhibitionistische Akt dazu dient, sich selbst und anderen sein Geschlecht zu beweisen, nur dass es hierbei nicht – wie beim Exhibitionismus – um das biologische Geschlecht (sex), sondern das psychosoziale Geschlecht (gender) geht:

> »Leute, die mich nicht so kennen und mich gerade kennen lernen und ich erzähle ihnen, ich bin Kindergärtner, da gibt es schon Menschen, die es mir nicht glauben. Gerade weil ich so eher zum Teil eher ein rauerer Typ bin. Ich bin nicht einer, der … ich bin kein Elefant im Porzellanladen (Lachen), das nicht, aber ich bin schon eher der ein bisschen Action macht« (IP 3, 199–203).

> »Ich lass manchmal bewusst die raue Seite raus […]. Die raue Seite kann was Wertvolles sein« (IP 3, 209f.).

Die hypermaskuline Position zeichnet sich zudem durch eine Reihe von *Strategien männlicher Selbstvergewisserung* aus: Zum einen haben viele der befragten Männer vor ihrer Tätigkeit in der Frauendomäne Kindergarten einen klassischen Männerberuf ausgeübt, üben ihn parallel immer noch aus oder haben vor, in absehbarer Zeit wieder in einen solchen zu wechseln. Teilweise haben die interviewten Männer in Tischlereien, in Autowerkstätten, beim Sicherheitsdienst oder als LKW-Fahrer gearbeitet. Wir sprechen hier von *»männlichen Zonen«*, die aufgesucht werden, um die eigene Männlichkeit zu stabilisieren. Andererseits lässt sich bei vielen Männern eine zumindest *vorübergehende Identifikation mit gesellschaftlichen Klischees von Männlichkeit* beobachten, die quasi herbeizitiert werden, um der Verunsicherung der geschlechtlichen Identität Herr zu werden. Das funktioniert nach der Logik: Wenn ich mich für Dinge wie zum Beispiel Autos, Motorräder oder Fußball interessiere, die in unserer Kultur als männliche Vorlieben gelten, dann gelte ich als männlich. Eine dritte, besonders bedeutsame Strategie der Selbstvergewisserung scheint uns in einem *Rekurs auf den Körper und die eigene Körperlichkeit* zu bestehen. Oft wurde der Körper als entscheidendes Definitionsmerkmal von Männlichkeit genannt, wenn andere Antworten ausblieben. Der Rekurs auf die Körperlichkeit imponiert dann als letzte Bastion der Männlichkeit.

So fällt IP 1 die Abgrenzung zwischen »männlich« und »weiblich« in der täglichen Arbeit schwer, da es Bereiche gibt, für die offensichtlich beide Geschlechter gleichermaßen geeignet sind, darunter auch Handlungen wie das Kuscheln, die eher weiblich konnotiert sind. Abgrenzung gelingt dann lediglich über den Körper, genau genommen ein wilderes, körperbetonteres Spiel mit den Kindern:

> »Insofern sind bei uns die klassischen Männer-Frauenrollen in vielerlei Hinsicht verschwommen, was bei uns, das einzige was wirklich ist, dass ich in vielerlei Hinsicht sehr viel körperbetonter mit den Kindern bin« (IP 1, 632–634).

> »[A]lso die Kinder kommen zu mir kuscheln, die Kinder erwarten von mir dass ich mit ihnen Puppen spiele, die Kinder erwarten von mir, dass ich sie hoppele, alles Mögliche […] aber, wehe es geht ums Rangeln. Ich habe noch nie ein Kind gesehen, das zu meiner Arbeitskollegin geht und sagt: Rangel mit mir! Der eine kommt am ersten

> Kindergartentag zu mir her, ein dreijähriger Stöpsel und sagt zu mir: Magst du mit mir kämpfen? Und das ist so spezifisch« (IP 1, 659–666).

Typisch für die hypermaskuline Verarbeitung ist auch die forcierte Abgrenzung vom »Weiblichen« in Form der Deklassierung von »unmännlichen« Männern. So weist IP 1 das verbreitete Bild des angeblich typischen Kindergartenpädagogen als »Softie« abwertend zurück und betont, dass er selbst noch nie als solcher eingeschätzt worden ist. Inwiefern hier unmännliche Selbstanteile, vor denen man sich fürchtet oder derer man sich schuldig fühlt oder schämt, bei den anderen unmännlichen Männern projektiv bekämpft werden, sei dahingestellt. Uns scheint jedenfalls, als würde er seine eigenen weiblichen Identifikationen im Außen bekämpfen:

> »weil ich denke mir, ein Mann, der in diesem Beruf arbeitet, ist kein Mann in dem klassischen Klischeebild, das ist er einfach nicht, das fällt mir insofern immer auf, wenn mich die Leute, wenn sie mich anschauen und sie reden mit mir und so, dann sagen sie alle ... hat mich noch nie jemand auf einen Kindergärtner geschätzt ... das hat einfach, das tut einfach keiner und weil jeder ein gewisses Klischeebild von einem Kindergärtner hat, das ist der klassische brave dünne kleine Softie, so mit einfach einem warmen Touch, das ist einfach so, so wie man es sich von einem Friseur auch erwartet. Geschminkt oder weiß Gott was von einem Friseur, das ist das klassische Bild, was man hat« (IP 1, 794–800).

Auch bei IP 11 zeigt sich eine Identifikation mit den »echten Männern« bei gleichzeitiger Abgrenzung von homosexuellen »Schwammerln«, wie er das nennt. Offenbar sind sowohl Identifikationen damit, was man ist, als auch Kontraidentifikationen bzw. Abgrenzungen davon, was man nicht ist, wichtig in der Psychodynamik der Geschlechtsidentität. Gelegentlich steigern sich diese Abwehr weiblicher Identifikation und die Bekämpfung weiblicher Anteile an anderen bis hin zu einer kaum zu verkennenden Misogynie. Damit wird zugleich die starke Identifikation mit Frauen, die oft aus der starken Bindung an die Mutter resultiert, aufgrund der eigenen maskulinen Unsicherheit abgewehrt.

Die pseudofeminine Position

Wenn die »Hypermaskulinität« einer *Flucht nach vorne* entspricht, dann ist diese zweite Abwehrstrategie gegen die mit der prekären Männlichkeit verbundene Angst eine Art *Rückzug* auf die Weiblichkeit. Die männliche Position wird quasi aufgegeben. Diese Männer betonen sehr stark, dass sie weibliche Züge haben. Sie neigen sogar dazu, selbst eine *gewisse Misandrie* an den Tag zu legen und Männlichkeit zu entwerten. Wenn sie dem Männlichen doch positive Seiten abgewinnen können, dann nur einer »anderen« (mehr weiblichen) Form von Männlichkeit. Diese pseudofeminine Abwehr geht einher mit einer betont weiblichen Identifikation bei gleichzeitiger Entwertung ausgeprägter Männlichkeit, wie etwa Macho-Männer sie verkörpern. Es scheint, als würden Wünsche nach einer stärkeren eigenen Männlichkeit am anderen bekämpft, weil sie als unerreichbar oder aus Unsicherheit aufgegeben wurden.

IP 1 mit seinem eher hypermaskulinen Verarbeitungsmodus idealisiert seine Mutter und ihre Mütterlichkeit. Er gibt sogar an, dass sie ein Rollenmodell für ihn war. Die Mutter wird dabei aber auch als »männliches Vorbild« verehrt; sie ist unglaublich »taff«, ist eigentlich mehr Mann als der Vater, was diesen natürlich massiv entwertet. Seine Selbstbeschreibung ähnelt der Beschreibung der Mutter, wohl nicht zuletzt auch deshalb, weil ein starkes väterliches Vorbild fehlte bzw. keinen Platz in der engen Mutter-Sohn-Dyade finden konnte:

> »[M]an arbeitet sicher am Modell und dass so wie ich bin, bin ich, weil meine Eltern so sind und weil meine Mama, auch wenn sie ein sehr ruhiger Mensch ist, eine unglaublich taffe Frau ist ... Für mich ist meine Mama mehr Mann als jeder andere in der Hinsicht ...« (IP 1, 766–771).

Besonders augenscheinlich drückt sich die weibliche Identifikation bei gleichzeitiger Ablehnung des Männlichen bei IP 2 aus. Er sagt expressis verbis, »... ich sage manchmal immer, schaut's an mir ist eine Frau verloren gegangen« (IP 2, 1200f.), und legt später sogar noch nach, indem er sagt, dass er sich mit dem

Frauenbild besser identifizieren kann als mit einem »typischen Männerbild« (IP 2, 1205f.). Eine Tendenz zur Verurteilung herkömmlicher Männlichkeitsmuster ist für die pseudofeminine Position überaus typisch:

> »In der Lehrzeit da sind auch hauptsächlich mehr Mädels gewesen, da ist dann der Metzger dazu gekommen und ein Lagermeister. Mit dem Metzger habe ich mich gar nicht verstanden, das war so ein ... ja ... ich sage immer MACHO, so typisch Macho-Mann. Die Frau gehört hinter den Herd und sonst gar nix. Und da ist bei mir halt dann echt ... der hat eine VOLLKLATSCHE, der ist mir nicht sympathisch« (IP 2, 731–735).

Ähnlich ist es bei IP 10, der auf die Frage, was ihm spontan zu Männlichkeit einfällt, keine positive Antwort formulieren kann. Ihm fällt zu Männlichkeit nur Negatives ein: »Eigentlich nur Negatives« (IP 10, 588). Auf Nachfrage, was zum Beispiel das ist, antwortet er:

> »Ja, Fußball, Bier, und ... und ... also Fußball und Bier ist jetzt nichts Negatives. Aber diese Männlichkeit, dieses Sich-so-Darstellen und In-den-Mittelpunkt-Stellen und herrschend irgendwie ... naja, ist eigentlich eher negativ besetzt für mich, muss ich schon sagen« (IP 10, 591–593).

Diese Beispiele mögen genügen, um einen Einblick in die Dynamik der Verarbeitung verschiedener Widersprüche und Verunsicherungen, die ein als geschlechtskonträr geltender Beruf mit sich bringt, zu geben.

Resümee

Die tiefenhermeneutische Auswertung der Interviews mit den männlichen Kindergartenpädagogen zeigt zunächst, dass diese in schwierigen, ambivalenten Verhältnissen aufgewachsen sind. Die Bindung an die Mütter war häufig äußerst eng, teilweise aber auch enttäuschend für das Kind. Der Vater kann als nur wenig präsent und deshalb als blass geschildert werden; seinem Sohn eine alternative Beziehung zur Verstrickung mit der Mutter zu bieten, war er nicht in der Lage. Neben den Parentifizierungen, Verstrickungen und Vernachlässigungen der Kinder, waren zudem häufig belastende Ereignisse wie schwere Krankheiten in der Kindheit, Tod bzw. Verlust von nahen Verwandten in den biografischen Erzählungen dieser Männer anzutreffen. Bis zu einem gewissen Grad gab es allerdings kompensatorische Beziehungen jenseits der Eltern: Alternative männliche Bezugspersonen fungierten als Schutzmächte und Individuationsförderer, wegweisende Frauen als idealisierbare Figuren und Ratgeberinnen.

Verarbeitet wurden die negativen biografischen Erfahrungen vermutlich unter Zuhilfenahme der positiven Identifikationen mit altruistischen Strategien. Anstatt eigene Traumata blindlings an die nächste Generation weiterzugeben, wurde der Wiederholungszwang unterbrochen, und die Männer bemühen sich in ihrem Beruf sehr stark, die eigenen negativen Erfahrungen wiedergutzumachen, indem sie ihren Schützlingen das zu bieten versuchen, was sie sich selbst für ihre Kindheit gewünscht hätten, aber entbehren mussten. Im symbolischen Raum des Kindergartens lassen sich familiäre Besonderheiten (Mutterdominanz und Vatermangel) re-inszenieren und bearbeiten. Der Kindergartenpädagoge nimmt quasi den Platz des Vaters in dieser weiblichen Welt ein und bietet den Kolleginnen einen starken »Mann« und den Kindern einen engagierten »Vater«. Der »andere Job« des Kindergartenpädagogen ist zudem einer, der mit sehr viel narzisstischem Befriedigungspotenzial ausgestattet ist, der »Echtheit« des beruflichen und »Authentizität« des persönlichen Seins verspricht; darüber hinaus beinhaltet der Beruf die Möglichkeit einer befriedigenden Gegenseitigkeit von Geben und Nehmen und er vermittelt damit, was vielen Menschen in unserer Gesellschaft schmerzlich fehlt: Anerkennung. Die prekäre Männlichkeit wird von den Männern auf zweierlei Art und Weise bewältigt: zum einen durch eine forcierte Männlichkeit *(Hypermaskulinität)* und zum anderen durch eine betonte Weiblichkeit *(Pseudofeminität)*. Erstere ist charakterisiert durch Idealisierung des Männlichen und betonte Unabhängigkeit bei gleichzeitiger Tendenz zur Entwertung des Weiblichen. Letztere besticht wiederum durch eine Idealisierung des Weiblichen mit der Tendenz zur Entwertung des Männlichen und zur Unterwerfung. Insbesondere die Erkenntnisse über die Qualitäten, die dieser Job für die dort tätigen Männer birgt, und über die hohe Zufriedenheit, die er den dort Tätigen verspricht, könnten in Kampagnen zum Zwecke der Rekrutierung von Männern für den Bereich der professionellen Pädagogik einfließen.

Anmerkungen

1 Die Interviews wurden aus Gründen der Anonymisierung in der Reihenfolge der Querschnittsauswertung nummeriert und werden im Text als Interviewpartner 1 bis 12 bzw. IP 1 bis IP 12 bezeichnet; die Zahlen hinter den Zitaten beziehen sich auf die Zeilennummern der Transkriptionen der Interviews.

2 Wir sprechen von *Hyper*maskulinität, weil wir nicht den Eindruck haben, dass es sich um eine in sich ruhende und gesicherte Männlichkeit handelt, sondern um eine etwas übertriebene Pose von Männlichkeit.

3 *Pseudo*feminität scheint uns als Begriff deshalb passend, weil eine starke Identifikation des einen Geschlechts mit dem anderen einen ähnlich unechten und nicht so recht überzeugenden Eindruck hinterlässt, wie schon die übertriebene Identifikation mit Klischees vom eigenen Geschlecht.

Literatur

Adler, A. (1910): Der psychische Hermaphroditismus im Leben und in der Neurose. Zur Dynamik und Therapie der Neurose. In: Bruder-Bezzel, A. (Hg.) (2007): Alfred Adler. Persönlichkeit und neurotische Entwicklung. Frühe Schriften (1904–1912). Göttingen (Vandenhoeck & Ruprecht), S. 104–114.

Adler, A. (1927): Menschenkenntnis. Frankfurt/M. 1990 (Fischer).

Aigner, J.C.; Rohrmann, T. (Hg.)(2011): Ele*men*tar – Männer in der pädagogischen Arbeit mit Kindern. Universität Innsbruck (Unveröffentl. Projektbericht), erscheint vorauss. im Winter 2011/Frühjahr 2012 im Verlag Leske + Budrich.

Böhnisch, L. (2003): Die Entgrenzung der Männlichkeit. Verstörungen und Formierungen des Mannseins im gesellschaftlichen Übergang. Opladen (Leske + Budrich).

Drews, S. (Hg.) (2000): Zum »Szenischen Verstehen« in der Psychoanalyse. Hermann Argelander zum 80. Geburtstag. Frankfurt/M. (Brandes & Apsel).

Freud, A. (1936): Das Ich und die Abwehrmechanismen. Frankfurt/M. 1993 (Fischer).

Fromm, E. (1993): Die Determiniertheit der psychischen Struktur durch die Gesellschaft. In: Fromm, E. (Hg.): Die Gesellschaft als Gegenstand der Psychoanalyse. Frühe Schriften zur Analytischen Sozialpsychologie. Frankfurt/M. (Suhrkamp), S. 159–219.

Geertz, C. (1983): Dichte Beschreibung. Beiträge zum Verstehen kultureller Systeme. Frankfurt/M. (Suhrkamp).

Häfner, S.; Franz, M.; Lieberz, K. & Schepank, H. (2001a): Psychosoziale Risiko- und Schutzfaktoren für psychische Störungen: Stand der Forschung. Teil 1: Psychosoziale Risikofaktoren. Psychotherapeut 46, 343–347.

Häfner, S.; Franz, M.; Lieberz, K. & Schepank, H. (2001b): Psychosoziale Risiko- und Schutzfaktoren für psychische Störungen: Stand der Forschung. Teil 2: Psychosoziale Schutzfaktoren. Psychotherapeut 46, 403–408.

Hoffmann, S.O. & Egle, U.T. (1996): Risikofaktoren und protektive Faktoren für die Neurosenentstehung. Die Bedeutung biographischer Faktoren für die Entstehung psychischer und psychosomatischer Krankheiten. Psychotherapeut 41, 13–16.

Keupp, H. (1999): Identitätskonstruktionen. Das Patchwork der Identitäten in der Spätmoderne. Reinbek bei Hamburg (Rowohlt).

Leithäuser, T. & Volmerg, B. (1979): Anleitung zur Empirischen Hermeneutik. Psychoanalytische Textinterpretation als sozialwissenschaftliches Verfahren. Frankfurt/M. (Suhrkamp).

Leithäuser, T. & Volmerg, B. (1988): Psychoanalyse in der Sozialforschung. Eine Einführung am Beispiel einer Sozialpsychologie der Arbeit. Opladen (Westdeutscher Verlag).

Lorenzer, A. (1970): Sprachzerstörung und Rekonstruktion. Vorarbeiten zu einer Metatheorie der Psychoanalyse. Frankfurt/M. (Suhrkamp).

Rudolf, G. (2008): Der depressive Grundkonflikt und seine Verarbeitungen. In: Rudolf, G. & Henningsen, P. (Hg.): Psychotherapeutische Medizin und Psychosomatik. Ein einführendes Lehrbuch auf psychodynamischer Grundlage. Stuttgart (Thieme), S. 117–137.

Thielemann, N. (2010): Geschlechterungleichheit und Geschlechterdifferenz in der elementaren Bildung – eine Pilotstudie zu Männern in Kindergärten. Universität Halle (Unveröffentlichte Diplomarbeit).

Tress, W. (1986): Die positive frühkindliche Bezugsperson – Der Schutz vor psychogenen Erkrankungen. Psychotherapie, Psychosomatik, Medizinische Psychologie, 36, 51–57.

Warum brauchen auch Mädchen einen männlichen Dritten?

Psychoanalytische Erfahrungen mit der Vatersehnsucht[1]

Frank Dammasch

Einleitung

Die Wertschätzung des Vaters und seiner Männlichkeit haben im letzten Jahrhundert einen Degradierungsprozess durchgemacht. Konnte Sigmund Freud sich noch auf der Basis relativ gefestigter patriarchaler Sozialisationsstrukturen mit dem ödipalen Kampf des Sohnes gegen einen das Realitätsprinzip verkörpernden Vater beschäftigen, so sehen wir uns heute in Psychotherapie, Beratung und Pädagogik mit einem gegenteiligen Phänomen konfrontiert: der offenen oder verborgenen Suche des Kindes nach einem sowohl liebevollen wie begrenzenden Vater bei gleichzeitigem Übergewicht mütterlich-weiblicher Präsenz.

Klinische Erhebungen lassen den Verdacht entstehen, dass insbesondere männliche Kinder und Jugendliche mit dem Verlust einer reifen väterlichen Autorität weniger gut zurechtkommen als weibliche Kinder und Jugendliche. Die Bildungsmisere der Jungen mit ihrer abnehmenden Fähigkeit, schriftliche Texte lesen, verstehen und reflektieren zu können (vgl. Baumert et al. 2001), und das Anwachsen psychosozialer Störungen von männlichen Kindern und Jugendlichen verdeutlichen, dass die familieninternen und soziodynamischen Verschiebungen vor allem zu Lasten des männlichen Teils der jungen Bevölkerung gehen. So sind beispielsweise von der Diagnose ADHS zu mehr als 80% Jungen (Borowski et al. 2010) betroffen. Der Familienhintergrund dieser hyperaktiven Jungen ist zu etwa 70% durch reale oder psychische Vaterlosigkeit (von Klitzing 2008; Läzer et al. 2009) gekennzeichnet. An anderer Stelle (Dammasch 2008a) habe ich darauf hingewiesen, dass der Mangel an reifen männlichen Vorbildern innerhalb und außerhalb der Familie bei alleiniger Wertschätzung weiblicher Interaktionsmuster in den sozialen und pädagogischen Institutionen die reife Geschlechtsidentitätsentwicklung des Jungen behindert und sie zunehmend zu Störern werden lässt. Über die Dominanz der Mütter und das Fehlen des liebenden und begrenzenden, triangulierenden Vaters und seine Auswirkungen auf die männliche Identitätsentwicklung habe ich auch aus klinisch psychoanalytischer Perspektive ausführlich Stellung genommen (Dammasch 2008b, c und 2009a, b).

Schon seit Freud beschäftigt sich die analytische Sozialisationstheorie vorwiegend mit der Bedeutung des Vaters für die Persönlichkeitsentwicklung des Sohnes. Die Relevanz des anwesenden oder abwesenden Vaters für die Entwicklung der Tochter wird dagegen weniger ausführlich beleuchtet. In diesem Aufsatz möchte ich mich nun ergänzend mit der Bedeutung des Vaters für die psychische Entwicklung des Mädchens auseinandersetzen. Dies erscheint auch deshalb wichtig, weil Mädchen und Frauen scheinbar zu den Gewinnern der Moderne zählen und dadurch ihre psychischen Konflikte unsichtbar zu werden drohen. Die Auflösung der Geschlechterhierarchie, die Teilnahme der Mutter an beruflichen und gesellschaftlichen Prozessen sowie die Demokratisierung und Feminisierung von Familie und Bildungsverhältnissen ermöglicht den Mädchen mit weiblichem Rückenwind besser als bisher, reglementierte Selbstanteile zu verwirklichen. Allerdings gilt es zu bedenken, dass Mädchen aufgrund ihrer Beziehungsorientiertheit zu stärkeren Anpassungsleistungen an das Umfeld neigen. Dies lässt sie in Modernisierungsprozessen äußerlich als flexibler, bildungsorientierter und erfolgreicher erscheinen. Psychoanalytiker wissen, dass Mädchen und weibliche Jugendliche im Gegensatz zu den externalisierenden Jungen stärker zu Internalisierungen von Konflikten neigen, also eine stärkere Tendenz haben, ein sozial angepasstes Selbst zu entwickeln. So habe ich einige weibliche Patientinnen, die in der Schule sehr gute Leistungen zeigen, innerlich aber doch sehr an dem Zwiespalt zwischen dem äußerlich kompetent wirkenden sozialen Selbst und dem verborgenen bedürftigen privaten Selbst leiden. Um zu gefallen, neigen manche Mädchen dazu, sich zu überfordern. Eine 16-jährige vaterlos aufgewachsene Gymnasiastin mit sehr guten Schulnoten formuliert es so: »Die Menschen glauben immer, wer erfolgreich ist, ist auch glücklich. Das stimmt definitiv nicht.« Soziale Anpassungs- und kognitive Leistungskompetenz sind nicht zwingend Indikatoren für innerseelische Ausgeglichenheit und psychische Gesundheit.

In Supervisionen und Fortbildungen mit Erzieherinnen und Lehrerinnen begegnet mir häufig die allseitige Betonung der Bedeutung von »Public Fathers« (Aigner 2009) für die Jungenentwicklung. Die Bedeutung des Mannes für die Entwicklung des Mädchens wird dagegen selten beleuchtet. So möchte ich jetzt die Behandlungen von zwei Mädchen vorstellen, die in der Schule erfolgreich sind und damit als »Bildungsgewinnerinnen« betrachtet werden können, aber innerlich – von der Umwelt wenig wahrgenommen – an dem Fehlen bzw. Verlust einer väterlichen Bezugsperson leiden.

An den Töchtern alleinerziehender Mütter können wir die Bedeutung des Vaters für die weibliche Entwicklung veranschaulichen. Gleichzeitig sehen wir, dass die Suche nach dem männlichen Dritten, der die Tochter bei der Lösung von der Mutter unterstützt, ein schwieriger Prozess sein kann. Bei meiner Patientin Carla können wir studieren, wie das vaterlos aufgewachsene Mädchen den bedeutungsvollen Dritten herbeisehnt, aber auch gleichzeitig fürchtet, weil er in seiner männlichen Andersartigkeit zunächst sehr fremd ist und gleichzeitig die Gefahr der endgültigen Trennung von der Mutter personifiziert.

Bei meiner Patientin Rita, deren Vater auf dem Höhepunkt ihrer ödipalen Liebe starb, wird deutlich, wie sie den verstehenden männlichen Therapeuten auch zur Identifikation, zur Inbesitznahme ihrer männlichen Seite braucht, und wie sie ihn schließlich zur Einleitung des schmerzhaften Trauerprozesses um den geliebten Vater nutzen kann.

Beide Mädchen zeigen in unterschiedlicher Weise ihre Sehnsucht nach einem bedeutungsvollen männlichen Dritten, der die Separation von der Mutter fördert, die Autonomieentwicklung unterstützt und dessen männliche Andersartigkeit ihnen beim Übergang in die ödipal strukturierte Welt der Heterosexualität behilflich ist. Gleichzeitig wird deutlich, dass die Entwicklung der Tochter darauf angewiesen ist, dass sie eine Mutter hat, die psychisch in der Lage ist, den Übergang zum männlichen Dritten zu unterstützen.

Carla[2] – Ein basal vaterloses Mädchen im Konflikt zwischen Mutteridentifikation und Sehnsucht nach dem männlichen Dritten

Carla lernte ich im Alter von zehn Jahren kennen. Ich hatte von der Mutter im ersten Elterngespräch erfahren, dass ihre Tochter seit Kurzem nicht mehr aus dem Haus gehe, nicht mehr ihre Freunde besuche, oft traurig sei und häufig krank werde. Die Mutter sucht einen Therapieplatz, weil sie die *»symbiotische Beziehung zu ihrer Tochter entzerren«* möchte. Zum leiblichen weit entfernt wohnenden Vater gäbe es bis auf einen unbedeutenden kurzen Kontakt im Alter von vier Jahren keine Beziehung, sondern nur sehr seltene unerfreuliche Telefongespräche.

Als ich das Mädchen zum ersten Mal sehe, sitzt es im Wartezimmer, traurig und deprimiert eng an ihre ebenfalls traurige Mutter geschmiegt. Beide wirken auf mich wie miteinander verbundene verlassene Schwestern. Nach meiner Begrüßung bewegt sich das zehnjährige Mäd-

chen nur zögerlich und sehr langsam von der Mutter fort. Es hat lange strähnig blonde Haare, ein blasses Gesicht mit Rändern um die Augen, trägt einen viel zu groß wirkenden Schulranzen auf dem Rücken und begrüßt mich blicklos mit kaum spürbarem Händedruck. Alles hängt an ihr herunter, die Haare, der Kopf, die Jeansjacke.

Sie fragt, wo sie ihren Ranzen hinstellen kann, kommt langsam an den Tisch, setzt sich und sitzt mir traurig und in sich gekehrt gegenüber. Nach einer Weile fühle ich mich aufgefordert das Gespräch zu beginnen und frage schließlich:

»Weißt Du, warum Du heute zu mir gekommen bist?«

»Ja, ich bin oft so traurig, dass sich mein Papa nicht um mich kümmert!«, kommt die überraschend klare Antwort.

»Das musst Du mir näher erklären!«

»Mein Papa lebt in Schweden und kann doch nur Englisch, da kann ich doch nicht mit ihm reden. Er kümmert sich nicht um mich. Das letzte Mal habe ich ihn gesehen, als ich vier Jahre alt war. Da wusste ich gar nicht so richtig, dass er mein Papa ist. Ich glaube, ich muss auch darunter leiden, dass er mit meiner Mami Streit hat ... Die streiten sich immer ... Nächstes Jahr komme ich aufs Gymnasium, da lerne ich dann Englisch.«

Ihr Erzählen ist langsam und schleppend, wird immer wieder durch Pausen und schweres Atmen unterbrochen.

Soweit zunächst die Schilderung der ersten Begegnung. Das Mädchen wirkt anfangs ganz eins mit seiner Mutter. Aneinandergeschmiegt und traurig warten beide gemeinsam auf das Erscheinen des Analytikers. Nur sehr zögerlich und langsam trennt sich Carla aus der Umklammerung mit der Mutter und zeigt dadurch sichtbar an, dass es ihr schwerfällt, sich so einfach von der Mutter zu lösen. Erst nach einer Aktivität von mir, auf sie zuzugehen und sie zu begrüßen, kann sie schließlich zögerlich ihre Mutter im Wartezimmer hinter sich lassen. Die Aktivität überlässt sie dabei zunächst ganz dem Therapeuten. In ihrer Körperlichkeit zeigt sie große Ähnlichkeit mit der Mutter, die sich ja auch eher behäbig und langsam bewegt. So scheint hier der Gedanke der Mutter, es gehe darum, die Symbiose zwischen ihnen beiden zu entzerren, tatsächlich Gestalt anzunehmen. Mutter und Tochter sind in einer Symbiose des Leidens miteinander verbunden. Die Patientin scheint bis in die Körperlichkeit hinein so mit der Mutter identifiziert, dass ihr Körper sich im gleichen behäbigen Rhythmus bewegt wie der der Mutter. Die Tochter hat eine starke Tendenz, die Einheit mit ihrer Mutter aufrechtzuerhalten und überlässt dem Therapeuten die Eröffnung des Gesprächs. Dann ist es aber einigermaßen erstaunlich, wie sie sofort und klar antwortet: Ihr Problem sei, dass ihr Papa sich nicht um sie kümmere. Trotz des Beibehaltens ihrer Langsamkeit redet sie relativ klar von ihrem »Papa«. Ein Mädchen, von dem man weiß, dass es seinen Vater so gut wie gar nicht kennt, bezeichnet ihn dennoch als »Papa«, so als wäre er ihr doch vertraut, gut bekannt und nahe. Und nicht nur das! Der Papa hat zudem auch eine kontinuierliche Beziehung zur Mama. Sie streiten sich nämlich *immer*.

In diesen paar Worten von Carla ist ein Phänomen verdichtet, das man bei allen Kindern alleinerziehender Mütter feststellen kann.

Das vaterlose Kind erschafft sich den Vater in der Fantasie!

Es ist eine kreative Ich-Leistung, mit der das Kind eine Repräsentanz des Vaters in der Innenwelt bildet – selbst bei völligem Fehlen realer Vater-Erfahrungen. Sogleich ist hier auch die strukturbildende Funktion dieses inneren Vaterbildes zu sehen: Während Carla mit ihrer Mutter im Wartezimmer in schweigender und leidender Anlehnung verbunden war, wird sie im Dialog mit dem Therapeuten durch die Erwähnung des Vaters auf einmal erstaunlich klar. Die Nennung des Vaters gibt ihr Sprache. Ihre bisher unklaren Wünsche bekommen eine eindeutige Richtung. Die Formulierung des Vaterwunsches in der Sprache ist es, die das vorher Diffuse strukturiert und überraschenderweise einen klaren Dialog mit dem Therapeuten ermöglicht. Das Mädchen fasst nun auch sogleich einen in die Zukunft gerichteten Beschluss: Sie will nämlich Englisch lernen, um mit ihrem Vater in Kontakt zu kommen. Hier entwickelt die Patientin schnell eine positive sprachlich fundierte Perspektive für sich: Englisch ist die Sprache des Vaters, und sie möchte unbedingt die Sprache des Vaters lernen.

Die Benutzung der Sprache und der Inhalt ihrer Worte zeigen eine aktive nach vorne gerichtete Lebendigkeit mit dem ausdrücklich geäußerten Wunsch, das väterliche Objekt für sich zu gewinnen. Aber die Art und Weise, wie die Patientin die Worte ausspricht – langsam und schleppend – zeigen an, dass es *so* nicht leicht werden wird, den männlichen Dritten aktiv für sich zu gewinnen.

Wir sehen bei Carla zwei gegeneinander gerichtete Bewegungen: Auf der einen Seite gibt es eine Ähnlichkeitsverbindung zwischen Mutter und Tochter bis in die körperliche Bewegung, Gestik, Mimik und in den Verbalisierungsmodus hinein, auf der anderen Seite formuliert sie verbal klar ihren Wunsch nach einer Beziehung zu einem »Papa«.

Ich habe diese beiden Tendenzen des Mädchens aufgezeigt, weil dies meiner Erfahrung nach ein Kraftfeld darstellt, in dem sich typischerweise Töchter alleinerziehender Mütter bewegen. Ein aktiver Beziehungswunsch nach dem außermütterlichen, männlich fremden – dem väterlichen – Objekt wird von einer gegenteiligen Kraft, dem Festhalten an dem weiblich Bekannten – dem Mütterlichen – behindert. Das Wirken dieser beiden Kräfte ist in einer dichten analytischen Beziehung in der Wahrnehmung der Gegenübertragung durch den Therapeuten oft unmittelbar spürbar. Fühlt sich der Therapeut in einer Stunde in idealisierender Weise wichtig genommen, werden seine Deutungen vom Analysanden mit positiver Wertschätzung behandelt, so fühlt er sich in der nächsten Stunde wie ein unbeteiligter Zuhörer, ausgeschlossen, entwertet und unwichtig für den Fortgang der weiteren Beziehung. So jedenfalls ging es mir mit Carla. Hatte ich nach dem ersten Gespräch das Gefühl, einen bedeutungsvollen Kontakt zu ihr hergestellt zu haben, so muss ich vor der nächsten Stunde durch den Anruf der Mutter erfahren, dass ihre Tochter sich weigere, noch mal zu dem »blöden Mann« zu gehen. Erst mein beharrliches Festhalten an der Vereinbarung und die beharrliche Überredung durch die Mutter bringt die Patientin schließlich zum zweiten Gespräch:

Sie schluchzt viel, weint, sitzt kauernd vor mir, erzählt sich wiederholend von ihrer Traurigkeit, die alles überziehe. Ich fühle mich als ausgeschlossener Betrachter, unfähig irgendetwas zu sagen, zu fragen oder ihr zu helfen. Mit der Traurigkeit scheint sie die Verbindung zu ihrer Mutter aufrechtzuerhalten und mich auszuschließen. Schließlich redet sie stockend von einer Theateraufführung, bei der sie irgendwie in der Schule mitspiele: Begegnung mit dem Fremden.

»Was sie unter einem Fremden verstehe?«, frage ich.

»Vielleicht ein Außerirdischer«, sagt sie.

Mir ist klar, dass sie damit natürlich auch ihre jetzige Situation mit mir als Fremdem und Außerirdischem beschreibt, aber irgendetwas hindert mich daran, eine Deutung der aktuellen Situation zu formulieren. Ich habe das Gefühl, sehr vorsichtig, anschmiegsam sein zu müssen und nicht zu laut sein zu dürfen, um sie nicht zu verschrecken.

Es ist anschaulich geworden, wie sich der Wunsch des Mädchens nach der Begegnung mit einem Fremden und die Angst vor dem unbekannten »Außerirdischen« schon in den ersten beiden Interviews mit dem Therapeuten zeigen.

Warum musste Carla nach dem ersten Gespräch mit dem Therapeuten die Mutter davon überzeugen, dass der Mann »blöd« ist, obwohl Carla im ersten Gespräch tatsächlich einen guten Kontakt zum Therapeuten hergestellt hatte und sich verstanden fühlte? Gerade die aus dem Verstehen sich entwickelnde Nähe macht aber große Angst. Sie hat überraschend die Erfahrung gemacht, dass ihr Wunsch, so jemanden wie einen Vater für sich zu gewinnen, tatsächlich Realität werden könnte. Allein diese Aussicht, innerlich herbeigesehnt, stellt gleichzeitig eine große Gefahr dar. Zum einen weiß sie eigentlich nicht, was sie mit einem Fremden, Außerirdischen, einem Mann anfangen soll, denn sie hat ja keine wirklichen Erfahrungen, auf die sie bauen könnte, und zum anderen hat sie in ihrer Innenwelt ein Elternpaar entworfen, das sich immer streitet. Also wenn sie nun den Vater für sich gewinnt, muss sie dann nicht zwangsläufig die Wut der Mutter fürchten? Denn in ihrer inneren Konstruktion eines immer streitenden Elternpaares gibt es nur ein Entweder-oder. Entweder du hältst zur Mutter oder du hältst zum Vater. Kurz gesagt: Bevor überhaupt eine tragfähige Beziehung entstehen könnte, ist Carla in der Übertragungsbeziehung zum Analytiker schon in einen heftigen Loyalitätskonflikt verstrickt. Da ihr die Mutter als einziges Standbein natürlich grundlegend wichtig ist, muss sie unbewusst alle Kraft daran setzen, dass ihr sehnsüchtiger Wunsch nach dem Vater nicht verwirklicht wird. Der Kontakt zum Vater ist für Carla nur möglich, und dies ist ein ganz typischer Mechanismus bei Kindern alleinerziehender Mütter, wenn die Mutter ihn aktiv und bisweilen sogar gegen den geäußerten Willen des Kindes durchsetzt.

Man kann nicht genug betonen, dass das Kind einer Alleinerziehenden dringend auf die aktive Unterstützung der Mutter beim Finden eines väterlichen Dritten angewiesen ist. Zwar bildet sich im Innenleben des Kindes auch unabhängig von der Mutter eine Sehnsucht nach einem schützenden und idealisierten Vaterbild aus, aber bei der Möglichkeit eines wirklichen Kontaktes bedarf es der tatkräftigen Unterstützung durch die Mutter. Der kindliche Zugang zum Vater wird wesentlich davon bestimmt, in welcher Art und Weise die Mutter die Andersartigkeit des Vaters – vor allem natürlich seine Männlichkeit – schätzt und sie dem Kinde nahebringt.

Daneben gibt es noch einen weiteren wichtigen Aspekt: Das Kind einer alleinerziehenden Mutter ist auch ein verlassenes Kind! Es denkt vielleicht: »Ich bin nicht liebenswert, deshalb ist mein Vater nicht bei uns geblieben. Irgendetwas habe ich an mir, dass sich mein Vater nicht um mich kümmert. Vielleicht bin ich zu dumm oder zu hässlich oder zu böse.« Aufgrund einer egozentrischen von Größenvorstellungen bestimmten Weltsicht ist sich vor allem das kleine Kind sicher, dass es selbst die Verantwortung für den Verlust des Vaters trägt. Eine Studie an der *Hampstead Clinic* in London hat gezeigt, dass gerade Mädchen das Fehlen ihres Vaters unbewusst mit der Unzulänglichkeit ihres Körpers in Zusammenhang bringen (Burgner 1985). So sind das Selbstwertgefühl und das Körperbild vaterloser Kinder auf mehreren Ebenen so gut wie immer stark in Mitleidenschaft gezogen. Auf der Basis eines schwachen Selbstwertgefühls hat Carla Angst, dass sie wieder verlassen werden könnte. Um sich vor dieser Angst zu schützen, bleibt sie passiv und überlässt der Mutter und dem Therapeuten die Verantwortung für die weitere Gestaltung der Beziehung.

In der weiteren Behandlung von Carla zeigt sich denn auch wiederholt, welche Angst der Wunsch nach der Begegnung mit dem fremden Mann wachruft. Besondere Angst hat sie vor Vampiren.

Im Bett, versteckt unter der Decke, stellt sie sich vor, ein Vampir kommt zu ihr ins Zimmer und beißt sie in den Hals. Wenn er sie gebissen habe, würde sie auch zum Vampir werden. Das mache ihr große Angst.

Da sie ihre nächtlichen Bettvorstellungen recht munter erzählt, frage ich nach, was ihr denn an diesem Gedanken eigentlich so viel Angst mache?

Überraschend erklärt sie mir: »Ich habe gar nicht so viel Angst davor, dass mich der Vampir beißt. Aber was macht dann meine Mutter? Sie gehört ja dann nicht wie ich zu den Vampiren!«

Wir lernen so langsam gemeinsam zu verstehen, dass ihre Ängste daher stammen, dass sie einen sehr starken Wunsch hat, einem Mann nahe zu sein, zu ihm zu gehören, aber dass sie dann große Angst bekommt, ihre Mutter zu verlieren.

Im weiteren Verlauf der Behandlung wird die Angst sichtbar, die Beziehung zum Therapeuten mit pubertären sexuellen Fantasien zu verbinden. Es ist klar, dass Carla mit der Integration ihrer Sexualität in das Körperbild Probleme haben würde, denn sie hat ja in der ödipalen Phase keinen Vater für sich gehabt, auf den sie ihre erotisch-libidinösen Wünsche richten konnte, der mit ihr körperlich getobt oder geschmust, sie auf dem Schoß gehalten und ihre Wünsche trotzdem begrenzt hätte, indem er ihr klar macht, dass er der Mann ihrer Mutter ist und niemals ihr Mann werden wird. Mit einem Wort: Carla fehlt die positive Spiegelung ihres weiblich sexuellen Begehrens und dessen Begrenzung im realen körperlich-spielerischen Kontakt mit einem Vater.

Hier liegt der Mangel des basal vaterlosen Mädchens: Die Erschaffung eines Vaterbildes in der Fantasie eröffnet ihr zwar viele psychische Möglichkeiten im Umgang mit sich und ihren Beziehungen. Aber die Abwesenheit eines real greifbaren Vaters, das Fehlen eines männlich-väterlichen Spielraums bedeutet die Abwesenheit ödipaler Realität. Und das hat behindernde Auswirkungen auf die Entwicklung einer reifen genitalen Sexualität und die Integration des sexuellen Körpers in das präödipale, dyadisch geprägte Körperbild.

Rita[3] – Die Vatersehnsucht eines Mädchens mit traumatischer Verlusterfahrung

Rita ist acht Jahre alt und hat eine leidenschaftliche Beziehung zu ihrem Vater gehabt. Er ist bei einem Autounfall ums Leben gekommen, als sie vier Jahre alt war.

Im Elterngespräch wirkt die langsam und behäbig formulierende Mutter erwartungsvoll und vorsichtig zugleich. Ich erfahre von der Mutter, dass ihre Tochter in letzter Zeit häufig Alpträume habe und nachts schlecht schlafen könne. Sie neige auch dazu, sich bei kleinen Unfällen zu verletzen. In der Schule sei sie unaufmerksam und hibbelig. Ein Lehrer habe gemeint, es könnte sein, dass sie ADHS habe. Schließlich erzählt die Mutter davon, dass der Vater sich gerade in der letzten Zeit vor dem Unfall sehr intensiv mit seiner Tochter beschäftigt habe. Sie habe dann auch immer abends am Fenster auf ihn gewartet und ist ihm entgegengerannt und ihm um den Hals gefallen. Bis er dann eines Abends nicht von der Arbeit zurückkam. Durch einen Anruf hat die Mutter erfahren, dass sein Auto von einem LKW überrollt wurde und er auf der Intensivstation lag. Sein Leben konnte nicht gerettet werden. Rita hat um ihren Vater kurz geweint, sei aber nach der Beerdigung schnell zu einem lebhaften und hibbeligen Mädchen geworden, das in der Schule hyperaktiv, unkonzentriert und unruhig wirke.

Bei meiner ersten Begegnung mit Rita sehe ich ein zart und dünn wirkendes Mädchen, das durch seine lebendige und aktive Ausstrahlung trotz der körperlichen Zerbrechlichkeit eine beeindruckende Stärke zeigt. Sie wippt aufgeregt auf und ab an der Hand der Mutter, als ich die Tür öffne. Mit großen strahlenden Augen lässt sie problemlos die Hand der Mutter fahren und läuft mit mir die Treppe zu meinem Behandlungszimmer hoch, als habe sie schon lange darauf gewartet, mich endlich zu sehen. Etwas unsicher wartet sie ab, bis ich mich gesetzt habe. Dann beginnt sie sogleich recht munter, das Zepter in die Hand zu nehmen, nimmt mich quasi an die Hand und erzählt mir ausgiebig von ihrer Lebenswelt. Sie erzählt von der Schule, von den Lehrern, von den Klassenkameraden, ihren Haustieren, von einem Jungen, der sie immer ärgere, indem er sage, dass sie langsam sei, den sie blöd finde, der ihr aber schließlich doch so viel bedeutet, dass sie sogar ein Portrait von ihm malt und ihn als langsamsten Jungen der Welt bezeichnet. Sie benutzt mich als Unterstützung gegen diesen ärgerlichen Jungen und kann in meiner Gegenwart ihre Wut in symbolische Formen bringen. Sie benutzt mich dabei quasi als Wutumwandler, eine Funktion, die ich immer wieder in den weiteren Gesprächen bekommen werde. Fremdheit, Unsicherheit, gar Angst sind in unserem Dialog kaum zu spüren, eher eine erwartungsfrohe Spannung dem Neuen gegenüber. Sie nimmt mich an als erwachsenen Mann, der sie in kreative Aufregung versetzt. Sie benutzt in differenzierter Weise die Sprache, um mir näherzukommen. Schnell fühle ich mich wohl mit Rita, und es erscheint mir, als wäre das Behandlungszimmer unser gemeinsames Zuhause. Ihr souveräner Umgang mit mir und der fremden Situation lässt in mir die Frage entstehen, ob dieses Mädchen nicht eigentlich ziemlich gesund sei und vielleicht überhaupt keine Psychotherapie brauche.

So konfrontiere ich Rita schließlich mit meinem Eindruck und sage ihr:

»So wie wir zwei hier miteinander reden, erscheinst Du mir wie ein fittes Mädchen, dass eigentlich – auch wenn Du manchmal Probleme mit Deinen Klassenkameraden oder den Lehrern hast – ganz gut mit sich selbst und mit seinen Freunden zurechtkommt.«

Rita überlegt einen Moment, antwortet dann klar und ernsthaft: »Denkste!«

Nun zeigt mir Rita in einem sehr ernsthaften Gespräch ihre andere Seite.

»Nachts habe ich oft Angst. Da liege ich im Bett und kann nicht schlafen. Ich sehe meinen Vater. […] Ich weiß auch, warum ich zu Dir komme. Damit ich mit Dir über meinen Vater reden kann, damit ich nicht mehr traurig sein muss.«

An anderer Stelle erzählt sie: »Ich habe Angst vor dem Papa, davor, dass der Papa aufgefressen wird, vor dem Geist, der den Papa auffrisst.«

»Da fühlst Du Dich am Tag groß und stark und nachts hast Du Angst und fühlst Dich klein.«

»Ja, kleiner als eine Ameise!«

Ich kann mir richtig bildlich vorstellen, wie die zarte, am Tag äußerst vitale Rita in der Nacht so klein wird, dass sie sich unter der Decke in der äußersten Ecke ihres Bettes versteckt aus Angst vor einem Geist. Kleiner als eine Ameise ist sie von dem bösen Geist nicht zu entdecken und hat vielleicht eine Chance zu überleben. Andererseits ist ihr Vater nachts auch wieder lebendig. Immer deutlicher wird, dass das eigentliche Leben für sie nachts stattfindet. Sie sagt einmal: »Ja, der Tag, das ist nur ein Vorspiel, das wirkliche Leben ist nachts.«

Im nächsten Gespräch läuft sie in das Behandlungszimmer vor und setzt sich schnell auf meinen Stuhl. Ich bin überrascht, bleibe neben ihr stehen. Ich frage mich innerlich, ob sie heute den Spieß umdreht, mich zum Kind machen will, oder ob sie sich mir sozusagen im Vorhinein auf den Schoß setzen möchte. Bevor ich aber den Grund ihrer Aktion besprechen kann, geht sie dann doch lieber von selbst wieder auf ihren Stuhl. Sie erzählt, dass sie in der Klasse die Kleinste sei und dass sie gerne größer sein möchte. Manche würden sie »Pimpf« nennen, das hasse sie. Ich erinnere sie an unser erstes Gespräch, in dem sie ja erzählt habe, dass sie sich nachts kleiner als eine Ameise fühle. Ja, das sei schrecklich, so klein zu sein. Ich deute schließlich, dass sie sich vielleicht auf meinen Stuhl gesetzt habe, um zu sehen, wie das ist, groß zu sein.

»Ja, Ich möchte etwas von Deiner Größe und Stärke abhaben!«

»Ach ja, das kann ich verstehen, Du möchtest etwas von meiner Stärke abhaben, damit Du keine Angst mehr haben musst.«

»Ja! Ich will kein Pimpf sein!«

Ich bin mit Rita in ein erstaunlich intensives Gespräch über ihr Inneres gekommen, so intensiv, dass sie das Klingeln ihrer Mutter am Ende der Stunde gar nicht wahrnimmt. Als ich sie auf das Stundenende aufmerksam mache, erwacht sie wie aus einem Traum.

In diesen Anfangsszenen können wir sehen, wie der Therapeut quasi vorbehaltlos das Erbe des idealisierten frühen Vaters antritt. Mit voller Energie schmeißt sich Rita in die Arme des Therapeuten und bringt ihren ganzen ödipal-verführerischen Charme zum Einsatz, um mich zu gewinnen. Ich erlebe ein Mädchen, das mit ihrem Vater schon sehr viel libidinöse Zweisamkeit gelebt hat, im Umgang mit einem Mann nicht nur geübt ist, sondern auch angstfrei ihre Aufregung ausdrücken kann. Sie überträgt die ödipalen Liebeswünsche auf den Therapeuten. Einer ihrer Wünsche ist, die bedrängende nächtliche Angst unter Kontrolle zu bekommen.

Rita möchte den Vater-Therapeuten als Liebesobjekt, aber gleichzeitig möchte sie etwas anderes: Sie möchte so sein wie er, möchte sich mit ihm identifizieren. Die amerikanische Psychoanalytikerin Jessica Benjamin geht davon aus, dass der primäre ödipale Wunsch des Mädchens darin besteht, so sein zu wollen wie der Vater, sich mit der Differenz, die der Vater als Mann personifiziert, zu identifizieren, um sich so aus der Ähnlichkeitsverbindung mit der Mutter lösen zu können (Benjamin 1992). Das Mädchen möchte sich vom Vater eine Scheibe abschneiden und damit an der idealisierten Stärke der männlichen Differenz partizipieren.

Die schmerzhafte und ängstigende Anerkennung des Verlustes des leiblichen Vaters wird durch die Übertragung auf den Therapeuten zeitweise abgewehrt. Aber die Realität ist nicht auf Dauer zu verleugnen, und so nähert sich Rita in konzentrischen Kreisen dem schmerzhaften Prozess der Anerkennung des Verlustes und der damit einhergehenden Trauer.

Stellvertretend für viele Szenen möchte ich eine Sequenz aus der Endphase der Therapie darstellen:

Rita malt ein Bild, das den Titel »Fest der Vampire« trägt. Mit klaren Worten hatte sie vorher schon festgestellt, Vampire können zweimal heiraten. Wenn sie leben ein erstes und wenn sie sterben ein zweites Mal.

Während sie malt, erklärt sie mir: »Die Vampire feiern ein Fest, weil sie sich wieder vertragen haben.«

»Die haben sich gestritten?«

»Ja, die Männer.«

»Warum haben sich die Männer gestritten?«

»Weiß nicht! Einfach so.«

Der linke Vampir bekommt einen Schnurrbart gemalt. Der hätte ja einen Schnurrbart wie ich, sage ich.

»Ja, vielleicht ein Dammasch-Vampir.«

»Sind das die Frauen von den Vampiren?«

»Na klar, sieht man doch, oder dachtest Du, das seien die Töchter?«

Nach einer Pause sage ich: »Na, manchmal wollen Töchter auch gerne Papas heiraten!«

»Manchmal – aber nicht immer!«

Nach dieser Klarstellung malt sie ruhig weiter. Ich bin mit Gedanken an ihren verstorbenen Vater beschäftigt, was ich ihr schließlich sage:

»Das habe ich mir gedacht!«, sagt sie.

»Du hast gedacht, dass ich daran denke, weil Du selbst an Deinen Papa gedacht hast.«

»Vielleicht.«

»Vielleicht wünscht Du Dir manchmal, dass Dein Papa wie ein Vampir wieder auferstehen kann von den Toten.«

»Nein, ich wünsche mir, dass er noch lebt!« Die Stimmung wird schlagartig traurig. Sie malt den Vampiren Gläser mit rotem Wein in die Hand.

»Ja, das ist traurig, dass er nicht mehr lebt.«

»Das ist traurig, deswegen möchte ich auch nicht darüber reden!«

»Weil Du dann so traurig wirst?«

»Ja, und nie mehr wieder fröhlich werde.«

»Ah, dann verstehe ich warum Du die Vampire so fröhlich auf einem Fest malst. Du stellst dir vor, die Toten seien noch lebendig und dann braucht man nicht für immer traurig sein.«

Draußen von der Straße hört man eine Sirene von einem vorbeifahrenden Auto.

»Geh raus und sag, dass das nervt.«

»Das nervt, weil es Dich an den Unfall vom Papa erinnert?!«

»Früher war ich immer neugierig, wenn es eine Sirene gab. Ich bin rausgerannt um zu gucken, ob es Feuerwehr, Polizei oder Krankenwagen ist. Als kleines Kind ist man neugierig.«

»Jetzt nervt die Sirene aber.«

»Ja, weil ich kein kleines Kind mehr bin!«

»Und weil Dich die Sirene immer an den Unfall und den Tod vom Papa erinnert.«

»Ja.«

Rita und ich sind nun gemeinsam in einer ernsten und traurigen Stimmung. Sie sitzt ruhig in ihrem Sessel und zum ersten Mal kann ich intensiv ihren Schmerz über den Verlust des inniglich geliebten Vaters spüren. Aber dieses Gefühl bleibt nur kurz erhalten. Sie steht auf, kommt neben mich und erzählt mir Witze, so als wenn sie nun nicht nur sich selbst, sondern auch mich aufheitern müsste.

»Es ist schwer auszuhalten, über den Tod des Papas traurig zu sein«, sage ich. Sie nickt mir kurz zu, kann aber nicht aufhören, weiter Witze zu erzählen.

Rita hatte ihren Vater auf dem triebdynamischen Höhepunkt der ödipalen Phase verloren und hat im Therapeuten zunächst auch zur Verleugnung des Verlustes die direkte Weiterführung der Vaterbeziehung in der Übertragung gesucht.

Die Bedeutung des männlichen Dritten für das Mädchen

Für die psychische Innenwelt gibt es kein vaterloses Kind. Wie wir bei Carla und Rita sehen konnten, haben beide Mädchen trotz Vaterabwesenheit ein idealisiertes Vaterbild in ihrer Fantasie aufgebaut, das sich in der psychotherapeutischen Beziehung in unterschiedlicher Weise auf den männlichen Dritten übertragen hat. Das fantasierte väterliche Idealbild kann sich in der sozialen Umwelt auch an einen männlichen Erzieher, Lehrer oder Kinderarzt heften. Carla und Rita brauchen das innere Vaterbild, um einen eigenen Raum in Abgrenzung von der Mutter zu entwickeln. Die Autonomieentwicklung kann nur über die innere libidinöse Besetzung eines Dritten gehen, der die Lösung von der Mutterbindung ermöglicht. Dabei identifiziert sich das Mädchen, wenn es gut geht, sowohl mit den andersartigen männlichen Interaktionsmustern als auch mit seiner Fähigkeit, sich von der Mutter lösen zu können. Der Vater steht für die Separation, die er durch die konkrete Erfahrung des »Fort und Da« (vgl. Freud 1920) auch in der modernen Familie meist stärker als die Mutter vermittelt. Die Behandlung von Carla zeigt, wie schwer es ist, ein Vaterbild libidinös stabil zu besetzen, wenn man nicht genügend positiv konstante und sinnlich konkrete Erfahrungen mit einem männlichen Dritten gemacht hat und wenn man unsicher ist, ob die Mutter die Beziehung zum sozialen Ersatzvater positiv unterstützt. Bei Rita haben wir gesehen, wie schnell der therapeutische Dritte in ihrer Innenwelt in die Fußstapfen des Vaters tritt und wie kreativ sie den Therapeuten-Vater für die eigene Entwicklung und für die Aufarbeitung des traumatischen Vaterverlustes benutzen kann.

Eine zentrale Rolle für den Aufbau einer hilfreichen Beziehung zum pädagogischen oder therapeutischen Dritten spielt die Mutter. Ohne die prinzipielle, wenn auch vielleicht konflikthafte Anerkennung des Dritten durch die Mutter kann das Kind den helfenden Anderen nicht zur eigenen Entwicklung nutzen. Insbesondere beim Mädchen ist die Mutter immer die emotionale Türöffnerin, die den Kontakt zum realen Vater in der Familie oder zum sozialen Vater in der pädagogischen Institution für das Kind erfahrbar vermitteln muss. Dabei ist nach psychoanalytischer Erkenntnis das innerseelische Vater- und Männerbild der Mutter der Transmitter, der bewusst oder unbewusst die emotionale Beziehung des Kindes zu einem bedeutungsvollen Mann ermöglicht oder verunmöglicht (vgl. Green 1996). Die Qualität der Beziehung des Kindes zum männlichen Dritten wird mitbestimmt durch die Qualität der Beziehung der Mutter zum Vater des Kindes bzw. unbewusst zum eigenen Vater der Mutter. So wie der Vater in seiner Rolle als männlicher Dritter in der Familie ist auch der Therapeut oder der Pädagoge auf die Wertschätzung der Mutter angewiesen, damit das Kind sich in heterosexuell triangulierenden Beziehungserfahrungen von der Mutter lösen kann.

Die libidinöse sinnliche Beziehungserfahrung mit einem männlichen Dritten ist für die Autonomieentwicklung und die Separation von der Mutter genauso wichtig wie für den Übergang zur heterosexuellen ödipalen Phase. Die real sinnliche Spielerfahrung mit dem Vater ist darüber hinaus auch wichtig, um sich schließlich wieder vom idealisierten ödipalen Liebesobjekt innerlich lösen zu können. Im Abrieb mit der Realität eines sowohl liebenswert beflügelnden wie hassenswert begrenzenden Vaters können die ödipalen Idealisierungen des inneren Vaterbildes realitätsangemessen überarbeitet werden. Die Anerkennung der Tatsache, dass der Vater mit der Mutter eine exklusive Liebesbeziehung führt, aus der die Tochter ausgeschlossen ist, enttäuscht die ödipalen Illusionen des Mädchens und führt zur realistischeren Einschätzung des Vaters. Die emotionale Aufgabe des männlichen Dritten besteht auch darin, seine eigene Entwertung durch die Tochter spätestens in der Adoleszenz ertragen zu lernen, ohne sich dafür durch reaktive Entwertung rächen zu müssen. Der Vater wie der männliche Pädagoge müssen also in der Lage sein, es auszuhalten, vom Sockel gestürzt zu werden und altersangemessen an Wert für das Mädchen zu verlieren. Denn nur durch den in der Adoleszenz notwendigen Abzug der Libido vom Vater wird dem weiblichen

Jugendlichen schließlich der Übergang – die Verschiebung – zum gleichaltrigen Liebespartner möglich. Bleibt der ödipale Vaterhunger (Herzog 1980) oder Vaterdurst (Abelin 1986) des Mädchens ungestillt, so wird er entweder zur Abwehr von Enttäuschungen in eine reaktive Entwertung des phallischen Mannes münden oder fixiert in der unbewussten Idealisierung eines unerreichbaren ödipalen Märchenkönigs: Sehnsüchtig gesucht und niemals gefunden.

Zusammenfassung

Kleine Mädchen und Jungen brauchen sowohl liebevoll bezogene wie grenzensetzende Väter zu Hause und »öffentliche Väter« in den pädagogischen Institutionen.

Der Vaterhunger des präödipalen Jungen basiert darauf, dass er ihn zum Aufbau seiner männlichen Identität auch in Abgrenzung von der Weiblichkeit der Mutter und der frühen Abhängigkeitsbeziehung braucht. Die spielerischen Spiegelungserfahrungen seiner Männlichkeit im sinnlich konkret erfahrbaren »Penis-Penis-Dialog« (Herzog 1998) mit dem Vater fördern die Inbesitznahme seiner phallisch-männlichen Identität und sein Größenselbst. In der ödipalen Phase braucht der Sohn sinnlich konkrete Grenzerfahrungen mit dem Vater, der ihm verdeutlicht, dass seine ödipalen Omnipotenzfantasien Illusionen sind, er noch ein kleiner Junge ist, der freilich später einmal ein größerer Mann als der Vater werden kann und eine eigene Frau finden wird, so wie der Vater die Mutter gefunden hat. Der Sohn identifiziert sich schließlich mit der Männlichkeit des Vaters, aber auch mit seiner Art und Weise der Beziehung zur Weiblichkeit und zur Mutter. Drei psychische Basisfunktionen der Väterlichkeit können wir unterscheiden:

- Er fördert als liebevoller Partner der Mutter die Triangulierung und Autonomieentwicklung.
- Er ist der sinnlich erfahrbare Spiegel der Männlichkeit, der die Geschlechtsidentität seines Sohnes sichert.
- Er begrenzt die Größenfantasien, formt das aggressive Affektsystem des kleinen Jungen durch seine Grenzsetzungen und reiht ihn in die Generationenfolge ein.

Für das Mädchen ist zwar die triangulierende Unterstützung eines Dritten bei der Lösung aus der homologen Mutter-Tochter-Beziehung auch schon in der präödipalen Phase bedeutsam, essenziell braucht das Mädchen den Vater in seiner Männlichkeit aber vor allem in der ödipalen Phase bei der positiven Spiegelung und Begrenzung ihres weiblich heterosexuellen Begehrens.

Dabei ist einerseits die Identifikation mit der männlichen Differenz (Benjamin 1992) für die Erweiterung der Interaktionsmuster des Mädchens wichtig, andererseits das ödipal verführerische Spiel mit dem Vater, das dem Mädchen das Gefühl gibt, begehrenswert zu sein. Die Inbesitznahme und Wertschätzung des eigenen weiblichen Körpers und der Übergang zur Heterosexualität werden neben der libidinösen Spiegelung der Weiblichkeit durch die Mutter auch durch die ödipale Wertschätzung der Weiblichkeit des Mädchens durch den Vater gefördert. Der Vater muss dabei in der Lage sein, sich von der Tochter und ihren aus der Mutterbeziehung verinnerlichten weiblichen Interaktionsmustern führen und verführen zu lassen (Herzog 1991). Die Qualität der spielerisch sinnlichen Erfahrung des Mädchens mit dem männlichen Dritten beeinflusst die Art und Weise, wie das Mädchen ihren eigenen Körper wertschätzt, und die Qualität ihrer heterosexuellen Beziehungskompetenz. Eine Funktion des Vaters in der Adoleszenz besteht darin, die eigene Ent-Idealisierung durch die Tochter akzeptieren zu können.

Anmerkungen

1 Der Aufsatz ist eine stark überarbeitete und erweiterte Fassung meines Vortrags vom September 2010 auf dem Hamburger Psychotherapeutentag.

2 Eine ausführlichere Beschreibung der triangulierenden Funktion des männlichen Therapeuten anhand des Falls von Carla wurde unter anderem Schwerpunkt bereits veröffentlicht (Dammasch 2006b). Die kursiv gesetzten Teile sind aus dem Stundenprotokoll entnommen oder erinnerte wörtliche Zitate. Es werden teilweise Behandlungssequenzen beschrieben, szenisch interpretiert und theoretisch eingeordnet. Dieses Vorgehen erscheint mir sinnvoll, um die inneren Bewegungen der Patientin und des Therapeuten besser verständlich zu machen und um dem Leser die Möglichkeit zu eröffnen, eine eigene interpretative Position einzunehmen.

3 Im Kontext der Diskussion um die epidemieartige Ausbreitung der Diagnose ADHS habe ich über diesen Fall mit anderer Fokussierung berichtet (Dammasch 2006a). Die kursiv gesetzten Textpassagen sind Ausschnitte aus den Erinnerungsprotokollen unserer psychoanalytischen Entwicklungsdialoge.

Literatur

Abelin, E. (1986): Die Theorie der frühkindlichen Triangulation. Von der Psychologie zur Psychoanalyse. In: Stork, J. (Hg.): Das Vaterbild in Kontinuität und Wandlung. Stuttgart, Bad Cannstatt (frommann-holzboog).

Aigner, J.C. (2009): »Public Fathers« – Überlegungen zu Männern in der öffentlichen Erziehung (und in der öffentlichen Repräsentation). In: Dammasch, F.; Metzger, H.-G. & Teising, M. (Hg.): Männliche Identität. Frankfurt/M. (Brandes & Apsel), S. 53–64.

Baumert, J.; Klieme, E.; Neubrand, M.; Prenzel, M.; Schiefele, U.; Schneider, W.; Stanat, P.; Tillmann, K.-J. & Weiß, M. (2001): PISA 2000. Basiskompetenzen von Schülerinnen und Schülern im internationalen Vergleich. Opladen (Leske + Budrich).

Benjamin, J. (1992): Vater und Tochter: Identifizierung mit Differenz. Psyche – Z Psychoanal 46, 821–846.

Borowski, D.; Bovensiepen, G.; Dammasch, F.; Hopf, H.; Staufenberg, H. & Streeck-Fischer, A. (2010): Leitlinie zu Aufmerksamkeits- und Hyperaktivitätsstörungen. Analytische Kinder- und Jugendlichen-Psychotherapie 41, 238–274.

Burgner, M. (1985): The oedipal experience: effects on development of an absent father. International Journal of Psychoanalysis 66, 311–320.

Dammasch, F. (2006a): ADHS – Endlich hat das Kind einen Namen – Psychoanalytische Gedanken zur Bewegung des ruhelosen Kindes und zur Bedeutung von Ritalin. In: Leuzinger-Bohleber, M.; Brandl, Y. & Hüther, G. (Hg.): ADHS – Frühprävention statt Medikalisierung. Göttingen (Vandenhoeck & Ruprecht).

Dammasch, F. (2006b): Der unsichtbare Dritte – Über die innere Welt eines vaterlosen Mädchens. In: Dammasch, F. & Metzger, H.-G. (Hg.): Die Bedeutung des Vaters. Psychoanalytische Perspektiven. Frankfurt/M. (Brandes & Apsel), S. 155–178.

Dammasch, F. (2008a): Die Krise der Jungen. Statistische, sozialpsychologische und psychoanalytische Aspekte. In: Dammasch, F. (Hg.): Jungen in der Krise. Das schwache Geschlecht? Psychoanalytische Überlegungen. Frankfurt/M. (Brandes & Apsel), S. 9–28.

Dammasch, F. (2008b): Triangulierung und Geschlecht. In: Dammasch, F.; Katzenbach, D. & Ruth, J. (Hg.): Triangulierung – Lernen, Denken und Handeln aus psychoanalytischer und pädagogischer Sicht, Frankfurt/M. (Brandes & Apsel), S. 13–40.

Dammasch, F. (2008c): Vaterlose Jungen zwischen Größenfantasien und Verfolgungsangst. In: Dammasch, F. (Hg.): Jungen in der Krise. Das schwache Geschlecht? Psychoanalytische Überlegungen. Frankfurt/M. (Brandes & Apsel), S. 127–144.

Dammasch, F. (2009a): Die Angst des Jungen vor der Weiblichkeit. Gedanken zu den Klippen männlicher Identitätsentwicklung. In: Dammasch, F; Metzger, H.-G. & Teising, M. (Hg.): Männliche Identität. Frankfurt/M. (Brandes & Apsel), S. 15–32.

Dammasch, F. (2009b): Der umklammerte Junge, die frühe Fremdheitserfahrung und der abwesende Vater. Kinderanalyse 17(4), 313–334.

Freud, S. (1920): Jenseits des Lustprinzips. GW XIII, S. 3–69.

Green, A. (1996): Über die Natur des Psychischen. In: Zwettler-Otte, S. & Komarek, A. (Hg.): Der psychoanalytische Prozeß. Festschrift für Prof. Harald Leupold-Löwenthal. Wien (Turia + Kant).

Herzog, J. (1980): Sleep disturbance and father hunger. Psychoanalytic Study of the Child 35, 219–233.

Herzog, J. (1991): Die Muttersprache lehren. Aspekte des Entwicklungsdialogs zwischen Vater und Tochter. Jahrbuch der Psychoanalyse 27, 29–41.

Herzog, J. (1998): Frühe Interaktionen und Repräsentanzen: die Rolle des Vaters in frühen und späten Triaden. In: Bürgin, G. (Hg.): Triangulierung – Der Übergang zur Elternschaft. Stuttgart (Schattauer), S. 162–178.

Klitzing, K. von (2008): »Du bist wie dein Vater.« – Die Bedeutung früher Familienbeziehungen für die Identitätsentwicklung des Jungen. In: Dammasch, F. (Hg.): Jungen in der Krise. Das schwache Geschlecht? Psychoanalytische Überlegungen. Frankfurt/M. (Brandes & Apsel), S. 83–102.

Läzer, K.L.; Gaertner, B.; Brand, T. & Leuzinger-Bohleber, M. (2009): Hyperaktive Kinder – eine Herausforderung für die Kinderpsychotherapie. Analytische Kinder- und Jugendlichen-Psychotherapie 40(144), 557–594.

KiJu-15
2010, 324 Seiten
24,80 Euro
ISBN 978-3-87159-915-6

Michael Borg-Laufs & Katja Dittrich (Hrsg.)

Psychische Grundbedürfnisse in Kindheit und Jugend

Perspektiven für Soziale Arbeit und Psychotherapie

Ihre psychischen Grundbedürfnisse nach Bindung, Orientierung und Kontrolle, Selbstwertschutz sowie Lustgewinn/Unlustvermeidung können Kinder und Jugendliche oft nur unzureichend befriedigen. Dies führt zu psychischen Leiden und Verletzungen, die bei genügender Beachtung leicht zu vermeiden wären.
Die Beiträge in diesem Buch zeigen auf, wie in unterschiedlichen Bereichen Sozialer Arbeit und Psychotherapie dafür Sorge getragen werden kann, dass die kindlichen Grundbedürfnisse hinreichend gestillt werden.

2010, 216 Seiten
19,80 Euro
ISBN 978-3-87159-097-9

Rudi Merod (Hrsg.)

Persönlichkeitsstörungen bei Jugendlichen

Nach wie vor ist das Konzept der Persönlichkeitsstörungen in der Psychotherapie umstritten – und dabei insbesondere die Anwendung auf Adoleszenten.
In der Praxis finden sich jedoch häufig Jugendliche, die nur mühsam in die sonstigen Diagnosegruppen einzuordnen sind, da ihre Symptomatik sich von denen anderer unterscheidet und das gesamte Verhalten in verschiedenen Situationen beeinflusst. Daher ist eine Auseinandersetzung mit diesen Störungsbildern unumgänglich, wenn man wirksame Hilfe anbieten will. Dieses Buch vermittelt theoretische Modelle und beschreibt therapeutische Möglichkeiten im Umgang mit diesen Störungsbildern im ambulanten wie auch stationären Bereich.

E-Mail: dgvt-Verlag@dgvt.de · Internet: www.dgvt-verlag.de

Bedürftige Väter?

Lothar Böhnisch

Autos zu verkaufen ist heutzutage zu einem aufreibenden Job geworden. Die Zeiten sind längst vorbei, in denen man sich darauf verlassen konnte, dass die Kunden ihrem Stammhaus treu bleiben und immer wieder das jeweils neuere Modell ihrer Marke bestellen. Dutzende von vergleichbaren Modellen sind auf dem Markt und der Preiskampf – als Kampf um die Kunden – ist hart. Autoverkäufer können nicht mehr so einfach auf ihre Kunden warten, sie müssen »an ihnen dran« bleiben, ihren Wünschen wie und wohin auch immer folgen können. Wenn die Probefahrt am Wochenende oder auch nächtens gewünscht wird, dann muss es eben sein. Wenn am Sonntag ein Autosalon angesetzt ist, dann hat man bereit zu stehen. Der Chef hat die Losung ausgegeben, dass man in diesen mörderischen Zeiten von Konkurrenz und Verdrängung zusammenhalten muss wie eine Familie. Eine tückische Losung. Denn die Familie hat ihre besondere Intimstruktur. Hier geht es um Bindung und Liebe, aber auch um Hass und Enttäuschung. Die Arbeitswelt dagegen ist eine rational geordnete Vertragswelt. Auf seinen Arbeitsvertrag kann sich aber nun unser Autoverkäufer nicht mehr so einfach berufen. Freitags um 15 Uhr hätte er eigentlich Arbeitsschluss. Aber wenn er zu dieser Zeit nach Hause gehen wollte, wäre der Chef enttäuscht, auch wenn er formal nichts dagegen haben könnte. Also wird geblieben, man ist ja eine Familie und diese Autohausfamilie geht vor, auch wenn in der eigenen Familie zwei kleine Kinder auf den Vater warten.

Junge Väter in qualifizierten Berufen: Der Ingenieur, der in der mittelstädtischen Filiale eines Technokonzerns arbeitet und der nun jeden Tag eineinhalb Stunden hin und eineinhalb Stunden her in die Zentrale in der Großstadt fahren muss, weil die Filiale wegrationalisiert wurde. Der Rechtsanwalt, der so manches Wochenende in der Kanzlei verbringt, von den Abenden unter der Woche ganz zu schweigen. Dies sind Beispiele aus narrativen Interviews, die wir vor vier Jahren mit jungen Vätern aus der Mittelschicht im ostsächsischen Raum gemacht haben. Eine spätere quantitativ (n = 300) angelegte Studie (vgl. Sächsische Männerstudie 2009) bestätigte dies und lag damit auf der Linie anderer Männerstudien, die in den 2000er Jahren gemacht wurden. Erwerbstätige Männer in unserer Gesellschaft werden weiterhin von der Arbeit aufgesogen, als Väter zu Wochenendvätern bestimmt und dem Alltag des Aufwachsens ihrer Kinder entzogen. Die Grenzen zwischen Familie und Berufsarbeit haben sich in den letzten Jahrzehnten vor allem für die Frauen geöffnet, fordern diesen zwar oft alles an Vereinbarkeitsarbeit ab, geben ihnen aber gleichzeitig auch die Möglichkeit, in zwei gesellschaftlich anerkannten Rollen zu Hause sein zu können. Vielen Männern hingegen bleibt der Alltag der Familie weiter verschlossen, obwohl sie gerne mehr am Aufwachsen ihrer Kinder teilhaben möchten. Wunsch und Verwehrung liegen bei ihnen dicht neben einander, erzeugen Bedürftigkeiten und darin auch gleichzeitig den Drang zur Selbstbestätigung und Rationalisierung. Sie sind der Meinung, dass sie sich trotzdem intensiv um ihre Kinder kümmern, und beklagen gleichzeitig, dass sie nicht genug Zeit dafür haben.

Dass gerade bei Vätern aus der Mittelschicht mit qualifizierten Berufen die Diskrepanz zwischen gewollter engagierter, tendenziell gleichberechtigter Vaterschaft und tatsächlicher Geschlechterpraxis besonders auffällig ist, zeigen entsprechende Männerstudien der

2000er Jahre (vgl. im Überblick: Scholz 2009; dazu auch Wengler et al. 2008). Der Spagat zwischen einer selbst beanspruchten aufgeklärten und darin modernen Männlichkeit und der steigenden Beanspruchung in intensivierten Arbeitsprozessen muss bewältigt werden und wird meist über weitgehend unbewusste Abspaltungs- und Rationalisierungsmechanismen bewältigt. Cornelia Koppetsch und Günther Burkart (1999) haben in ihrer Studie »Zur Wirksamkeit latenter Geschlechternormen im Milieuvergleich« einen Grundstein für die Rekonstruktion solcher Mechanismen gelegt, der sich auch in späteren Partnerschafts- und Vereinbarkeitsstudien als tragfähig erwiesen hat (vgl. Scholz 2009; Lenz/Adler 2011). Sie zeigen auf, dass dem von Männern (und Frauen) beanspruchten Diskursideal der Geschlechtergleichheit im Partnerschaftsalltag eine Praxis der Geschlechterungleichheit entgegenstehen kann. Sie erklären das dahingehend, dass die Idee der Gleichheit und die Einschätzung des alltäglichen familialen Engagements auf unterschiedlichen Ebenen liegen:

> »Während die Idee der Gleichheit einer reflexiven Diskurslogik gehorcht, beruht die Verrichtung alltäglicher Handlungen auf einer anderen, praktischen Logik. Diese alltäglichen Verrichtungen [...] bilden durch interne Verknüpfungen ein expandierendes System von Praktiken, die sich gegenseitig hervorrufen und stützen und die, einmal ausgelöst, eine ganze Kette weiterer Praktiken nach sich ziehen. Diese Eigendynamik ist ein Grund dafür, dass sich dieses System inkorporierter Praktiken kaum durch Diskurse beeinflussen lässt« (Koppetsch/Burkart 1999, S. 156),

obwohl man sich diesen Diskursen reflexiv zugehörig fühlt. Die sich aufgrund unterschiedlicher Anwesenheiten, Gelegenheiten, aber auch geschlechtstypischen biografischen Gewohnheiten einspielende geschlechterungleiche Alltagspraxis kann dann Hand in Hand mit einer nachdrücklich aufrechterhaltenen Illusion der gerechten Aufteilung gehen. Hinter dem Schleier der Rhetorik der Gleichheit und über mehr oder minder explizite partnerschaftliche Aushandlungs- und Verständigungsprozesse hergestellt, breitet sich eine paarinterne Selbstverständlichkeit jeweils zugeschriebener weiblicher und männlicher Eigenschaften und Kompetenzen aus. Bei dieser »hidden gender structure« der Alltagsbewältigung (vgl. Böhnisch et al. 2009) handelt es sich keinesfalls um eine bloße Fortsetzung oder Retraditionalisierung überkommener Rollenmodelle. Es ist eher die Aushandlungsillusion sich als gleichwertig fühlender und sich entsprechend akzeptierender Partner, die in die inzwischen symbolisch gefestigte gesellschaftliche Kultur der Geschlechternivellierung eingebettet ist. Gleichzeitig aber ist sie von einem ökonomischen System herausgefordert, das sich für Männer und Frauen gleich offen erklärt und die Geschlechter- und Vereinbarkeitsfrage zur Sache der Selbstverantwortlichkeit und Selbstorganisation »mündiger Bürger« und Marktteilnehmer deklariert.

Der bedürftige Mann, Vater

Die arbeitszeitliche Beanspruchung und damit verbundene ungleiche familiale Anwesenheit der Väter wird in der 2010 durchgeführten repräsentativen Südtiroler Männerstudie besonders deutlich. Südtirol gehört inzwischen zu den wirtschaftlich und infrastrukturell entwickeltsten Regionen Italiens und kann durchaus – trotz seiner geografischen Besonderheiten – als Prototyp für Arbeits- und Lebensverhältnisse in ländlich-kleinstädtischen Regionen gelten. Die zeitliche Beanspruchung der Mehrzahl der Männer durch die Erwerbsarbeit (einschließlich Anfahrtszeiten) ist hoch, geht im Durchschnitt deutlich über die 40 Stunden Marke hinaus. Umso intensiver ist bei den Vätern die Beschäftigung mit ihren Kindern am Wochenende. Die Kinder erleben dann meist einen aktiven und starken Vater – einen »Eventvater« gewissermaßen – und damit ein einseitiges Männerbild. Der Mann, der im Arbeitsalltag unter Druck steht, wird nicht sichtbar. Entsprechende Gefühle werden nicht gezeigt, können nicht gezeigt werden. Das läuft dem starken Männerbild zuwider, das man – immer noch als »Hauptverdiener« – der Familie und dem Betrieb schuldet. Der starke Vater ist im Kern oft ein bedürftiger Vater, der die Verwehrungen spürt, aber gleichzeitig von sich schieben muss. Die Männerberatungsstellen wissen davon zu berichten, vor allem auch davon, dass die Männer sich – nach etlichen Anläufen und Umwegen – wohlfühlen, wenn sie ihre Bedürftigkeit einmal aussprechen können. Zu Hause, das zeigen unsere Fraueninterviews, die wir im Kontrast zu der Männerstudie gemacht haben (vgl. Bernhard/Böhnisch 2012), reden sie mit ihren Partnerinnen meist über die Arbeit, über Finanzen und darüber, wie sich die Kinder so entwickeln. Auch in den Vereinen, unter Männern, sprechen die meisten nicht über das, was sie bedrückt. Sie suchen auch dort wieder vor allem den Ausgleich zur Arbeit. Die Arbeit ist überall, Arbeit und männliche Identität gehen augenscheinlich ineinander über, Arbeitsplatzverlust und prekäre Arbeit bedrohen die männliche Identität.

Die neuere Väterforschung drückt sich um diese Bedürftigkeit der Väter. Sie meint, ihnen die Familientore zu öffnen, wenn sie ihnen vor Augen hält, dass sie doch (fast) wie die Mütter am frühkindlichen Geschehen aktiv und selbstständig teilhaben können. Sie sieht nicht den bedürftigen Mann, der in die Familie drängt, sondern den »engagierten« Vater, der endlich seine Rolle erkannt hat und über die Vaterschaft zu sich selbst findet. Der Vater erscheint hier mitnichten als Konkurrent der Mutter, der ihr die häusliche Macht streitig macht. Die Entwicklungspsychologie weist ihn ein, signalisiert der Mutter Entlastung. Vor allem für die Entwicklung des Kindes sei es günstig, wenn der Vater die Mutter-Kind-Symbiose frühzeitig löst und damit die Eigenständigkeit des Jungen fördert. Das Kind kann so früh zwei wesentlich unterschiedliche Bezugspersonen erleben. Die Erziehung verläuft dann nicht mehr eingleisig. Die Jungen könnten Vater und Mutter und damit Mann und Frau früh als gleichwertig erleben. Die Mutter sei dann nicht mehr Monopolistin der Gefühle. Väter seien wie Mütter in der Lage, zu einem Kind von Geburt an in Gefühlsbeziehung zu treten, ihm Körperlichkeit und Geborgenheit zu geben. Das Kind erwidere dies und lerne auch früh zwischen Vater und Mutter zu unterscheiden und die Eigenständigkeit der mütterlichen wie väterlichen Beziehung zu genießen. Bereits mit vier Monaten bilde sich die Fähigkeit eines Kindes aus, in eine Drei-Personen-Beziehung einzutreten und in dieser auch einen eigenen Part zu spielen. So hänge es doch letztlich von den Eltern ab, ob sie dem Kind früh genug die Möglichkeit der triadischen Beziehung anbieten; von der Mutter, ob sie bereit ist, sich relativ früh nach der Geburt auf ein kontinuierliches emotionales Engagement des Vaters einzulassen, und vom Vater, der nicht nur in der Arbeit aufgehen muss und Väterlichkeit durchaus auch für sich als Ressource nutzen kann.

Dass dies kein so einfacher Willensakt ist, wie es die Väterforschung suggeriert, haben wir in unseren qualitativen Vorstudien 2008/2009 (vgl. Bernhard/Böhnisch 2012) zur Südtiroler Männerstudie erlebt. In narrativen Interviews wurden 128 Männer aus zwei Altersgruppen und danach vertieft 32 Väter zu verschiedenen Lebensbereichen und dabei eben auch zu Arbeit, Mannsein und Vaterschaft befragt. Insgesamt war verblüffend, dass sich die jüngeren Männer in ihren diesbezüglichen Einstellungen gar nicht so sehr von den älteren unterschieden (nur stärker bei den Einstellungen zur Vaterschaft). Dies bestätigen auch die Befunde der letzten deutschen Männer-Repräsentativstudie (Volz/Zulehner 2009), die eine gewisse Resistenz in den Kernbereichen des Mannseins konstatiert. Dies weist auf sozialstrukturelle Bedingungen hin: Zwar sind die männlichen Einstellungen zu Partnerschaft und Vaterschaft deutlich in Bewegung, aber die Intensivierung der Arbeit hält bei vielen Männern weiter an, und so erweist sich die ungleiche geschlechtsspezifische Arbeitsteilung in den Familien in ihren Grundzügen doch wieder als strukturresistent.

Die meisten der befragten Südtiroler Männer kann man – misst man sie an der Typologie von Volz und Zulehner – als »teiltraditionale« bis »moderne« Männer bezeichnen. Indiz dafür ist vor allem, dass die große Mehrheit der qualitativ Befragten im Geschlechterverhältnis eine Kultur des Entgegenkommens leben will und Frauen durchaus als Vorgesetzte und gleichwertige Arbeitskolleginnen respektiert. Kompetenz und Leistung sollen in Arbeit und Politik zählen, nicht das Geschlecht. Diese Tendenz bestätigt sich auch in der Südtiroler Repräsentativstudie. Männerbündlerische Einschläge gibt es höchstens dort, wo gefragt wird, ob es nicht doch manchmal starke Männer in der Politik bräuchte. Das finden wir auch in der sächsischen Studie. In der repräsentativen Südtiroler Männerstudie gibt überdies die Mehrheit der Befragten (hier: der Väter) an, dass sie sich um ihre kleinen Kinder bis ins Wickeln hinein kümmern, fürsorglichen und liebevollen Kontakt zu ihnen suchen, obwohl aus derselben Befragung auch erschlossen werden kann, dass die meisten unter der Woche wenig Zeit dafür haben. Demnach bestimmt also die Intensität am Wochenende ihr Antwortverhalten? Ähnlich sieht es bei den meisten der befragten sächsischen Männer aus. Wie soll man das interpretieren? Hier zeigt sich die Problematik quantitativer Einstellungsstudien. Die befragten Männer möchten in der Mehrzahl moderne Männer sein (das wird doch heute erwartet), und in dieses Bestreben ordnen sie ihr familiales Engagement ein, wodurch es sein eigenes Gewicht bekommt, auch wenn es nur am Wochenende stattfinden kann (vgl. dazu auch Wengler et al. 2008). Hier zeigt sich wieder das Erklärungsmodell von Koppetsch und Burkhart (1999). Viele Männer orientieren sich in Öffentlichkeit und Betrieb am Gleichheitsdiskurs und Befragungen symbolisieren ja in gewisser Weise jenen öffentlichen Mainstream und seinen medialen Diskurs, dem man sich nicht entziehen kann, wenn man heute »mithalten« will. Dies kann leicht die Realität der familialen Alltagspraxis überformen, die dann im subjektiven Erleben entsprechend angeglichen wird.

Zwischen Wunsch und Verwehrung

Nun kann man einwenden, dass es auch viele Väter gibt, die mit der Zeit, die sie ihren Kindern widmen können, zufrieden sind. In den von uns erwähnten Studien sind es ungefähr ebenso viele wie jene, die vor allem unter der Woche mehr Zeit dafür haben möchten. Nicht nur Wochenendvater sein, wie es als Klage in der St. Gallener Väterstudie (2010) zum Ausdruck kommt, sondern auch im Alltag am Familienleben teilhaben. Hier teilt sich die Männerwelt, aber auch die Männerforschung. Gerade in der neueren entwicklungspsychologischen Väterforschung kommt der Wochenendvater gar nicht so schlecht weg. Er zeige hier eine interaktive Präsenz, die die Kinder so von der Mutter nicht erfahren können, sei der anregende und fordernde Spielpartner und vermittle soziale Kompetenzen, die für die Kinder biografisch prägend sein können. Dies sei mitunter entscheidender für die Entwicklung der Kinder als die zeitliche An- oder Abwesenheit des Vaters (vgl. Grossmann 2008).

Demgegenüber macht die gendersensible Väterforschung darauf aufmerksam, dass es die Möglichkeiten der Alltagsidentifikation mit dem Vater sind, die das Vaterbild und darin vor allem das Männerbild der Kinder formen. Gerade Jungen erhielten über die »Event-Väter« eine einseitige Vorstellung von starker Männlichkeit, es könne sich schon frühzeitig eine Idolisierung des Männlichen (und darin Abwertung des Weiblichen) entwickeln, die später in der Gleichaltrigenkultur der Jungen und durch die Medien noch verstärkt würden. Es gehe übrigens auch nicht einfach um die zeitliche Abwesenheit des Vaters, sondern um die Art und Weise, wie er in die Erwerbsarbeit eingeschlossen ist, wie seine männliche Identität durch Arbeit bestimmt und dadurch sein Zugang zur Familie geformt ist. Auch wenn die Mütter berufstätig sind, seien sie es doch, die weiter den Hauptteil der alltäglichen Haus- und Beziehungsarbeit trügen, und dies sei doch ein Indiz dafür, dass die Männer nicht nur zeitlich, sondern gerade in ihrer männlichen Identität einseitig an die Arbeitsrolle gebunden seien. Dies lässt sich auch aus der Emnid-Studie 2011 herauslesen, die auf den ersten Blick zu diesen Thesen gegenläufig erscheint, weil 59% der in Deutschland repräsentativ befragten Männer und Frauen den »männlichen Alleinverdiener« als »Auslaufmodell« einstufen (40% sehen seine Bedeutung gleichbleibend bis zunehmend). Schaut man nach den Gründen, so steht an erster Stelle der wirtschaftliche Zwang. Die Partnerin muss mitverdienen, damit das Einkommen reicht. Nur 13% begründen die gemeinsame Berufstätigkeit mit der Gleichberechtigung von Mann und Frau.

Dass Frauen Karriere wie die Männer machen sollten, erachten in Westdeutschland nur 5%, in Ostdeutschland immerhin 17% als wichtig. Dies zeigt, dass trotz des erwarteten Rückgangs des männlichen Alleinverdiener-Modells die männliche Identitätsbindung an die Arbeit (Karrierebezug) nach wie vor besteht.

Auch in unseren Studien kommt dies häufiger implizit und explizit zum Ausdruck. Das wirtschaftliche Argument tritt immer wieder hervor. Die meisten der Männer, die sich vorstellen können, für längere Zeit zu Hause zu bleiben, täten es nur, wenn die Partnerin wesentlich mehr als sie verdienen würde. Hinzu kommt immer wieder die männliche Befürchtung, aus der Karrierebahn geworfen zu werden, die dem Wunsch nach mehr Teilhabe an Familie entgegensteht.

Wenn wir weiter auf die qualitativen Befragungen unserer Südtiroler Vorstudie schauen, in denen die Männer ins Erzählen kamen und sich nicht an vorgegebenen Antwortkategorien orientieren mussten, wird dieses Nebeneinander, diese Gleichzeitigkeit von Wunsch und Verwehrung deutlich. So wurde in der Väterstudie die Eingangsfrage gestellt, warum – nach Meinung wie Erfahrung des Befragten – so wenige Männer eine längere (bis zu einem Jahr) Elternzeit in Anspruch nehmen. Die folgenden Antworten zeichnen ein für die Gesamttendenz der Aussagen exemplarisches Bild: *»Ich habe von dieser Regelung gehört, dass der Vater zu Hause bleiben kann und die Mutter dann arbeiten geht. Ich höre immer wieder, dass diese Regelung ernst genommen wird, doch hier in meiner Gegend habe ich noch keinen Vater gesehen, der den Vaterschaftsurlaub beantragt. Doch wie man im Fernsehen so hört, wird diese Regelung von immer mehr Vätern ernst genommen. Ich vertrete die Meinung, dass mehr Väter dies beantragen, die in einer höheren Gesellschaftsebene leben, das heißt, wo beide Eltern dem gleichen Beruf nachgehen wie zum Beispiel Lehrer oder Lehrerin. Die Gründe dafür, dass die Männer diese Regelung nicht ernst nehmen, sind, dass immer noch die Frau als Hausfrau gesehen wird, und dass der Mann das Geld nach Hause bringt. Wenn das Kind noch ganz klein ist, kann die Frau mit ihm geschickter als der Mann umgehen.«*

Eine nahezu exemplarische Aussage zur Rollenverteilung von Vater und Mutter liegt in der folgenden Antwort eines Vaters aus der qualitativen Väterstudie: *»Ich glaube, dass beide Elternteile für die Kinder gleich wichtig sind und auch denselben Stellenwert haben. In Herzensangelegenheiten, emotionalen Begebenheiten und gefühlsbetonten Gesprächen glaube ich, wird zu allererst die Mutter kontaktiert, der Familienvater in Krisensituationen, bei materiellen Wünschen und Problemen.«*

Ein anderer Vater sieht die besondere Nähe der Mutter zu den Kindern aus der frühkindlichen Mutter-Kind-Symbiose heraus auch für später erhalten: *»Die Mutter ist die Mutter. Sie hat das Kind ausgetragen und von vornherein ein ganz anderes und besonderes Verhältnis zu ihrem Kind. Speziell am Anfang aber auch später behält die Mutter ihre besondere Stellung. Mutter und Kind haben schon eine Vergangenheit, von der Natur gegeben, wenn das Kind geboren wird. Der Vater hingegen startet praktisch bei Null. Ich habe zwar schon vor der Geburt versucht, meine Präsenz dem Kind zu vermitteln, zum Beispiel durch Berührung des Bauches und durch meine Stimme. Irgendwo präsent bin ich schon gewesen, aber nicht vergleichbar mit der Mutter.«*

Die Abhängigkeit des Vaters von der Arbeit kommt immer wieder zur Sprache. Mehrmals wird darauf hingewiesen, dass es gerade im privatwirtschaftlichen Bereich im Gegensatz zum öffentlichen Dienst fast unmöglich sei, für einen Vaterschaftsurlaub auszusteigen. Breit vertreten ist auch die Meinung, dass, solange die Männer den besser bezahlten Job haben, die Frauen in der frühkindlichen Phase zu Hause bleiben sollten: *»Ich glaube, dass viele Männer den Anspruch auf Vaterschaftsurlaub nicht annehmen, da sie oft eine bessere Arbeit haben. Dazu muss man auch sagen, dass auch bei gleicher Arbeit Männer oft mehr verdienen als Frauen. Zum Beispiel bei der Arbeit als Kellner oder auch in der Privatwirtschaft.« Und er fügt hinzu: »Wenn die Frau eine bessere Arbeit hätte als der Mann, würde ich den Vaterschaftsurlaub schon in Betracht nehmen. Wenn dies bei uns der Fall gewesen wäre, hätte ich damit kein Problem gehabt, in Vaterschaftsurlaub zu gehen.«*

In diesen Antwortbahnen ist durchgängig die Tendenz zu erkennen, dass die Männer von der Vorstellung angezogen sind, eine längere Elternzeit zu nehmen, dies aber im fast gleichen Atemzug wieder verwerfen und sich mit Neutralisierungen und Rationalisierungen – Zwangslage Arbeit, »natürliche« Eignung der Frau – weiterhelfen. In der Sächsischen Männerstudie wird diese in sich oft widersprüchliche Einstellungsschichtung auch quantitativ (über Korrelation) deutlich. Dort heißt es zum einen: »Aus mehrheitlicher Sicht der Männer beteiligt sich der Vater selbstverständlich und gleichermaßen am Erziehungsprozess, wobei es für den Großteil der Befragten keine geschlechtsspezifische Trennung der anfallenden Aufgaben gibt« (Sächsische Männerstudie 2009, S. 39). Gleichzeitig werden im Befragungsverlauf unterschiedliche Begabungen der Geschlechter teilweise mehrheitlich bejaht. Als Kontrollaussage kann hier die Antwort gelten, dass fast zwei Drittel der befragten Männer zumindest in der Tendenz der Behauptung zustimmen, dass sich Frauen eher für den Haushalt eigneten. Dort läuft aber meist der alltägliche Erziehungsprozess ab. Auch kann sich nur ein gutes Drittel der Männer vorstellen, ohne Bedingungen »Hausmann« zu sein. So zeigt sich, auch in den Südtiroler Interviews, dass die Männer hauptsächlich an den Erziehungs*entscheidungen,* viel weniger aber an der alltäglichen Erziehungsarbeit beteiligt sind.

In den meisten Antworten scheint eben durchwegs wieder auf, wie stark die Väter von Arbeit und Beruf beansprucht werden. Die wöchentlichen Arbeitszeiten liegen bei den in der qualitativen Südtiroler Männerstudie Befragten einschließlich der Anfahrtszeit zwischen 40 und 60 Stunden, wobei der Durchschnitt bei 48 Stunden liegt. Einige haben unter der Woche abends Zeit, die Kinder noch ins Bett zu bringen oder ihnen etwas vorzulesen. Dennoch vermitteln die Interviews den Eindruck, dass die Väter glauben, dass sie relativ viel Zeit auch unter der Woche mit den Kindern verbringen, indem sie alle Zeit dazurechnen, in der sie die Kinder zumindest sehen. An der alltäglichen Familienarbeit hängen aber auch bestimmte Erziehungsverpflichtungen, die Präsenz verlangen. Dies sollte mit der Frage aufgeschlossen werden, wer von den Partnern normalerweise zu den Elternabenden des Kindergartens oder der Schule geht. Meist, bis auf wenige Ausnahmen, sind es die Frauen der Befragten, die zum Elternabend gehen. Eine exemplarische Aussage zu diesem Komplex: *»Zu den Elternabenden geht normalerweise die Mutter, meine Frau. Aus zeitlichen Gründen schaffe ich es einfach nicht, bei den Elternabenden teilzunehmen, obwohl es mich schon oft interessieren würde. Aber wir bereden dann alles gemeinsam zu Hause und meine Frau erzählt mir über die Elternabende und so weiter. Von den Veranstaltungen in der Schule oder im Kindergarten weiß ich Bescheid. Aber auch dort schaffe ich es zeitlich nicht, teilzunehmen. Die Kinder erzählen mir abends, wenn ich früher nach Hause komme oder am Wochenende sehr viel über die Geschehnisse in der Schule. Ich spreche dann sehr gerne mit meinen Kindern über die Geschehnisse, die sie mir erzählen. Ich denke, dass es auch für die Kinder sehr wichtig ist, über solche Sachen mit beiden Elternteilen zu reden und nicht nur mit der Mutter. Ich erkläre es meinen Kindern und sie verstehen auch, dass ich nicht immer oder so oft bei den Veranstaltungen teilnehmen kann.«*

Außerhalb der Familie

Um die Einstellung der Männer zur geschlechtstypischen Arbeitsteilung weiter gewichten zu können, haben wir auch den außerfamilialen Erziehungsbereich herangezogen. Die Tatsache, dass der Erzieherberuf im Kindergarten fast nur von Frauen und kaum von Männern ausgeübt wird, erschien den meisten der Befragten erst einmal als selbstverständlich. Erst im Verlauf der Interviews gab es doch einige Nachdenkeffekte. Als Gründe wurden angeführt: Die Kindergärtnerinnenrolle liegt der Mutterrolle am nächsten, frühkindliche Erziehung obliegt den Frauen, sie eignen sich dafür besser; KindergärtnerIn ist in unserer Gesellschaft ein typischer Frauenberuf. Männer scheuen diesen Beruf, weil er nicht angesehen ist und keine Karriere verspricht. Frauen kommt der Beruf im Hinblick auf die Vereinbarkeit von Beruf und Familie entgegen. Frauen haben eine »natürliche Bestimmung«

für diesen Beruf: *»Frauen haben einfach mehr Gefühl und Geduld als Männer. Sie können besser mit kleinen Kindern umgehen, schon die Stimme ist zärtlicher. Sie sind auch fleißiger und tüchtiger.«* Ein anderer: *»Die Kinder erleben die Mutter in der Hauptrolle, wenn sie den Alltag und die Erziehung strukturiert. Dies ist meiner Meinung nach der Grund dafür, dass mehr Frauen im Kindergarten und in der Schule arbeiten. Ich finde es natürlich nicht gut, dass vor allem Frauen diesen Beruf ausüben, denn die Jungen brauchen ja auch Vorbilder. Ich denke, dass sich dieses Problem in der Mittelschule noch deutlicher macht, da sich die Kinder dort in einer hohen Entwicklungsphase befinden und in diesem Alter männliche Vorbilder eine große Rolle spielen.«* Ein anderer meint, dass sich KindergärtnerIn inzwischen so stark als Frauenberuf etabliert und eingeschrieben hat, dass er Männern kaum noch zugänglich ist: *»Ja, das kann man nur darauf zurückführen, dass der Erzieherberuf schon seit Jahrzehnten ein typischer Frauenberuf ist. Ich bin mir ganz sicher, dass einige Männer am Berufsbild selbst sehr interessiert wären. Sie würden aber in eine Berufswelt eintreten, die sehr stark von Weiblichkeit geprägt ist und diese starke weibliche Dominanz die ›Männlichkeit‹ des Mannes zerstören würde oder eben ihm das Gefühl geben würde, kein wirklicher Mann zu sein. So erklär ich mir dieses Phänomen. Aber schade ist es schon, wenn man darüber nachdenkt.«*

Wenn man darüber nachdenkt ... In vielen Antworten zeigt sich, dass diese Männer in einem gewissen Zwiespalt sind: Sie möchten den Frauen entgegenkommen, gleichzeitig aber – da die Männerrolle eng mit der Arbeit verbunden ist – die Ernährerrolle doch nicht gerne aufgeben. Sie möchten auch im Alltag näher bei den Kindern sein, aber da ihnen dies verwehrt ist, greifen sie auch wieder zu traditionellen Rollenzuschreibungen, wie der von der naturgegebenen Mutterrolle. Aber das kann man nicht einfach als Retraditionalisierung bezeichnen. Es sind eher Versuche, handlungsfähig zu bleiben, Bedürftigkeiten zu überspielen. Teiltraditionelle, moderne und suchende Elemente vermischen sich. Das ist auch ein Resümee der Sächsischen Männerstudie. So bleiben die Männer dann doch wieder im Gleichgewicht. Angesichts dieser bewältigungsvariablen Mischungen machen Typenbildungen (wie moderner Mann, traditioneller Mann, suchender Mann etc.) eigentlich keinen Sinn.

In der Konsumwerbung findet die Bedürftigkeit der Männer ihre Anerkennung und gleichzeitig ihre Befriedung. Mit männlicher Sehnsucht nach familialen und sorgenden Gefühlen wird virtuos gespielt. In zunehmend mehr Spots erscheint der sorgende Familienmann, der die Seinen liebt und zu ihnen hält, sich dabei aber gleichzeitig und weiter an arbeits- und erfolgszentrierten Männerbildern orientieren kann. Die Werbung spiegelt die Unentschiedenheit heutiger Männeridentitäten. Aber eben auch die Gleichzeitigkeit: Den Erfolgs- und Verdrängungsdruck vom Job her und die Wünsche nach Nähe, Geborgenheit, die durch den Arbeits- und Konkurrenzdruck immer wieder verwehrt werden. Hier könnte man vom »fragilen Mann« sprechen. Aber die Werbestrategen wollen nicht diesen Bruch darstellen. Der Mann in der Werbung ist kein Opfer, sondern Akteur. Er spürt den Zwiespalt, setzt sich aber jugendlich oder cool darüber hinweg. Ein Vater kommt mit seinem neuen Caravan zu Hause an, der Sohn sitzt im Fond. Selbstvergessen streichelt der Vater das Lenkrad, betrachtet fröhlich-ehrfürchtig die Ausstattung. Er steigt aus, streicht zärtlich über den Wagen. Der Junge fragt auf einmal: »Liebst du dein Auto mehr als mich?« Der Vater lacht. »Natürlich nicht, Sebastian äh Fabian äh nein ...« Endlich trifft er den Namen seines Sohnes und nimmt ihn in die Arme. Oder der Vater, der seinem Sohn ins Wohnzimmer hineinruft, dass er ihm doch einen Wahnsinnswagen versprochen habe, wenn er einmal 18 geworden ist. Der Wagen sei jetzt da, stehe vor der Tür. Bis der Sohn den Führerschein habe, könne er, der Vater, dieses Auto ja ein bisschen einfahren. Das Wohnzimmersofa wird eingeblendet, darauf sitzt der Sohn – ein Baby, das juchzt. Oder die junge Frau, die spätabends diese wunderbare Quarkspeise isst und dabei an ihren Mann denkt, der noch im Büro vor dem Computer malocht. Sie ruft den Heimdienst an und lässt ihm auch einen Quarkbecher bringen.

Er strahlt: Das geht ja doch zusammen, im Job rund um die Uhr verfügbar zu sein und dabei doch geliebt und versorgt zu werden.

Die Konsumwerbung ist mehr als nur Verkaufssache. Es werden ja nicht einfach Produkte beworben, sondern es werden Lebensstile und Events mit dem Produkt verknüpft. Man kann so wunderbar Konflikte und Hilflosigkeiten überspielen. Das kommt vor allem Männern entgegen, die sowieso nicht gern von sich reden, lieber von sich reden machen. In der Werbung haben sie alles unter Kontrolle und sind dabei immer erfolgreich. Fast alles. Im Haushalt, in der Küche regiert weiter die Frau. Gut, er darf ja helfen. Aber sie bleibt die Herrscherin, führt ihn zuweilen vor. Vileda wisch und weg. Dafür übernimmt er bei allem, was mit Reparatur, Haus- und Gartenbau zu tun hat, die Initiative. Die Baumärkte haben die Männer auch zu Hause wieder stark gemacht. Hausarbeit kann ohne Weiteres als »Arbeit am Haus« verstanden, die männliche Arbeitsrolle muss damit auch daheim nicht aufgegeben werden.

Der sich sorgende Vater – Eine ambivalente Befindlichkeit

Neuere Männerstudien wie die unsrige zeigen dennoch, dass inzwischen auch die Männer ihr Vereinbarkeitsproblem haben (vgl. in der Übersicht Scholz 2009). Traditionell wurde die Frage der Vereinbarkeit zwischen Familie und Beruf als alleiniges Problem der Frauen gesehen. Der bedürftige Mann, so wie er sich im männlichen Vereinbarkeitsdilemma zeigt, passt aber nicht in eine Ökonomie, die in ihrem externalisierenden Wachstumsdrang mehr denn je den verfügbaren Mann, den »abstract worker« braucht, der ohne Rücksicht auf soziale Bindungen einsetzbar, »flexibel« ist. Für die Mehrheit der Befragten in der Sächsischen Männerstudie sind die Zufriedenheit mit der Arbeit und die Lebenszufriedenheit eins. Das macht sie ansprechbar – siehe die Beispiele der Werbung – für die Vereinbarkeitsillusion, in der die Bedürftigkeit aufgeht. So wird sie nicht sichtbar und dort, wo sie für den Mann spürbar wird, kann sie – durchaus subjektiv befriedigend – abgespalten, muss sie nicht thematisiert werden. Nur wenige Männer – das zeigen unsere Studien – suchen Beratung. Erst wenn die männliche Identitätsbrücke Arbeit bricht und damit auch die Vereinbarkeitsillusion und die Angst aufkeimt, ohne die Arbeit gehöre einem auch die Familie nicht mehr, wagen manche den Weg zur Männerberatung.

In dieser Bedürftigkeit als meist nicht bewusster, also tiefenpsychisch wirksamer Gleichzeitigkeit von Wunsch und Verwehrung sehe ich ein verdecktes psychodynamisches Antriebsmoment der männlichen Lebensbewältigung in einer fortschreitend externalisierenden Arbeitsgesellschaft. Ökonomisch gesehen macht sie die Männer verfügbar, erzeugt das Paradox, dass sie sie noch mehr an die Arbeit gebunden sind, je mehr sie sich in die Familie hineingezogen fühlen. In unseren Männerstudien haben wir – mehr oder minder ausgeprägt – den sich sorgenden Vater erlebt. Aber die Sorge gehört nicht ihm, solange er sie so schwer thematisieren kann. Eine öffentliche männliche Kultur der Sorge scheint ökonomisch kontraproduktiv zu sein, dem Idealtyp des sozial entbetteten »abstract worker« entgegenzustehen. Die Sorge, das Medium sozialer Bindungen, soll weiter den Frauen vorbehalten bleiben. Dies ist die emotionale Seite der geschlechtshierarchischen Arbeitsteilung. Wo sich Sorge unter den Männern breitmacht, soll sie in derselben Sphäre aufgefangen werden können, in der der Mann hauptsächlich vergesellschaftet ist: in der Sphäre der Erwerbsarbeit und des Marktes. Nur keine Spaltungen.

Dem kommt der Umstand entgegen, dass im neuen Kapitalismus die Sorge marktfähig geworden ist. Die heutige ökonomische Dynamik setzt Sorge frei und kapitalisiert sie gleichzeitig wieder. So kann Sorge zu einem Vergesellschaftungsmodell werden, das nicht mehr neben der oder gegen die Ökonomie steht. Sorge kann damit auch zum Modell sozialer Integration werden. An solche Paradoxien können wir uns zwar schwer gewöhnen, aber sie gehören zu den Charakteristika dieser ökonomisierten zweiten Moderne. Im so verstandenen Sinne treibt Sorge gleichzeitig auseinander wie sie zusammenschweißt. Wann und wie das jeweils geschieht, ist nicht bestimmbar. Deswegen ist Sorge nicht kalkulierbar; sie ist offen und anfällig, schürt die Sehnsucht nach traditionellem Halt und eben auch immer wieder nach »geerdeter«, starker Männlichkeit.

Die Zukunftsforschung ist gespalten, was die weitere Entwicklung der Arbeit anbelangt. Die einen erwarten einen radikalen Umbruch der Arbeitsgesellschaft, in der das tradierte Lebenslaufmodell der Karriere flexiblen Mischformen von Familien- und Arbeitszeit weichen wird. Andere dagegen sehen eine Intensivierung und darin Verstärkung der wachstumsfixierten kapitalistischen Wirtschaftsweise im globalen Standortwettbewerb voraus und damit auch einen steigenden Verfügungsdruck, dem weiterhin die Männer am stärksten ausgesetzt sein werden. Die männliche Vereinbarkeitsfrage wird also auch in Zukunft nur zum Teil eine private, vor allem aber eine gesellschaftliche sein.

Literatur

Bernhard, A. & Böhnisch, L. (2012): Südtiroler Männerbuch (in Vorbereitung)

Böhnisch, L.; Lenz, K. & Schröer, W. (2009): Sozialisation und Bewältigung. Weinheim (Juventa).

EMNID-Institut (2011): Männliche Alleinverdiener als Auslaufmodell. Bielefeld.

Grossmann, K. (2008): Vater-Kind-Bindung und die Rolle der Väter in den ersten Lebensjahren ihrer Kinder. In: Ahnert, L. (Hg.): Frühe Bindung. Entstehung und Entwicklung. München (Reinhardt), S. 240–255.

Grunow, D. (2007): Wandel der Geschlechterrollen und Vaterhandeln im Alltag. In: Mühling, T.& Rost, H. (Hg.): Väter im Blickpunkt. Opladen (Barbara Budrich), S. 49–76.

Koppetsch, C. & Burkart, G. (1999): Die Illusion der Emanzipation. Zur Wirksamkeit latenter Geschlechtsnormen im Milieuvergleich. Konstanz (UVK).

Lenz, K. & Adler, M. (2011): Geschlechterbeziehungen. Einführung in die sozialwissenschaftliche Geschlechterforschung. Bd. 2. Weinheim (Juventa).

Pro familia St. Gallen (2010): »Was Männer wollen« – Vereinbarkeit von Beruf und Privatleben. St. Gallen (Pro Familia).

Sächsische Männerstudie (2009): Lebensthemen von Männern in Sachsen. Dresden (Männernetzwerk Dresden).

Scholz, S. (2009): Männer und Männlichkeiten im Spannungsfeld zwischen Erwerbs- und Familienarbeit. In: Aulenbacher, B. & Wetterer, A. (Hg.): Arbeit. Perspektiven und Diagnosen der Geschlechterforschung. Münster (Westfälisches Dampfboot), S. 82–100. Unter demselben Titel auch im Internet. URL: http:// aim-gender.ruendal.de/__oneclick_uploads/2009/03/scholz.pdf

Südtiroler Männerstudie 2010 (erscheint Bozen 2012).

Volz, R. & Zulehner, P.M. (2009): Männer in Bewegung – Zehn Jahre Männerentwicklung in Deutschland. Forschungsreihe des Bundesministeriums für Familie, Senioren, Frauen und Jugend. Bd. 6. Baden-Baden (Nomos).

Wengler, A. et al. (2008): Partnerschaftliche Arbeitsteilung und Elternschaft. In: Bundesinstitut für Bevölkerungsforschung. Materialien zur Bevölkerungswissenschaft Bd.127. Wiesbaden (Bundesinstitut für Bevölkerungsforschung).

www.asanger.de

Vorwort von Frank J. Robertz (Institut für Gewaltprävention und angewandte Kriminologie). Mit einem Beitrag von Gaby Breitenbach "In Konfrontation mit dem Trauma".

150 S., kt.
€ 19
(978-3-89334-548-9)

2007 wurde der 19-jährige Yvan grausam ermordet. Seine Eltern schildern in diesem Buch ihre Erfahrungen mit Medien, Justiz, Kirche und Politik. Sie stellen die Täterzentrierung in den Medien zur Diskussion und bringen einen neuen Aspekt in die Diskussion um Jugendkriminalität und Jugendstrafrecht.

200 S., kt.
€ 25,50
(978-3-89334-497-0)

Der Autor musste als Kind mit ansehen, wie sein Vater nach Auschwitz transportiert wird. Seine Autobiographie ist "eine dichte Beschreibung der Folgen einer durch den Nationalsozialismus traumatisierten Entwicklung, ... eine brilliante Selbstanalyse eines Intellektuellen". (Aus dem Vorwort von Prof. Dr. Wolfgang Benz, Berlin)

300 S., kt.
€ 24,50
(978-3-89334-493-2)

Dieses Buch "lädt ein, neugierig auf mehr Forschung und erweiterte Praxis zu werden. Alle, die mit traumatisierten süchtigen Frauen arbeiten und diese unterstützen wollen, können von der Arbeit der Autorinnen profitieren."
(Aus dem Geleitwort von Prof. Dr. Luise Reddemann)

220 S., kt.
€ 25,50
(978-3-89334-460-4)

"Wer als Patientin oder Patient, Kollegin oder Partner mit dem Thema sexueller Übergriffe in der Psychotherapie in Berührung kommt, wird hier aktuell, umfassend und sachkundig informiert. Dabei sind die Ideen und Vorschläge stets pragmatisch und anwendbar, ein Buch also, das konkrete Hilfe bietet." (www.socialnet.de/rezensionen/6264.php)

Asanger Verlag • Kröning
Dr. Gerd Wenninger, Bödldorf 3, 84178 Kröning, e-mail: verlag@asanger.de
www.asanger.de

Aus Forschung und Praxis

Liebe, Tod und Tanz

Eine tiefenhermeneutische Rekonstruktion des Films *Kirschblüten* von Doris Dörrie

Hans-Dieter König

Einleitung: Zur Fragestellung und zur Methode

Im Jahre 2008 wurde *Kirschblüten – Hanami* von Doris Dörrie ein sehr erfolgreicher deutscher Film. Zweifellos gab es auch erhebliche Kritik. So hieß es in der *FAZ* lapidar, Japan werde in diesem Film aus Rudis touristischer Perspektive gesehen. Und da »wir Japan schon oft [so] gesehen« haben, werde nicht klar, »warum uns das schon wieder gezeigt wird« (FAZ-NET, 7.3. 2008). In der *taz* hieß es ähnlich gelangweilt, dass Dörrie »wieder einmal [...] Figuren erschaffen« habe, »die weder sie noch der Rest der Welt sonderlich ernst nehmen muss« (13.2.2008). Und im New Yorker Magazin *The Village Voice* meinte Ella Taylor (2009) bissig, »das Beste«, das man zu dem Film sagen könne, sei, »dass er mit Liebe gemacht«, und »das Schlechteste«, »dass er in Deutschland ein großer Hit gewesen« sei. Wer sich dagegen emotional einlassen konnte, schätzte den Film ganz anders ein. So sprach Thomas Neuhauser (2008) im Fernseh-Magazin *Arte* von einem »heiter-melancholischen Film«, bei dem »man wunderbar weinen und sich gleichzeitig sehr wohl und aufgehoben fühlen« könne. Tobias Kniebe (2008) begeisterte sich in der *Süddeutschen* für die Vorstellung, dass Dörrie »Weisheit« mit »Lässigkeit« zu verbinden wisse:

> »Wenn sie zu ihren finalen Bildern kommt, Bildern von beinah unwirklicher Schönheit, hält man ungläubig den Atem an: weil sie die Größe hat, diesen Triumph so gar nicht auszukosten, weil sie den Moment mit einer Leichtigkeit wieder ziehen lässt, dass man ihn festhalten will wie eine kostbare Erscheinung, wie das Glück selbst.«

Und die Filmpublizistin Ines Walk (2011) kommentierte, dass »diese Geschichte [...] so intensiv, ergreifend und glaubwürdig erzählt« sei. Sie habe »selten so einen wunderschönen Film über die Trauer und die Liebe gesehen«.

Es interessieren an dieser Stelle nicht die gleichgültigen und zynischen Rezensionen, in denen kein emotionaler Zugang zu diesem Film gelingt oder ein affektives Verstehen aggressiv abgewehrt wird. Vielmehr soll die Frage, wodurch der Film viele ZuschauerInnen affektiv berühren und faszinieren konnte, mithilfe der von Alfred Lorenzer (1986) begründeten und von mir weiterentwickelten (vgl. König 2000, 2001) Methode der tiefenhermeneutischen Kulturanalyse untersucht werden. Mithilfe dieser Verfahrensweise psychoanalytischer Kulturforschung lassen sich die im dramatischen Gefüge dieses Films inszenierten Lebensentwürfe[1] analysieren, die bewusste und unbewusste Erlebnisschichten der ZuschauerInnen wecken und sie teilweise so bewegen, dass sie nachdenklich werden, zu Tränen gerührt sind oder gar einen Impuls zu handeln verspüren. Wenn der Filmrezensent Peter Zander (2011) meint, der Film könnte den Wunsch wecken, »sich wieder mehr um seine Eltern zu kümmern« oder »sich mehr auf den Partner einzulassen«, dann wird fassbar, wie verhaltenswirksam die im Film arrangierten und die Affekte des Publikums ansprechenden Lebensentwürfe sein können.

Die tiefenhermeneutische Kulturforschung wendet das in der therapeutischen Praxis der Psychoanalyse entwickelte Verfahren des »szenischen Verstehens« (vgl. Lorenzer 1970) auf soziale Forschungsfelder an und modifiziert es dem neuen Forschungsgegenstand entsprechend: Wie in der therapeutischen Praxis der Analytiker die Worte des Analysanden auf der Grundlage ihrer Wirkung auf das eigene Erleben wirken lässt und sie von der eigenen Gegenübertragung her deutet, so bedient sich die tiefenhermeneutische Filmanalyse eines Verfahrens der Gruppendiskussion, bei der die InterpretInnen sich der Wirkung des Filmes auf das eigene Erleben aussetzen und sich unter dem Eindruck ihrer emotionalen Reaktionen (Gegenübertragungen) der freien Assoziation überlassen. Die sich so entwickelnden Lesarten werden in der Gruppe erörtert und im Rückgriff auf den Film so lange überprüft und korrigiert, bis sich aus den verschiedenen Verstehenszugängen eine Deutung konstruieren lässt[2]. Und so wie Freud (1900) in der *Traumdeutung* den latenten Traumgedanken mithilfe der Assoziationen erschließt, die der Analysand zum manifesten Trauminhalt entwickelt, so tauschen sich die TeilnehmerInnen der tiefenhermeneutischen Gruppeninterpretation über ihre Assoziationen zum Film aus und lassen sich von ihren Irritationen leiten. Mit dem Begriff der »Irritation« hebt Lorenzer (1990) auf die emotionalen Reaktionen der Rezipienten auf die Ungereimtheiten, Widersprüche und Inkonsistenzen des Films ab, die einen Zugang zu dem hinter dem manifesten Sinn verborgenen latenten Sinn erschließen. Während der manifeste Sinn des Films durch die bewussten Lebensentwürfe bestimmt wird, die sich im Einklang mit der herrschenden Moral artikulieren, verschaffen sich auf der latenten Bedeutungsebene jene Lebensentwürfe einen Ausdruck, die noch nicht bewusst geworden sind oder aufgrund ihrer sozialen Anstößigkeit wieder verdrängt werden, sich freilich in Konfliktsituationen hinter dem Rücken des bewussten Selbstverständnisses verhaltenswirksam durchsetzen können.

Der Film *Kirschblüten – Hanami* wurde im Rahmen eines Forschungsprojektes analysiert, das mit der Lehre am Fachbereich Gesellschaftswissenschaften der Johann Wolfgang Goethe-Universität Frankfurt am Main verknüpft wurde. So wurde der Film gemeinsam mit Studierenden der Soziologie und Politologie szenisch rekonstruiert, die im Rahmen des im Sommersemester 2009 und im Wintersemester 2009/2010 durchgeführten Emiriepraktikums Scheine in Sozialpsychologie erwarben. Vor dem Hintergrund der Einfälle, Irritationen, Verstehenszugänge und Deutungsversuche, zu denen die tiefenhermeneutische Gruppeninterpretation mit den Studierenden geführt hat, wird *Kirschblüten* nun einer eingehenden tiefenhermeneutischen Fallrekonstruktion unterzogen. Nachdem der Film mithilfe einer Inhaltsangabe vergegenwärtigt worden ist (Teil I), wird er einer szenischen Interpretation unterzogen, die in der Umgangssprache das sich in der Spannung zwischen einem manifestem und einem latenten Sinn entfaltende Bedeutungsgefüge des Films rekonstruiert (Teil II). Schließlich wird die Frage analysiert, welche allgemeine Bedeutung dem Film beizumessen ist, indem die durch den Interpretationsprozess gewonnenen Einsichten im Rückgriff auf die Konzepte der Psychoanalyse und der analytischen Sozialpsychologie theoretisch begriffen werden (Teil III).

I. Das Allgäu, die Kinder in Berlin, Trudis Tod und Rudis Reise nach Japan – Eine Inhaltsangabe

Der Film erzählt von einem seit 30 Jahren verheirateten Ehepaar, das im Alter von Mitte 60 in Bayern lebt: Rudi (Elmar Wepper) und Trudi (Hannelore Elsner) wohnen in einem Haus in Schongau. Während Rudi als Hauptabteilungsleiter bei der Abfallbeseitigung in der Kreisstadt Weilheim arbeitet, führt Trudi den Haushalt und versorgt ihn. Zwar behält sie die vertrauliche Mitteilung des Arztes, der Ehemann sei schwer krank, für sich. Aber sie folgt dem ärztlichen Rat, noch einmal etwas gemeinsam zu unternehmen. So bewegt sie Rudi dazu, die Kinder in Berlin zu besuchen. Während Karolin (Birgit Minichmayr) mit ihrer Freundin Franzi (Nadja Uhl) zusammenlebt, ist Klaus (Felix Eitner) mit Emma (Floriane Daniel) verheiratet und hat mit ihr einen Sohn und eine Tochter. Die Eltern werden damit konfrontiert, dass die Kinder kaum Zeit für sie haben. Allein Franzi, die Rudi und Trudi mag, kümmert sich um sie: Sie nimmt das Ehepaar Angermeier in ihrem Auto zu einer Stadtrundfahrt mit und begleitet Trudi zu einer Aufführung des japanischen Butoh-Tänzers Tadashi Endo.

Nach dem Besuch bei den Kindern in Berlin fährt das Paar auf Trudis Wunsch hin an die Ostsee. Als sie in der Nacht nach dem ersten Strandbesuch in der Pension nicht schlafen können, fordert Trudi ihren Mann zu einem Butoh-Tanz auf. Zwar lässt er sich darauf nur widerstrebend ein, jedoch kommen sich Trudi und Rudi durch das Tanzen so nahe, dass sie ihn am Ende küsst. In der darauf folgenden Nacht stirbt Trudi, nachdem sie sich selbst vor ihrem inneren Auge als weiß geschminkte Butoh-Tänzerin gesehen hat. Ein schrecklicher Schrei, der am nächsten Morgen aus ihrem Zimmer in den Flur dringt, offenbart, dass Rudi über Trudis plötzlichen Tod entsetzt ist. Nach der Trauerfeier, zu der auch Karl (Maximilian Brückner), der Lieblingssohn der Eltern, aus Japan angereist ist, fragt Franzi beim Leichenschmaus, was Rudi nun machen werde. Der Witwer antwortet, dass er sich daran gewöhnen müsse, und »fängt an zu weinen« (Dörrie 2008, S. 152).

An der Beisetzung der Urne von Trudi auf einem Friedhof im Allgäu nehmen die Kinder aus Zeitgründen nicht teil. Allein Franzi ist zur Urnenbeisetzung erschienen. Als Rudi ihr nach der Trauerfeier erzählt, seine Frau habe sich darüber gefreut, dass sie mit ihr die Aufführung des Butoh-Tänzers besucht habe, erzählt Franzi ihm, dass sie an diesem Abend »eine ganz andere Frau« kennengelernt habe (ebd., S. 159). Schließlich habe Trudi ja Butoh-Tänzerin werden und deshalb nach Japan gehen wollen, bevor sie sich für das Leben mit ihm entschieden habe. Rudi holt ein Album mit Fotos, die Trudi als junge Butoh-Tänzerin zeigen, und gesteht Franzi, dass ihm das Tanzen »peinlich« gewesen sei und er es nicht gewollt habe. So habe er sie hier im Allgäu »eingesperrt« (ebd., S. 156).

Als dem nun allein das Haus bewohnenden Witwer bewusst wird, dass er Trudi das Tanzen »unmöglich gemacht« hat und vor der Reise nach Berlin auch nicht auf ihren Wunsch eingegangen ist, nach Japan zu reisen, um die Kirschblüte und den Fuji zu sehen, bricht er erneut in Tränen aus (vgl. ebd., S. 157). Da er »zunehmend Angst« bekommt, »allein im Haus« zu sein (ebd., S. 156), fliegt er nach Tokio zu seinem Sohn Karl. Auch Karl hat nur »wenig Zeit« (ebd., S. 160). Daher setzt er den Vater am folgenden Tag in einer Skylounge ab, von der aus man einen grandiosen Ausblick auf Tokios Wolkenkratzer hat. Als der Sohn sein Versprechen nicht einlöst, den Vater später abzuholen, betrinkt Rudi sich. Nach Einbruch der Dunkelheit begibt er sich auf eigene Faust in das nächtliche Tokio und gerät in das Vergnügungsviertel: Er wird zunächst in einen Stripteaseclub gelotst, in dem er verzweifelt die ihre Miniröcke lüftenden Mädchen betrachtet, anschließend in einen Schaumclub gewunken, in dem zwei nackte Japanerinnen seinen Körper einseifen. »Sie reden süß auf ihn ein, und er fängt an zu weinen« (ebd., S. 163). Rudi findet mithilfe des Taschentuchs, das er an ein Geländer gebunden hat, wieder zu dem Hochhaus zurück, in dem sein Sohn wohnt. Da er das Klingelschild nicht lesen kann, schläft er vor dem Wohnblock auf dem Bürgersteig. Als Karl am nächsten Morgen mit Anzug und Aktentasche das Haus verlässt und auf der Straße auf seinen Vater stößt, regt er sich auf: »Bist du verrückt? Wo warst du denn? Ich habe mir solche Sorgen gemacht!« (ebd.) Damit sich so etwas nicht wiederholt, versorgt Karl seinen Vater mit einem Handy, über das er seinen Sohn stets erreichen kann, mit dem Bildwörterbuch *Point it* und mit einem »Schild, auf dem Rudis Name und seine Adresse in lateinischen und japanischen Buchstaben steht« (ebd.).

Als Rudi in Karls Appartement wieder allein ist, stößt er beim Switchen durch die Fernsehkanäle auf eine Aufführung des Butoh-Tänzers Endo, den Trudi in Berlin gesehen hat. Rudi ist auf einmal »vollkommen fasziniert« (ebd., S. 164). Er besinnt sich des zweiten Koffers, in den er die Kleider seiner Frau gepackt hat, und öffnet ihn. Wenig später unternimmt er einen Spaziergang, bei dem er unter seinem Mantel »einen Rock von Trudi über seiner Hose, ihre Strickjacke« und ihre Rubinkette trägt (ebd., S. 167). Mit den Worten: »Da, Trudi. Für dich«, zeigt er seiner Frau einen »wunderschön blühenden Kirschbaum« (ebd.). In einem Park, dessen Kirschbäume in voller Blüte stehen, begegnet Rudi der 18 Jahre alten Japanerin Yu (Aya Irizuki), deren Butoh-Tanz ihn wiederum fasziniert. Yu erklärt ihm, dass es sich um einen Schattentanz handelt und bringt ihm die Grundfiguren des Butoh-Tanzes bei. Schließlich reist Rudi mit Yu zum Fuji, den Trudi so gern gesehen hätte. Da der Berg von Wolken verdeckt ist, nimmt Rudi mit Yu ein Zimmer in einer Minshuku, einer für Japan typischen Familienpension am Fuß des Berges. Erst nach einer längeren Zeit des Wartens verziehen sich die Wolken. Rudi sieht den Fuji im Morgengrauen und begibt sich zum Ufer des Sees, von dem aus man den Berg in seiner ganzen Majestät sieht. Als er dort Butoh tanzt, kehrt seine Frau zu ihm zurück und lässt sich von ihm führen. Glücklich tanzt er mit ihr, bis er am Seeufer tot zusammenbricht.

II. Die sich zwischen manifestem und latentem Sinn entfaltende Bedeutungsstruktur des Films

1. Trudis Sorgen und ihr Alltag mit Rudi im Allgäu

Das sich im Film entfaltende Drama beginnt damit, dass zwei Ärzte mit Trudi sprechen, um ihr die Entscheidung zu überlassen, »ob Ihr Mann seine Diagnose verkraften würde« (ebd., S. 123). Trudi, die ein Szintigramm von Rudi in den Händen hält, ist zutiefst erschüttert. Der eine Arzt rät Trudi zu überlegen, »ob Sie nicht noch etwas zusammen unternehmen wollen … eine Reise … ein kleines Abenteuer …« (ebd.). Doch Trudi ist skeptisch: »Mein Mann hasst Unternehmungen. Reisen. Abenteuer. Ihm ist es am liebsten, wenn sich nichts verändert« (ebd., S. 124).

Trudi erläutert ihre Worte, indem sie den Alltag mit ihrem Ehemann schildert, den die Kamera sogleich in eine Folge von Bildern übersetzt: Rudi begibt sich stets um 7.28 Uhr mit dem Pendlerzug von Schongau nach Weilheim in die Kreisverwaltung, vollzieht während dieser Fahrt mit seinem Arbeitskollegen Zafer ein »kleines Ritual«, weil sie jeden Werktag nebeneinander sitzen, die Zeitung lesen und die Seiten tauschen, ohne ein Wort miteinander zu wechseln (ebd.). Sodann arbeitet er in seinem Büro als Hauptabteilungsleiter bei der Abfallbeseitigung. Um ein Uhr isst er das von Trudi geschmierte Brot und tut das, was sie nicht weiß – er wirft den seinem Imbiß beigefügten Apfel mit den Worten »An apple a day keeps the doctor away« seinem Kollegen Zafer zu, der ihn blind auffängt und isst (ebd.). Mit dem Zug kommt Rudi um 18.20 Uhr nach Hause, öffnet die Haustür und hängt seinen Hut auf.

> »Trudi nimmt ihm den Mantel ab, er zieht seine Schuhe aus, seine Hausschuhe an, Trudi nimmt ihm seine Anzugsjacke ab, gibt ihm seine Strickjacke. Ein eingespieltes Ritual.
> Trudi: Wie war dein Tag?
> Rudi: Mm. Und deiner?
> Trudi: Mm« (ebd., S. 125).

Die Filmsequenzen erzählen von einem in Routinen erstarrten Alltagleben, in dem sich alle Handlungen täglich wiederholen, sodass Trudi und Rudi beim Wiedersehen am Abend nur rhetorische Fragen stellen. Die Eheleute können sich selbst die Antwort geben, weil sie immer schon wissen, wie der andere den Tag verbracht hat. Dementsprechend wird sich morgen eine Neuauflage des Gleichen ereignen, das schon vorgestern geschehen ist. Da sich in dieser traditionellen Lebenswelt die Handlungen täglich auf eine zirkuläre Weise wiederholen, erstarrt die Geschichte in einer sich selbst genügenden Gegenwart, in der auch die geschlechtsspezifischen Unterschiede polarisiert reguliert werden: Während der Mann seiner Berufsarbeit nachkommt, übernimmt die Frau die Hausarbeit.

Der Vorschlag der Ärzte, noch einmal eine Reise zu unternehmen, weil Rudi an einer tödlich verlaufenden Krankheit leidet, weckt Trudis unerfüllte Träume, von denen sie zu Filmbeginn spricht:

> »Ich wollte immer mit ihm zusammen nach Japan fahren. Einmal den Fuji sehen. Die Kirschblüte. Mit ihm. Denn ohne meinen Mann etwas zu sehen, kann ich mir nicht vorstellen. Das wäre so, als hätte ich es nicht wirklich gesehen« (ebd., S. 123).

Aber als Trudi einen Besuch des Tegelbergs, von dem aus man die Alpenkette betrachten kann, nutzt, um Rudi ihren Wunsch anzuvertrauen, entwickelt sich folgender Dialog:

»RUDI: Der Fuji ist am Ende auch nur ein Berg.
TRUDI: Aber wir könnten Karl besuchen.
RUDI: Es ist billiger, wenn er uns besucht« (ebd., S. 129).

Rudi verschließt sich Trudis Wunsch, indem er vom besonderen Reiz des Fuji durch den Rückgriff auf die Vorstellung abstrahiert, dass Berge einander doch grundsätzlich gleichen. Trudi reagiert auf diese Ablehnung, indem sie einen weiteren Wunsch zur Sprache bringt: Sie könnten doch ihren Sohn Karl in Tokio besuchen. Auch diesen Wunsch lehnt Rudi mit dem Hinweis auf die Kosten ab.

Immerhin gelingt es ihr, ihren Mann zu einer Reise zu den Kindern nach Berlin und an die Ostsee zu überreden. Am Strand fragt Trudi ihren Mann, um den sie wegen seiner Krankheit ständig besorgt ist, was er »gern tun« würde, wenn sie »nicht mehr so viel Zeit« hätten?

»RUDI: Ach, dieser Satz: Leb jeden Tag so, als wäre es dein letzter. Ist doch Quatsch. Was sollten wir denn anderes tun? Ich sag dir was: Ich würde nichts anderes tun. Gar nichts. Ich würde morgens in die Arbeit gehen und abends zu dir nach Hause kommen, das würde ich tun.
Trudi nickt tapfer« (ebd., S. 146).

Die Vorstellung, jeden Tag so zu leben, als wäre es »der letzte«, ist für Rudi abwegig. Seine Gegenfrage: »Was sollten wir denn anderes tun?«, offenbart, dass er sich auch angesichts eines durch einen nahen Tod begrenzten Lebens nicht vorstellen kann, seinen Alltag anders zu gestalten. Das Leben ist für ihn einfach ein Reich der Notwendigkeit, in dem das zu tun ist, was getan werden »sollte«. Deshalb kann er sich kein Leben außerhalb seines durch die Arbeit strukturierten Alltags vorstellen. So wie Rudi die Ordnung Sicherheit gibt und er es liebt, jeden Tag pünktlich zur Arbeit zu fahren und abends immer zur gleichen Zeit heimzukehren, so bleibt ihm die Natur fremd. Als das Ehepaar am Meer entlangwandert, nörgelt Rudi, das Meer sei »auch nicht mehr das, was es mal war« (ebd.), und als Rudi nachts nicht schlafen kann, führt er das auf das Meer zurück, das »so laut« sei (ebd., S. 147). So bleibt Rudi die äußere Natur fremd. Wie er sich auf die Kirschblüte und den Fuji nicht einlassen kann, so passt ihm auch die Ostsee nicht.

Auf der manifesten Bedeutungsebene dieser Welterfahrung geht es darum, dass Rudi das durch die Arbeit reglementierte Leben liebt, im Zuge dessen sich wie bei der Fahrt mit dem Pendlerzug jeden Tag das Gleiche wiederholt und man sich stets auf denselben Gleisen bewegt, ohne dass man von der sozialen Welt und der äußeren Natur allzu viel mitbekommt, die am Fenster des Zugabteils vorbeifliegen. In dieser Welt hat Trudi eine ganz bestimmte Funktion: Sie wartet auf ihn, wenn er von der Arbeit kommt, sie bedient ihn, indem sie ihm Mantel und Anzugjacke abnimmt und ihm in seine Strickjacke hilft, und sie kocht für ihn Kohlrouladen zum Abendessen. Ob Rudi eine Reise nach Japan zu teuer, die Ostsee zu laut ist oder ob er darauf besteht, dass das Leben darin besteht, das zu tun, was man tun sollte, Trudi fügt sich und ordnet sich ihm unter.

Irritierend ist, dass Rudi das, was Freude bereiten könnte und was Trudi sich zutiefst wünscht, strikt ablehnt. Ihre Worte, ihr Mann »hasse« Unternehmungen oder Abenteuer, erschließen einen Zugang zum latenten Sinn dieser Lebenswelt. Unterdrückt und dementiert werden muss das, was unkontrollierbar erscheint und als fremd erlebt wird. So werden die Gefühle abgewehrt, die mit dem Sich-Einlassen auf neue Erfahrungen wie den Besuch der Ostsee oder Japans verbunden sein könnten. Was innerlich berühren und Affekte auslösen könnte, das wird auf die latente Bedeutungsebene einer Welterfahrung verbannt, in der nur die Arbeit zählt, das, was getan werden muss, und das, was so vernünftig erscheint wie das Sparen von Geld. Weil Trudis Traum von einer Japanreise mit Rudis Vorstellung von einer durch Arbeit, Leistung und Ordnung geregelten Lebenswelt kollidiert, muss sie ihre Wünsche aufgeben und daher auf eine latente Bedeutungsebene ihres Lebens verbannen. Infolgedessen ist zu fragen, ob sich nicht eine Reihe von Szenen, in denen Trudi traurig wirkt, als doppelbödig erweisen: Wenn Trudi bei der Rückkehr ihres Mannes von der Arbeit »entschlossen ein heiteres Gesicht« aufsetzt (ebd., S. 125), wenn sie ihn »bekümmert von der Seite« anblickt, während er sich an einer »dummen« Fernsehsendung erfreut (ebd., S. 126), wenn sie ihn nachts »voller Sorge und Angst« betrachtet (ebd., S. 128), dann geht es auf der manifesten Bedeutungsebene dieses Interagierens zweifellos darum, dass sie aufgrund der schweren Erkrankung ihres Mannes Angst um sein Leben hat. Doch da Rudi ihren Wunsch, nach Japan zu reisen, entschieden als zu teuer zurückgewiesen hat, der in Trudi aufgrund des ärztlichen Rates, doch noch einmal ein Abenteuer zu wagen, noch einmal auflebt, stellt sich die Frage, ob sie auf der latenten Bedeutungsebene dieses Interagierens nicht darum trauert, dass auch in dieser Lage ihre jahrzehntelang gehegte Sehnsucht, die Kirschblüte und den Fuji zu sehen, nicht in Erfüllung geht. Ob sich dieser Interpretationsversuch bestätigt, wird der weitere Verlauf der szenischen Interpretation zeigen. Halten wir im Augenblick fest, dass Trudi aufgrund ihrer Schwäche von ihrem Mann sehr abhängig ist und sich seinem Willen bedingungslos unterordnet: »Denn ohne meinen Mann etwas zu sehen, kann ich mir gar nicht vorstellen. Das wäre so, als hätte ich es gar nicht wirklich gesehen« (ebd., S. 123). Die Folge ist, dass Trudi leidet, weil sie aus Liebe zu ihrem Mann auf die Erfüllung eigener Wünsche verzichtet hat. Das vermag aber Rudi nicht wahrzunehmen, weil er ausschließlich mit sich selbst und seinem durch die Arbeit strikt geregelten Leben beschäftigt ist, in dessen Räderwerk die Ehefrau nur ein kleines Rädchen darstellt.

2. Besuch bei den Kindern in Berlin und Trudis Konfrontation mit dem Tod

Als Rudi und Trudi die Kinder überraschend in Berlin besuchen, heißen Klaus und Emma sie mit einem gedeckten Kaffeetisch willkommen. Die Eltern übernachten im Kinderzimmer, aus dem die Enkelkinder ausquartiert werden. Klaus grillt auf der Terrasse als Alternative zu den Weißwürstchen, die Rudi als Gastgeschenk mitgebracht hat, die von anderen Familienmitgliedern favorisierten Bratwürste. Und als Emma mit der flachen Hand eine Fliege erschlägt, die über die Tischdecke krabbelt, bewegen Karolin und Klaus die über diese Tat erschrockene Mutter dazu, die Verse von der Eintagsfliege zu zitieren. Als Trudi beim Rezitieren von ihren Kindern und von Rudi unterstützt wird, der die zweite Strophe aufsagt, entsteht für einen Augenblick lang eine sehr entspannte Situation, in der alle sich dieses Familienrituals erinnern, dass man Fliegen nicht töten darf, eine Regel, von der die Zeilen über die Eintagsfliege erzählen.

Doch obgleich Karolin, Klaus und Emma sich um die Eltern bemühen, ziehen Rudi und Trudi sich doch den Zorn des Sohnes und der Tochter zu. So ärgert sich Klaus, der die Eltern vom Lehrter Bahnhof abgeholt hat, darüber, dass der Vater sich nicht dabei helfen lässt, die Koffer ins Haus zu tragen. Auch über eine Bemerkung Rudis regt der Sohn sich auf:

> »Rudi: Nichts ist mehr so, wie es richtig ist.
> Klaus (scharf): Was ist denn noch alles nicht richtig, deiner Meinung nach?«
> (ebd., S. 135)

Die beiden Szenen illustrieren, dass der Eigensinn des Vaters (beim Koffertragen) und dessen konservative und pessimistische Weltanschauung dem Sohn, der als Politiker auf vielen Sitzungen ist, auf die Nerven gehen.

Darüber, dass Rudi aus Bayern Weißwürste mitgebracht hat, regen sich beide Frauen auf. Emma, die Schwiegertochter, findet die Weißwürste »eklig«, weil sie »wie Würste im Kondom« aussehen (ebd., S. 134). Karolin ist verärgert darüber, dass der Vater ihr überhaupt eine Weißwurst anbietet: »Danke, Paps. Ich bin seit sechs Jahren Vegetarierin« (ebd., S. 133). Auch die Mutter geht ihr auf die Nerven. Als Trudi wissen will, ob Karl immer noch so viel trinke und ob er eine Freundin habe, hält Karolin ihr vor: »Mama, du telefonierst doch mit ihm. Warum fragst du ihn nicht einfach? Karl, sag mal, säufst du noch? Und wie sieht's mit Weibern aus?« (ebd., S. 143). Als die Tochter der Mutter Abzüge von einem Familienfoto zeigt, das sie mit Selbstauslöser aufgenommen haben, bedauert Trudi, dass Franzi nicht mit auf dem Bild ist.

»KAROLIN: Ach, gehört sie jetzt mit zur Familie?
TRUDI: Karolin, du weißt, dass ich nie was dagegen hatte …
KAROLIN: Ja, Mama, so wie du eigentlich auch nichts gegen Schwarze hast« (ebd., S. 141).

Karolin reagiert gereizt, weil sie sich leicht angegriffen fühlt. Wie sie sich vom Vater als Vegetarierin nicht wahrgenommen fühlt, wenn er ihr eine Weißwurst anbietet, so fürchtet sie auch, dass ihre Eltern etwas gegen ihre Freundin haben. Dass sie so empfindlich reagiert, weil die Mutter sich besorgt nach Karl erkundigt, hat einen weiteren Grund.

»KAROLIN: Und der Einzige von uns, der sie interessiert, ist Karl.
KLAUS: Das war immer so.
KAROLIN: Was ich mache, interessiert sie nicht die Bohne« (ebd., S. 138).

Zweifellos scheint der tiefere Grund dafür, dass Karolin sich mit ihren Lebensgewohnheiten (Vegetarierin), ihrer Beziehung zu Franzi, ihrer Arbeit in ihrem Laden nicht wahrgenommen fühlt, in der Eifersucht auf Karl bestehen, der anscheinend der Lieblingssohn der Eltern ist. Für diese Einschätzung spricht ein szenisches Detail im Elternhaus: Auf dem Nachttisch von Trudi steht nur ein Foto von Karl. Und als Trudi sich nach Karl erkundigt, jedoch nicht danach fragt, wie es Klaus und Karolin geht, wiederholt sich auch bei diesem Besuch in Berlin, dass Karl »der Einzige« ist, für den die Mutter sich interessiert. Eben darüber regt Karolin sich auf.

»KAROLIN: Sie nerven mich jetzt schon.
EMMA: Sie sind doch gerade erst angekommen.
KAROLIN: Ich hasse mich ja selbst dafür, aber sie bringen mich im Handumdrehen auf die Palme.
Sie lachen« (ebd.).

Wie die Szene in der Nacht illustriert, in der Karolin, Klaus und Emma Pralinen essen und sich dabei unbeschwert und lachend unterhalten, gibt es eine offene Verständigung nur auf der horizontalen Ebene der Gleichaltrigen. Auf der vertikalen Ebene zwischen den Generationen ist die familiäre Interaktion dagegen gestört. Da die Eltern auf dem Land leben, die Kinder weit entfernt in einer Metropole, haben sie wenig Kontakt zueinander und sind sich deshalb fremd. Daher versandet das Gespräch zwischen ihnen auch immer wieder in einem ratlosen Schweigen. Während der manifeste Sinn dieses Familientreffens davon erzählt, wie die Kinder sich darum bemühen, dem Besuch der Eltern in Berlin gerecht zu werden, offenbaren die häufig auftretenden Missverständnisse und Konflikte, dass man sich gegenseitig nicht wahrnimmt, eine wirkliche Verständigung nicht zustande kommt und man sich daher fremd bleibt.

»KAROLIN: Ich hab überhaupt keine Zeit.
EMMA: Glaubst du, wir?« (ebd., S. 132)

Klaus verspricht, den Eltern am nächsten Tag Berlin zu zeigen. Aber am Abend fällt ihm ein, dass er doch keine Zeit hat, weil er den ganzen Tag Sitzung hat (vgl. ebd. 138). Zweifellos bringt es der berufliche Alltag mit sich, dass Klaus und Karolin nur wenig Zeit für die Eltern haben. Irritierend ist freilich, wenn Emma die Schwiegereltern fragt, ob sie sich »vielleicht noch ein bisschen hinlegen [wollen] vorm Abendessen« (ebd., S. 133), oder wenn Karolin den Eltern um 18 Uhr auf den Kopf zu sagt: »Ihr seid bestimmt müde. Ihr wollt doch bestimmt ins Bett« (ebd., S. 143). Hinter dem manifesten Sinn der freundlichen Fürsorge beider Frauen verbirgt sich auf der latenten Bedeutungsebene ein aggressiver Impuls: Sie wollen Rudi und Trudi einfach loswerden, um unter sich zu sein. So werden die Eltern entmündigt, indem sie unter dem Vorwand, dass sie sich erholen sollen, wie Kinder ins Bett geschickt werden. Das bedeutet aber, dass Klaus, Emma und Karolin nicht nur keine Zeit haben, sondern sich auch keine Zeit nehmen wollen, weil sie die Eltern als derart anstrengend erleben.

Auch Trudi thematisiert die zwischen Eltern und Kindern bestehende Entfremdung:

»TRUDI: […] Ich erinnere mich so genau an sie als kleine Kinder, aber als Erwachsene kann ich sie mir irgendwie nicht richtig merken.
RUDI: Bist du enttäuscht von deinen Kindern?
TRUDI: Ich erkenne sie nicht recht wieder« (ebd., S. 139).

Rudi will sogleich »nach Hause fahren«, weil er die Kinder als so fremd erlebt:

> »RUDI: Ich kenne sie nicht und sie kennen mich nicht.
> TRUDI: Unsere Kinder sind besser als die meisten.
> RUDI: Ja, wir haben Glück. Wir haben uns. Das ist das größte Glück« (ebd., S. 148).

In dieser Szene reden auch Rudi und Trudi aneinander vorbei: Rudi bringt wie zuvor Trudi zum Ausdruck, dass ihm die Kinder fremd sind. Aber Trudi geht darauf nicht ein, sondern schneidet ein anderes Thema an, indem sie die Kinder mit dem Hinweis darauf verteidigt, sie seien »besser als die meisten«. Auch Rudi achtet nicht darauf, was Trudi sagt, und bringt ein neues Thema ein. Es komme doch auf das Glück an, das sie miteinander teilen.

Auch wenn die Kinder sich durch den Besuch der Eltern gestört fühlen, erfüllt Franzi doch Trudi einen Herzenswunsch. Sie besucht nämlich mit ihr die Berliner Aufführung des berühmten japanischen Butoh-Tänzers Tadashi Endo. Es geht bei dieser Inszenierung um das Sterben des Menschen und um seinen Kampf mit dem Tod. Wenn Endo seinen langen roten Umhang abwirft und weiß geschminkt mit seinem nackten Körper vor dem Publikum steht, dann sieht das so aus, als ob alles Blut aus seinem Körper gewichen wäre. Und wenn er eine Vase hochhält, um das Wasser vor sich auszugießen, dann gewinnt man als Zuschauer oder Zuschauerin den Eindruck, dass aus seinem Körper die Lebensenergie entweicht. Derart geschwächt, kann der Tänzer sich nicht mehr aufrecht auf den Beinen halten, kriecht vielmehr auf dem Boden entlang und fällt immer wieder krachend auf den durch die ausgegossene Vase durchnässten Boden, bis er tot liegen bleibt. »Trudi betrachtet ergriffen den japanischen Butoh-Tänzer […]. Tränen laufen ihr über das Gesicht. Franzi gibt ihr wortlos ein Taschentuch« (ebd., S. 145).

Irritierend ist, dass Rudi seine Frau und Franzi zwar zu dem Ort begleitet, an dem Endos Inszenierung stattfindet; dass er aber im Vorraum wartet, bis die Vorstellung zu Ende ist, spricht dafür, dass ihn das langweilt, wofür seine Frau sich interessiert. Der manifeste Sinn dieser Szene, in welcher der Butoh-Tanz Trudi zu Tränen rührt, wird dadurch bestimmt, dass Endos Aufführung Trudi an das bevorstehende Sterben des Ehemanns denken lässt. Doch zugleich geht bei diesem Theaterbesuch auch ein Traum in Erfüllung: Denn wie im Verlauf des Films deutlich wird, wollte Trudi ursprünglich nach Japan gehen, um eine gute Butoh-Tänzerin zu werden, ein Lebensentwurf, den sie aus Liebe zu ihrem Ehemann aufgegeben hat. Wenn ihr die Tränen kommen, dann geschieht das auch deshalb, weil sie durch Endos Inszenierung mit einem eigenen Lebensentwurf in Berührung kommt, den sie zugunsten ihrer Ehe aufgegeben hat. Während Trudi auf der manifesten Bedeutungsebene Tränen vergießt, weil sie aufgrund von Rudis Erkrankung die künstlerische Darstellung des Todesthemas so berührt, weint sie auf der latenten Bedeutungsebene dieses Interagierens darüber, dass ihr Mann durch seine Abwesenheit seine Ablehnung des Butoh-Tanzes zum Ausdruck bringt. Seine Anteilnahme wäre ihr wichtig gewesen. »Denn ohne meinen Mann etwas zu sehen, kann ich mir gar nicht vorstellen. Das wäre so, als hätte ich es gar nicht wirklich gesehen« (ebd., S. 123). So genießt Trudi mit Franzi die Aufführung von Endo und erlebt sich zugleich auf schmerzliche Weise als getrennt von ihrem Mann, der dieser Aufführung nicht beiwohnt und sie daher mit ihren Wünschen auch auf der Reise nach Berlin nicht wahrnimmt.

Da »die Kinder ja doch keine Zeit« haben, möchte Rudi wieder »nach Hause« (ebd., S. 144). Doch Trudi schlägt eine gemeinsame Reise an die Ostsee vor. Da es am Strand »noch sehr kalt« ist (ebd., S. 146), lädt Trudi ihren Mann dazu ein, sich zu wärmen, indem er ihre weite hellblaue Strickjacke mit ihr teilt. So schlüpfen beide in einen Ärmel der Jacke, die nun beide Rücken umspannt. Rudi schlägt vor, am folgenden Morgen einen Spaziergang am Meer zu unternehmen, worauf Trudi erwidert: » Du willst dich bewegen? Das ist ja wunderbar!« (ebd.) Trudi freut sich, weil ihr Mann ihr auf einmal entgegenkommt. Das ist neu. Denn als sie ihn vor der Reise nach Berlin auf dem

Tegelberg gefragt hatte, ob sie ein wenig wandern, hatte er noch mit dem Hinweis abgelehnt, hungrig zu sein.

In der Nacht, als das Ehepaar in der Pension nicht schlafen kann, regt die laute Musik, die aus einem parkenden Auto schallt, Trudi zum Tanzen an. Sie zieht Rudi aus dem Bett, der dagegen erst einmal protestiert: »Du bist und bleibst ein verrücktes Huhn« (ebd., S. 147). Dennoch lässt er sich darauf ein, als sie nach seinen Händen greift und ihn führt. »Trudi schmiegt sich von hinten an ihn und bewegt ihn wie eine Marionette« (ebd.). Durch ihre weit ausholenden und in die Luft greifenden Armbewegungen, die Rudi stockend nachzuahmen beginnt, taucht er mit ihr in die weichen und langsamen Bewegungen des japanischen Ausdruckstanzes ein. Nachdem sie ihn derart dazu gebracht hat, mit ihr Butoh zu tanzen, küsst sie ihn.

Der Strandspaziergang, den Rudi seiner Frau versprochen hat, findet am nächsten Tag statt. In der darauf folgenden Nacht steht Trudi auf, weil sie nicht schlafen kann. Als sie die Tür öffnet, steht »ein weiß geschminktes Butoh-Gespenst im Flur und tanzt mit ausgestreckten Armen auf sie zu. Trudi starrt das Gespenst voller Angst und Faszination an« (ebd., S. 149). Das Gespenst, das ihr Butoh tanzendes Spiegelbild ist und daher auch ihr Aussehen besitzt, ist der Tod, der sie heimsucht und dem sie sich erschrocken und zugleich bereitwillig überlässt.

Vergegenwärtigen wir uns, wie sich der dramatische Verlauf dieser Ereignisse in der Spannung zwischen einem manifesten und einem latenten Sinn entfaltet: Der manifeste Sinn des Filmgeschehens wird dadurch bestimmt, dass Trudi durch die Ärzte damit konfrontiert wird, dass ihr Mann todkrank ist. Zwar hat sie zu viel Angst, um ihm die Diagnose mitzuteilen, aber sie schafft es, ihn zu einer Reise nach Berlin zu bewegen. Allerdings macht das Ehepaar dort die schmerzliche Erfahrung, dass sie die Kinder, die keine Zeit für sie haben, nur stören. Trudi überredet Rudi daraufhin, an die Ostsee zu fahren, die sie so lange nicht gesehen haben. Dort kommen sie sich näher. In der Nacht überredet Trudi ihren Mann zu einem Butoh-Tanz. Und als sie am folgenden Tag am Meer entlanggehen, ist Trudi wieder um ihren todkranken Mann besorgt:

»TRUDI: Was ist los mit dir? Magst du nicht mehr? Hast du schlecht geschlafen?
RUDI: Ja, aber du hast gut geschlafen.
TRUDI: Ich? Keine Sekunde.
RUDI: Du hast tief geschlafen. Lass uns nach Hause fahren.
TRUDI: Hast du jetzt schon Heimweh?
RUDI: Wir haben Berlin gesehen, wir haben die Ostsee gesehen, wir haben die Kinder gesehen, lass uns nach Hause fahren.
TRUDI: Ich dachte, du freust dich, deine Kinder zu sehen.
RUDI: Ich kenne sie nicht und sie kennen mich nicht.
Trudi: Unsere Kinder sind besser als die meisten.
RUDI: Ja, wir haben Glück. Wir haben uns. Das ist das größte Glück.
Rudi nimmt sie an der Hand, sie gehen weiter [...]« (ebd., S. 148).

Da Rudi todkrank ist, sorgt Trudi sich beim Spaziergang am Strand, ob es für ihren Mann auch nicht zu viel wird. Während Rudi wieder nach Hause fahren will, möchte Trudi, dass die Reise so lange wie möglich dauert. Denn ins Allgäu zurückzukehren bedeutet für sie, dass Rudi bald sterben wird. Besorgt ist sie auch in Bezug darauf, was Rudi über die Kinder sagt. Wenn er sich wie in dieser Szenenfolge kritisch äußert, dann verteidigt sie die Kinder. Sie möchte ein harmonisches Miteinander und wünscht sich, dass die Reise noch weitergeht, bevor sie zurückkehren und ihr Mann stirbt.

Wenn Trudi sich aber als eine eher unsichere und gut angepasste Ehefrau darstellt, die viel Angst um ihren todkranken Mann hat und ängstlich besorgt darauf reagiert, wenn er sich kritisch über die Beziehung zu den Kindern äußert, dann irritiert es doch, wie aktiv sie auf einmal wird. Die Idee der Ärzte, noch einmal etwas zu unternehmen, hat Trudis unerfüllte Wünsche geweckt, die sie im Zusammenleben mit Rudi seit Jahrzehnten unterdrückt hat. So, wie sie ihren Mann in dieser Situation zur Reise nach Berlin und anschließend an die Ostsee überredet hat, so lädt sie ihn am Strand dazu ein, sich ihre Strickjacke zu teilen, damit auch ihm warm wird. Und so, wie sie Rudi mitten in der Nacht dazu bringt, mit ihr zu tanzen, so kann sie sich zögernd, aber dann doch bereitwillig dem Tod überlassen, weil er ihr in Gestalt eines Butoh tanzenden Spiegelbildes entgegentritt. Dieser irritierende Widerspruch zwischen der Ehefrau, die zu Hause auf den berufstätigen Ehemann wartet und sich um alles kümmert, damit er sich wohl fühlt, ständig besorgt um seine Gesundheit, und der selbstbewussten Frau, die aktiv handelt und das gemeinsame Tun zusehends bestimmt, erschließt einen Zugang zum latenten Sinn dieser Szenenfolge.

Die Frage, wie es dazu kommt, dass Trudi auf einmal so selbstbewusst und kraftvoll auftritt, lässt sich beantworten, sobald man sich vergegenwärtigt, dass sie zuvor mit Franzi die Berliner Aufführung von Tadashi Endo besucht hat. Durch diesen Butoh-Tanz, der vom Sterben und vom Tod erzählt, kommt sie – um mit Franzi zu reden – in Kontakt mit der »ganz anderen Frau« (ebd., S. 156), die sie auch noch ist, die sie aber im Zusammenleben mit ihrem Ehemann nicht sein konnte. Durch die Begegnung mit dem japanischen Butoh-Tänzer ist es ihr gelungen, sich auf das Problem des Sterbens und des Todes emotional einzulassen. Wie sie zuvor voller Angst um ihren todkranken Ehemann gewesen ist, so berührt es sie schmerzlich, dass sie aus Liebe zu ihrem Mann das Butoh-Tanzen aufgegeben und er das Erlebnis, Endos Inszenierung zu sehen, nicht geteilt hat. Aber weil die innere Auseinandersetzung mit Endos Inszenierung sie mit ihren eigenen Wünschen konfrontiert, die sie jahrzehntelang aufgegeben hat, kann sie auf einmal das tun, was ihr wichtig ist und was sie will. So setzt sie durch, dass das Ehepaar ans Meer fährt. Dort stellt sich durch das gemeinsame Tragen einer Strickjacke eine solche Nähe zu ihrem Mann her, dass er ihren Wunsch spürt und ihr den Vorschlag macht, am folgenden Tag am Strand spazieren zu gehen. Das gemeinsame Erlebnis, das er versäumt hat, weil er sich in Berlin auf Endos Aufführung nicht eingelassen hat, das holt sie mit ihm nach, indem sie ihn in der Nacht dazu überredet, mit ihr Butoh zu tanzen. So zeigt sie sich ihm als die andere Frau, die er aufgrund seiner durch Arbeit und Ordnung bestimmten Lebensweise nicht wahrgenommen und abgelehnt hat. Darüber, dass ihr das gelungen ist, ihm auf diese Weise nahe zu kommen, ist sie so glücklich, dass sie sich am Ende mit ihm versöhnt. Der Kuss, den sie ihm nach dem Butoh-Tanz gibt, verwandelt sich in einen Abschiedskuss, im Einklang mit dem sie das Leben in der folgenden Nacht – so leicht wie in einem Butoh-Tanz – loslässt. So triumphiert vor ihrem Tod die »andere Frau« in ihr, die Trudi dem Familienleben mit Rudi geopfert hat: Während der manifeste Sinn davon erzählt, was sie für eine ängstlich besorgte Ehefrau und Mutter ist, offenbart der latente Sinn, dass die Begegnung mit Tadashi Endo in Trudi noch einmal die Butoh-Tänzerin zum Leben erweckt, die vor ihrem Tod noch einmal viel bewegt.

3. Trudis Tod und Rudis Trauer

Wie erschüttert und hilflos Rudi auch bei der Trauerfeier für seine Frau erscheint, seine Kinder gehen nur wenig auf ihn ein. Karl verlässt die Aussegnungshalle, weil er es nicht aushält, »dass sie da drin liegt, in dieser Kiste« (ebd., S. 150). Er habe sie so lange nicht gesehen und sehe sie nun nie mehr. Als Karolin erwidert, sie müssten sich »jetzt um Vater kümmern«, entgegnet er genervt: »Wie soll ich das denn machen?« Karolin reagiert in der Kneipe, als der Vater die Toilette aufsucht, ähnlich mitleidlos: »Es ist nicht richtig so. Das ist nicht fair. Sie kann uns doch nicht einfach so mit ihm allein lassen! […] Was sollen wir denn jetzt mit ihm machen?« (ebd., S. 151) Wie Karl davon überzeugt ist, dass er dem Vater nicht helfen kann, weil er ja in Japan lebt, so empfindet Karolin nicht mit dem trauernden Vater, sondern reagiert empört auf die Zumutung, dass die Mutter sie nun mit dem Vater allein gelassen habe.

Wenn Rudi am Ende des Abends zu seinen Kindern sagt, dass es »sehr lieb von euch« war, »noch ein bisschen hier zu bleiben«, und sich dafür bedankt, dann bringt er damit zum Ausdruck, dass er das Beisammensein zu schätzen weiß und seinen Kindern nicht zur Last fallen will. Die Szene endet mit folgendem Dialog:

> »Franzi: Was werden Sie jetzt machen?
> Rudi: Ich werde mich daran gewöhnen müssen. Macht euch keine Sorgen um mich.
> Er fängt an zu weinen.
> Rudi: Entschuldigung« (ebd., S. 152).

Auch diese Szenenfolge ist doppelbödig: Auf der manifesten Bedeutungsebene der Trauerfeier geht es darum, dass die Kinder dem Vater zur Seite stehen und noch längere Zeit danach mit ihm zusammensitzen. Manifest ist auch, dass Rudi seine Fassung zu wahren versucht und sich bewusst darauf einstellt, allein zurechtzukommen. Als der Schmerz über den Verlust seiner Frau und die Konfrontation damit, dass er sich an das Alleinsein »gewöhnen« muss, ihn übermannen und er weinen muss, entschuldigt er sich. Diese Entschuldigung irritiert und eröffnet damit einen Zugang zum latenten Sinn dieses Interagierens: Da Rudi davon überzeugt ist, dass man keine Gefühle zeigen und auch die eigenen Kinder nicht damit belasten darf, ist es selbst auf einer Trauerfeier erforderlich, sich für Tränen zu entschuldigen. Dass Klaus, Karolin und Karl auf sein Weinen nicht reagieren, bedeutet auf der manifesten Ebene, dass sie ihre Gefühle kontrollieren. Auf einer latenten Ebene bedeutet dies aber, dass sie nicht mit dem Vater empfinden und ihn daher auch nicht trösten können. Dieser latente Sinn wird freilich durch den manifesten Sinn dementiert, dass sie sich Zeit für die Teilnahme an der Trauerfeier nehmen und danach mit Rudi gemeinsam essen und mit ihm reden. Das bedeutet aber, dass die Formen gewahrt werden, auch wenn die Kinder angesichts des Todes der Mutter distanziert bleiben und den Vater in seinem Schmerz allein lassen.

Als Rudi nach Hause zurückgekehrt ist, kann er nicht schlafen:

> »Er steht auf, holt Trudis hellblaue Strickjacke aus dem Koffer. Legt sie sich um. Sitzt einfach nur da. Er horcht auf. Er hört ihre Schritte im Flur. Nein, stimmt nicht. Er schüttelt den Kopf. Der leere Flur« (ebd., S. 154).

Rudi kann nicht schlafen. Um Trudis Nähe zu spüren, zieht er sich die Strickjacke an, die sie gemeinsam an der Ostsee getragen haben. Obgleich er sich danach sehnt, ihre Schritte zu hören, muss er sich eingestehen, dass sie nicht mehr da ist. Ohne Trudi ist das Haus so »leer« wie der Flur.

Dass Klaus, Karolin und Karl bei der Urnenbeisetzung auf dem Friedhof im Allgäu fehlen, bestätigt, dass sie keinen Anteil nehmen und nicht dazu bereit sind, sich um den Vater zu kümmern. Sie lassen ihren Vater vielmehr in dieser schweren Stunde in seinem Schmerz allein. Lediglich Franzi, die Freundin von Karolin, vertritt die Tochter und die beiden Söhne. Mit ihr redet Rudi nach der Urnenbeisetzung im Garten seines Hauses. Als er ihr dafür dankt, was sie seiner Frau durch den gemeinsamen Besuch der Tanzveranstaltung gegeben hat, erwidert Franzi:

> »Sie hat mir nur erzählt, wie sie immer tanzen wollte, eine richtige gute Butoh-Tänzerin werden wollte, mehr als alles andere im Leben ... und wie sie so gern nach Japan gegangen wäre, um dort zu lernen, und wie dann alles ganz anders gekommen ist und wie das dann auch ein gutes Leben war, aber ...
>
> Eine lange Pause.
>
> FRANZI: Nicht dass Sie jetzt denken, dass sie nicht glücklich war. Nein ... ich dachte nur ... vielleicht gab es noch eine ganz andere Frau in ihr ... die niemand gesehen hat ... und ich habe sie plötzlich gesehen, diese andere ... und das war alles ...« (ebd., S. 156).

Rudi geht auf Franzis Worte ein, indem er das Album mit den Fotos von Trudi als junger Butoh-Tänzerin holt und sagt: »Ich mochte das nicht. Es war ... so extrem. Mir war das peinlich ... ich wollte nicht, dass sie das weitermacht ... Wir haben sie hier eingesperrt« (ebd.). Rudi wird sich in dieser Situation bewusst, dass er nicht nur seine Frau verloren hat. Vielmehr hat er an Trudi die »andere Frau« in Trudi abgelehnt, die allein Franzi wahrgenommen hat.

Als Franzi abgereist ist, wandert Rudi unsicher durchs Haus und »bekommt zunehmend Angst, allein im Haus« zu sein (ebd.). Er ruft bei Klaus an, bekommt aber nur Emma ans Telefon und beruhigt sie, indem er ihr mitteilt, dass es ihm gut gehe. Er ruft bei Karolin an und gerät nur an den Anrufbeantworter, auf den er nicht spricht.

> »Es ist ganz still im Haus. Rudi sitzt im Schlafzimmer auf dem Bett. Macht die Nachttischschublade von Trudi auf, findet haufenweise Postkarten vom Fuji, die Karl in den letzten Jahren an Trudi geschrieben hat. Daneben ein Buch von

> Hokusai, *100 Views Of Mount Fuji*. Er betrachtet den Kimono seiner Frau. Legt ihn auf die Bettdecke, streicht ihn glatt. Legt sich daneben.
> RUDI: Trudi … wo bist du? Wo bist du denn nur?
> Wieder sitzt er am Telefon. Wählt Karls Nummer. Bekommt nur den Anrufbeantworter.
> RUDI: Karl? … ich weiß, bei dir ist es früh am Morgen. Ja, entschuldige … Blühen die Kirschbäume schon? Sie hätte sie so gern gesehen … Und den Fuji. Immer hat sie davon geredet. Ich habe ihr alles unmöglich gemacht. Er fängt an zu weinen« (ebd., S. 157).

Da Rudi sich nach Trudis Tod im eigenen Haus zunehmend allein fühlt, versucht er mit den drei Kindern zu telefonieren. Weil er sie nicht erreicht, sucht er im Haus nach etwas, was ihm Trudi nahe bringt. Als er in Trudis Nachttischschublade Karls Postkarten vom Fuji und das Buch von Hokusai über den Fuji findet, legt er ihren Kimono auf die Bettdecke und legt sich daneben. Diese Erinnerungsstücke konfrontieren Rudi auf zweifache Weise mit seiner Frau: Einerseits beruhigen ihn diese Erinnerungstücke, weil sie ihm Trudi nahe bringen, andererseits beunruhigen sie ihn, weil sie ihm eine fremde Frau in Erinnerung rufen. Was ihn an Trudi befremdete, gewinnt für ihn jedoch zusehends an Bedeutung, weil sie sich ihm in der Nacht vor ihrem Tod öffnete und ihm nahe kam, indem sie mit ihm Butoh tanzte und ihn küsste. Wenn er auf Karls Anrufbeantworter spricht: »Ich habe ihr alles unmöglich gemacht« (ebd.), dann bringt er zum Ausdruck, dass er sich schuldig fühlt, weil er ihr die Erfüllung ihrer Träume – eine Butoh-Tänzerin zu werden und eine Reise nach Japan zu unternehmen – versagt hat.

In dieser Lage drücken seine Worte: »Trudi … wo bist du? Wo bist du denn nur?« seine Verzweiflung und seine Angst aus. Auf der einen Seite ist ihm auf einmal das geordnete Leben eines Hauptabteilungsleiters bei der Abfallbeseitigung zuwider, in dem sie ihm als treu sorgende Ehefrau zur Seite stand. Auf der anderen Seite erlebt er das eigene Haus zusehends als unheimlich, weil alles an die Ehefrau erinnert und er das Haus ohne sie als »still« und »leer« empfindet. Zur Ruhe kommt er nur, wenn er das Gespräch mit Franzi, die Strickjacke und den Kimono seiner Frau, Karls Postkarten vom Fuji und das Buch von Hokusai auf das eigene Erleben wirken lässt und das Leben mit den Augen seiner Frau betrachtet. Als er dann das Gefühl hat, Trudi im Allgäu »eingesperrt« zu haben, fühlt er sich an diesem Ort, an dem ihm der Butoh-Tanz peinlich war, nun irgendwie selbst eingesperrt. Deshalb gibt er die Arbeit auf, packt seine Koffer und hebt sein ganzes Geld ab, um sich in der Fremde auf die Suche nach Trudi zu begeben. Was er zuvor als »extrem« und »peinlich« abgelehnt hat, das will er nun verstehen, indem er ihre letzten Wünsche erfüllt. So fliegt er in das Land der Kirschblüte und des Fuji, um durch das Kennenlernen der japanischen Kultur das Fremde zu überwinden, das zwischen ihm und Trudi steht und das ihn doch am Vorabend ihres Todes so eigentümlich berührt und fasziniert hat.

Wie plausibel diese szenische Interpretation auch erscheint, es irritiert die Entschiedenheit, mit der Rudi nach Japan fliegt, obwohl er Reisen »hasst«: Denn eigentlich ist es ihm »am liebsten, wenn sich nichts verändert« (ebd., S. 124). Warum belässt Rudi es nicht einfach bei der von Trudi vorgeschlagenen Reise mit Hin- und Rückflug, sondern bricht alle Brücken hinter sich ab, indem er alles Geld abhebt? Dieser radikale Sinneswandel lässt sich nur verstehen, wenn man in den Interpretationsprozess weitere Szenen einbezieht, die dafür sprechen, dass sich dieser Bruch mit dem bisherigen Leben nicht abrupt, von einem Augenblick zum anderen, sondern kontinuierlich, von Szene zu Szene vollzieht:

1. Obwohl Rudi Unternehmungen »hasst« (ebd.), hat Trudi ihn dazu überreden können, mit ihr zu den Kindern nach Berlin zu reisen.

2. Als deutlich wird, dass die Kinder in Berlin keine Zeit für die Eltern haben, entwickelt sich folgender Dialog:

> »RUDI: Ich glaube, ich möchte nach Hause.
> TRUDI: Aber Rudi …
> RUDI: Die Kinder haben ja doch keine Zeit.
> Pause.
> TRUDI: Die Ostsee ist ganz nah.
> RUDI: Mm.
> TRUDI: Weißt du, wann wir beide zuletzt am Meer waren?

RUDI: Mm.
Trudi: Ich kann mich auch nicht erinnern. 87? Mit den Kindern? Oder war das am Gardasee?
RUDI: Möchtest du ans Meer?
TRUDI: Und du? Möchtest du?
RUDI: Wenn du unbedingt willst.
TRUDI: Aber was willst denn du?
RUDI: Ich mache doch immer, was du sagst …
Trudi schüttelt den Kopf« (ebd., S. 144f.).

Durch das Kopfschütteln widerspricht Trudi ihrem Mann. Denn sie tut stets das, was er will und nicht umgekehrt. Rudi bringt zum Ausdruck, dass es ihn nach Hause zieht. Er will wieder den Pflichten seines Berufsalltags nachkommen und sich in seiner Freizeit zu Hause entspannen. Er liebt die sich immer auf dieselbe Weise wiederholenden Abläufe einer ritualisierten Lebenspraxis. Dennoch lässt er sich in dieser Situation darauf ein, mit Trudi ans Meer zu fahren, das sie aufgrund seiner Liebe zu den Bergen seit Jahrzehnten nicht mehr gesehen haben. Das heißt aber, dass Rudi in diesem Fall nicht seinen Willen durchsetzt, sondern das tut, was Trudi sich wünscht.

3. Als das Ehepaar am Strand angekommen ist, entfaltet sich folgendes Gespräch:

»Trudi und Rudi haben sich zu zweit eine hellblaue Strickjacke von Trudi angezogen, jeder ist in einen Ärmel geschlüpft.
RUDI: Das Meer ist auch nicht mehr das, was es mal war.
TRUDI (fröhlich): Immer hast du was zu meckern.
RUDI: Lass uns morgen früh aufstehen und am Strand lang spazieren.
TRUDI: Du willst dich bewegen? Das ist ja wunderbar!
Rudi: Ich möchte mal, dass meine Asche ins Meer gestreut wird« (ebd., S. 146).

Der erste Wortwechsel spiegelt wider, wie Rudi auf Neues reagiert: Weil seine Heimat die Berge sind, mag er das Meer nicht. Aber dann lenkt er ein und schlägt etwas vor, was Trudi überrascht. Während es ihr vertraut ist, dass er es wie auf dem Tegelberg ablehnt, ein Stück weit herumzugehen, schlägt er ihr in dieser Szene vor, was sie sich sonst wünscht: sich die Natur wandernd zu erschließen.

4. Als das Ehepaar in der folgenden Nacht nicht schlafen kann, bringt Trudi ihren Mann dazu, mit ihr zu tanzen, obwohl ihm das widerstrebt und er seinen Protest in folgende Worte fasst: »Du bist und bleibst ein verrücktes Huhn« (ebd., S. 147).

Die Frage, warum Rudi in diesen Szenen auf Trudis spontan geäußerte Wünsche eingeht, obgleich er die Ordnung liebt und Spontaneität ablehnt, erschließt den Zugang zum latenten Sinn dieser Szenenfolgen: Der manifeste Sinn des Geschehens wird dadurch bestimmt, dass Trudi weiß, dass Rudi schwer krank ist und bald sterben wird. Aus Angst und Sorge teilt sie ihm die Diagnose nicht mit, überredet ihn jedoch zu mehreren spontanen Unternehmungen. Weshalb Rudi sich auf das einlässt, was sie sich wünscht, erhellt die dritte Szenenfolge. Denn als er ihr das vorschlägt, was ihr Freude bereitet (nämlich am Strand entlang zu gehen), fügt er aus heiterem Himmel hinzu, was er sich nach seinem Tode wünscht.

»RUDI: Ich möchte mal, dass meine Asche ins Meer gestreut wird.
TRUDI (sehr erschrocken): Warum sagst du so was?
RUDI: Nur so. Denkst du nie darüber nach?
Trudi schüttelt den Kopf.
RUDI: Wirklich nicht? Ich denk schon manchmal dran. Wie lange wir noch Zeit haben … (nimmt ihre Hand). Du hast recht, man sollte nicht an so was denken. Wir haben bisher Glück gehabt« (ebd., S. 146).

Rudis Worte legen folgende Interpretation nahe: Obgleich Trudi ihm nicht sagt, dass er bald sterben wird, scheint er zu spüren, weshalb sie so ängstlich um ihn besorgt ist. Da er Angst vor dem Tod hat, redet er nicht darüber. Wenn er aber wie in dieser Szenenfolge doch einmal darauf zu sprechen kommt, bemerkt er, »wie erschrocken« Trudi reagiert. Ihre Reaktion verstärkt seine Todesängste, sodass er das mit ihr begonnene Gespräch über den Tod wieder abbricht. Das bedeutet, dass beide Eheleute die ihnen Angst machende Vorstellung, dass Rudi sterben wird, auf die latente Bedeutungsebene ihres Interagierens verbannen. Aber da Rudi sich nun dem Tode nahe fühlt, auch wenn beide Eheleute nicht über den Tod sprechen, wird er weicher und offener. So lässt sich Rudi zu einer Reise zu den Kindern und an die Ostsee überreden, weil er intuitiv spürt, dass eine tödliche Krankheit von seinem Körper Besitz ergriffen hat. So gibt er nach, als Trudi ihn mitten in der Nacht zu einem Butoh-Tanz überredet, obgleich er diesen japanischen Ausdruckstanz nicht mag.

Diese Szenen offenbaren, dass Rudi sich wegen seiner Krankheit Gedanken über den Tod macht, ein Nachdenken, aufgrund dessen er für Trudis Wünsche empfänglich ist. Der Schrei, der Rudi entfährt, als er sie tot im Bett vorfindet, ist Ausdruck eines Entsetzens, das nicht nur sein Verhältnis zu seiner Frau, sondern auch zu sich selbst betrifft. Durch ihren Tod verliert er nicht nur die Ehe- und Hausfrau, die ihm Halt und Sicherheit gab, sondern er realisiert durch ihren Tod auch, dass er selbst ein todkranker Mann ist. Dass er alles Geld vom Konto abhebt, bevor er nach Japan reist, spricht dafür, dass er davon überzeugt ist, dass sein eigener Tod nicht mehr lange auf sich warten lässt. Unter dem Eindruck der eigenen Angst vor dem Tod unterzieht er sein Leben mit Trudi einer vernichtenden Kritik: Er habe sie zu Hause »eingesperrt«. Da ihn diese Vorstellung entsetzt, bricht er mit dem bisherigen Leben. Auch wenn es eigentlich nicht möglich ist, will er das »wiedergutmachen«, was er Trudi angetan hat (ebd., S. 161). Für diese Interpretation spricht die Szene, in der er in Karls Appartement zusammenbricht und daraufhin seine Pillen nimmt, um wieder auf die Beine zu kommen. Als er sich wieder aufrichtet, fällt sein Blick auf den Fuji, ein an der Wand hängendes Bild, das ihn mahnt, dass er noch zu diesem Berg reisen muss, bevor er stirbt. Daher bricht er sogleich auf, um sich mit Yu auf eine Zugfahrt zum Fuji zu begeben.

Die Szenerie lässt sich in der Spannung zwischen manifestem und latentem Sinn auf folgende Weise bestimmen: Auf der manifesten Bedeutungsebene geht es darum, dass Rudi sich nach dem Tod der Ehefrau im eigenen Haus allein und eingeschlossen und sich ihr gegenüber entfremdet fühlt. Auf der Suche nach Trudi reist er nach Japan, um das Fremde zu verstehen, das zwischen ihm und seiner Frau steht. Auf der latenten Bedeutungsebene versetzt der Tod der Ehefrau den kranken Witwer in Todesangst. Konfrontiert mit dem bevorstehenden Lebensende, erlebt er sein bisheriges Leben als ein Gefängnis, in das er nicht nur die Ehefrau, sondern auch die – an den Bahngleisen vorbeifliegende – Natur, die eigenen Affekte und die eigene Lebendigkeit eingesperrt hat. Bevor er stirbt, will er etwas Sinnvolles tun, indem er aus diesem Gefängnis ausbricht. Er will seine Schuld abtragen und das wiedergutmachen, was er Trudi angetan hat, indem er posthum ihre Träume realisiert. Während manifest ist, dass er sich nur durch das Erleben der Kirschblüte und des Fuji öffnen und wieder mit Trudi vereinigen kann, ist latent, dass ihn die durch ihren Tod ausgelöste Todesangst zutiefst erschüttert, ihn zur Besinnung auf sein bisheriges Leben und zu einer Umkehr bewegt: Er will sein Leben ganz anders beschließen, als er es gelebt hat.

4. Rudis Reise nach Japan und seine Suche nach Trudi

Rudi fliegt nach Tokio und wird in Shinjuku, dem größten Bahnhof der Welt, von seinem Sohn Karl empfangen. Von Anfang an irritiert das inkonsistente Verhalten des Sohnes, das dessen ambivalente Gefühle dem Vater gegenüber offenbart: Karl holt seinen Vater zwar am Bahnhof ab, aber er geht ihm so schnell voran, dass Rudi »größte Mühe« hat, »ihm zu folgen«. Daher droht der Vater den Sohn »immer wieder […] zu verlieren« (ebd., S. 158). Zwar nimmt Karl den Vater in sein Appartement auf und lässt ihn auch auf seinem Futon schlafen, während er sich mit der Couch begnügt, aber Karl hat keine Zeit für den gerade in Tokio angekommenen Vater, sondern muss gleich »zurück ins Büro« (ebd.). Zwar nimmt der Sohn den Vater abends in ein voll besetztes Udon-Restaurant mit, aber er hat »so wenig Zeit«, dass er »leider noch mal weg« muss (ebd., S. 160). Ähnlich wie die Reise der Eltern zu den Kindern in Berlin entwickelt sich so auch Rudis Interagieren mit Karl in der Spannung zwischen einem manifesten und einem latenten Sinn: Während manifest ist, dass Karl sich alle Mühe gibt, den Vater gastlich zu empfangen, verrät sich der latente Sinn, dass der Sohn sich durch den überraschenden Besuch des Vaters gestört fühlt, vor allem darin, dass er keine Zeit für ihn hat. Als Rudi danach fragt, wie weit es von Tokio bis zum Fuji sei, erwidert Karl:

> »Ungefähr zwei Stunden.
> RUDI: Ach so.
> KARL: Ich würde mit dir hinfahren, wenn ich Zeit hätte. Aber hier arbeiten die Leute auch am Wochenende« (ebd., S. 167f.).

Wie seine Geschwister Klaus und Karolin erlebt Karl den Besuch seines Vaters als lästig. Später beschwert er sich über ihn ähnlich wie seine Schwester: »Ich habe einfach keine Zeit. Er geht mir auf die Nerven, und ich hasse mich dafür« (ebd., S. 169).

Was Rudi in Tokio sucht, offenbart der Inhalt seines zweiten Koffers: »Darin sind Trudis Kleider, ihr Schmuck, ihr Kimono, das Buch von Hoksai, 100 Views Of Mount Fuji, das Foto von Trudi als junge Butoh-Tänzerin« (ebd., S. 161). In Tokio ist Rudi auf der Suche nach Trudi, deren Träume sich auf Japan richteten. Obschon sich dieser Besuch in der fernöstlichen Metropole schwierig gestaltet, vertraut Rudi sich dennoch seinem Sohn an, indem er ihm von seinem Leiden unter dem schmerzlichen Verlust von Trudi erzählt: »Ich glaube, ich habe deiner Mutter weggenommen, was ihr am wichtigsten war. Ich wollte, ich könnte das wiedergutmachen. Das kann ich nie wiedergutmachen« (ebd.). Karls Antwort »Ach, Paps« (ebd.) offenbart Ratlosigkeit. Eine zweite Szene, in der sich Rudi seinem Sohn erneut offenbart, bestätigt das:

> »RUDI: Ich verstehe nicht, wo Trudi ist. Wo ihr Körper ist. Die Erinnerung an sie ist in meinem Körper, aber wenn mein Körper dann auch nicht mehr ist, wo ist dann Trudi?
> KARL: Paps ... ich ... ich trauere auch um Mama ... aber ... wirklich, Paps ...
> RUDI (leise): Sag nicht, das Leben geht weiter. Bitte.
> Karl schweigt. Stumm und hilflos sitzen sie da« (ebd., S. 164).

Obgleich Karl um den Verlust der Mutter trauert, kann er seinem Vater keine Antwort auf dessen Fragen geben. Der Satz: »Sag nicht, das Leben geht weiter«, bedeutet auf der manifesten Sinnebene, dass Rudi seinen Sohn darum bittet, über seinen Schmerz und seine Verzweiflung nicht durch irgendwelche trivialen Sätze des Tröstens hinwegzugehen. Irritierend ist freilich die Doppelbödigkeit dieser Worte. Denn auf einer latenten Bedeutungsebene offenbart dieser Satz den Wunsch – der sozial anstößig ist und für den Karl kein Verständnis hätte –, dass Rudi ohne Trudi nicht mehr weiterleben will. Dafür spricht, dass Rudi vor der Reise nach Japan alle Ersparnisse abgehoben und so alle Brücken hinter sich abgebrochen hat. Nach Trudis Tod fühlt er sich so entwurzelt, wie er es auch ist, wenn er durch die Metropole Tokio irrt. Denn wie sehr ihn die Fremde verwirrt, offenbart sein Streifzug durch das Vergnügungsviertel, an dessen Ende er wie ein Obdachloser auf der Straße schläft.

Als Karl seinen Vater in einen Park zu einem Picknick mit ein paar Arbeitskollegen mitnimmt, um Hanami, das Fest der Kirschblüte zu feiern, erahnt Rudi, was der Traum von Japan für Trudi bedeutet hat. Doch dieses Erlebnis wird dadurch beeinträchtigt, dass Karl sich bei dieser Feier maßlos betrinkt, mit einem Mädchen im Pandakostüm tanzt und dann umfällt. Als Rudi den sturzbetrunkenen Sohn zu Bett bringt, wird Karl ausfallend:

> »Behandle mich nicht wie ein kleines Kind! Bist du plötzlich der besorgte Vater? Das wäre ja das erste Mal in deinem Leben, dass du mich ins Bett bringst! Ausgerechnet! Dass ich nicht lache! Alle müssen sich doch um dich kümmern! Du stehst doch immer im Mittelpunkt! Nehmt Rücksicht auf euren Vater! Euer armer Vater! Lasst euren Vater in Ruhe! Vater ist müde! Vater arbeitet so viel! Sitzt sich im Büro den Hintern platt! Dein ganzes Leben hast du dich im Büro versteckt! Du hast Mama doch überhaupt nicht gekannt!« (ebd., S. 166)

Dass die Vorwürfe Rudi emotional berühren, lässt sich daran ablesen, wie er sich nach diesem Vorfall um seinen Sohn kümmert: So schmiert Rudi ihm am darauf folgenden Morgen ein Brot und legt ihm einen Apfel dazu (vgl. ebd.). Karl steckt beides achselzuckend in seine Tasche. »Eigentlich sieht er dabei ganz genau so aus wie Rudi früher« (ebd.). So wie in Rudis Leben die Arbeit im Mittelpunkt stand, deretwegen er werktags den Pendlerzug nahm, um in seinem Büro Abfallgebühren zu kontrollieren, so verschwindet sein Sohn Karl tagtäglich mit seiner Tasche in einem Wolkenkratzer, um ebenfalls Zahlen zu kontrollieren (vgl. ebd., S. 159).

Zudem kauft Rudi Weißkohl, Gehacktes und Kartoffeln ein und kocht für seinen Sohn nach Trudis Rezept Kohlrouladen (vgl. ebd., S. 173). Doch Karl bleibt schon der erste Bissen im Hals stecken, weil ihn der Schmerz über den Tod der Mutter einholt:

> »Karl: Ich vermisse Mama so. Dabei bin ich so weit weggegangen, wie ich nur konnte, damit ich weniger an ihr hänge. Das war ja schon nicht mehr normal.
> Karl versucht zu lachen.
> Karl: Und wo bin ich hingegangen? Dahin, wo sie immer hingewollt hat. Und jetzt hat sie es nie gesehen.
> Er wischt sich über die Augen. Sie schweigen.
> Rudi: Es gibt hier gar keine Fliegen« (ebd.).

Dass Karl die von seinem Vater zubereiteten Kohlrouladen nicht essen kann, stellt sich als doppelbödig dar: Auf der manifesten Bedeutungsebene geht es darum, dass Karl die Kohlrouladen nicht verzehren kann, weil ihn der Schmerz über den Verlust der Mutter übermannt. Die Irritation, dass er so heftig reagiert, obwohl der Tod der Mutter schon einige Zeit zurückliegt, erschließt den Zugang zum latenten Sinn, dass Karl sich unter dem Eindruck dieses schmerzlichen Verlustes in einen trotzigen kleinen Jungen auflöst, der seine Mama will und den Ersatz der durch den Vater angebotenen Fürsorge nicht akzeptiert. Zweifellos versucht Rudi an dem Schmerz seines Sohnes Anteil zu nehmen. Während Karl weint, nimmt er eine Hand seines Sohnes in seine eigene und streichelt ihm sodann über den Hals. Doch er kann Karl nicht mit Worten trösten, wechselt vielmehr – bevor ihn der eigene Schmerz überwältigt – das Thema. Daher bleiben sowohl der Sohn als auch der Vater in ihrem Schmerz um Trudis Tod allein.

Was Rudis Fürsorge für seinen Sohn bedeutet, wird erst fassbar, wenn man sich vergegenwärtigt, wie sich auch diese Szenenfolgen in der Spannung zwischen einem manifesten und einem latenten Sinn entfalten: Der manifeste Sinn der Fürsorge ist, dass Rudi durch das Schmieren der Brote und durch das Kochen der Kohlrouladen wiedergutzumachen versucht, was er als Vater in Karls Kindheit versäumt hat. Die Irritation, dass er auf einmal häusliche Fähigkeiten entwickelt, die früher der Ehefrau vorbehalten waren, macht auf den latenten Sinn dieses Verhaltens aufmerksam: Rudi geht weiter auf Tuchfühlung mit Trudi, indem er in ihre Rolle als Hausfrau schlüpft und für ihren Lieblingssohn einen Imbiss und eine warme Mahlzeit zubereitet.

Was der dem Gespräch mit Karl eine überraschende Wendung gebende Satz von Rudi bedeutet, dass es »hier gar keine Fliegen« gibt, wird erst fassbar, wenn man andere Szenen hinzuzieht. Im Zentrum dieser Szenen steht ein Gedicht über die Eintagsfliege, die man nicht töten soll, weil sie ohnehin nur einen Tag lebt (vgl. ebd., S. 136): »O lass sie leben, lass sie schweben …« (ebd., S. 137). Wenn Rudi damit konfrontiert wird, dass Karl die Kohlrouladen nicht isst, die er für ihn liebevoll zubereitet hat, dann fühlt er sich wohl auch zurückgestoßen. Wenn es »hier gar keine Fliegen« gibt, dann heißt das auch, dass es in der mit dem Sohn geteilten Welt keine Menschen gibt, die zu Liebe und Mitleid fähig sind. Wie hier alle Fliegen totgeschlagen werden, so fühlt sich auch Rudi davon erschlagen, dass er bei seinem Sohn auf eine solche Ablehnung und Gereiztheit stößt.

5. Rudi, Yu und der Butoh-Tanz

Als Rudi in Karls Appartement den Fernsehapparat einschaltet und von einem Programm zum anderen switcht, sieht er plötzlich »den berühmten Butoh-Tänzer Tadashi Endo« (ebd., S. 164), dessen Aufführung Trudi in Berlin besucht hatte (ebd., S. 145). Während er damals desinteressiert und gelangweilt war, ist Rudi nun »vollkommen fasziniert« (ebd., S. 164). Danach öffnet er den Koffer mit Trudis Kleidung: »Er zieht sich Trudis blaue Strickjacke an, hängt sich ihre kleine Rubinkette um. Betrachtet seine Arme in ihrer Strickjacke, sieht sein Spiegelbild ohne seinen Kopf an – ihre Kette, ihre Jacke« (ebd.). Rudi legt die Kleider und den Schmuck von Trudi an, weil er sie vermisst und ihr nahe sein will. Wenn er sich mit ihren Sachen im Spiegel betrachtet, dann ist er mit ihr in Kontakt und trägt sie mit sich herum. In einer anderen Szene fragt Karl ihn, was er den ganzen Tag mache. Darauf antwortet Rudi: »Ich habe viel zu tun. Ich erinnere mich. Ich erinnere mich an deine Mutter« (ebd., 167). Erfüllt von der Sehnsucht nach seiner Ehefrau, geht Rudi schließlich in Frauenkleidern aus, die er unter seinem Mantel trägt. Dem Drehbuch zufolge schaut er sich nervös um, nachdem er einen »wunderschön blühenden Kirschbaum« gefunden hat:

> »Schließlich nimmt er allen Mut zusammen, zieht seinen Mantel aus. Er trägt einen Rock von Trudi über seiner Hose, ihre Strickjacke, ihre Kette. Er schüttelt ein wenig an dem Kirschbaum, die Blüten rieseln über ihn wie Schnee.
> RUDI: Da, Trudi. Für dich« (ebd.).

Da Rudi ihre Kleidung und ihren Schmuck trägt, kann er sich Trudi vorstellen und mit ihr in einen Dialog treten. Einerseits zeigt Rudi seiner Ehefrau Tokio, andererseits betrachtet Trudi durch seine Augen die Kirschblüte.

Im Inogashira-Park, in dem man auf dem See mit Tretbooten fahren kann, die wie Schwäne geformt sind, sieht Rudi auf der gegenüberliegenden Uferseite eine Butoh-Tänzerin.

> »Sie ist jung, weiß geschminkt, trägt ein seltsames Kostüm und tanzt mit einem rosa Telefonhörer in der Hand, an dessen langer Strippe ein zweiter Hörer hängt, den sie den Passanten anbietet, um dann mit ihnen zu telefonieren. Fasziniert sieht Rudi ihr zu« (ebd., S. 169).

Bei seinem nächsten Besuch im Inogashira-Park spricht Rudi die Butoh-Tänzerin an. Auf dem Spazierweg, der am Seeufer entlang führt, erklärt die junge Japanerin Yu dem Mann aus dem Allgäu den Butoh-Tanz:

> »YU: Butoh is dance of shadow. Not me dance. Shadow dance. Watch. And your shadow dance.
> Sie nimmt seine Hand, Rudis Schatten bewegt sich mit ihrem.
> YU: I don't know who is shadow. (Zu ihrem Schatten) Who are you? No answer.
> Sie will sich ausschütten vor Lachen. Rudi lacht höflich ein wenig mit.
> YU: Everybody can dance Butoh.
> RUDI: No.
> YU: Yes. Everybody has shadow. Young and old. Woman and man. Everbody alive. And everybody dead. Same time.
> Sie kichert wieder, als hätte sie einen guten Witz gemacht.
> YU: I dance with the dead.
> RUDI: Who is dead?
> YU: My mother.
> RUDI: When?
> YU: Yesterday one year. She loves telephone. Pink telephone. Always on the phone with family.
> RUDI: My wife, too. Always telephone. Three children. Much telephone.
> YU: I am on phone with my mother. All the time. She is in me. But when I want to sleep, she wants to get up, when I want to get up, she wants to sleep. I am not a dancer, my mother is. My father doesn't understand. He wants me to finish school, be a good girl, get a job, husband. But my mother wants to dance. So I dance. What can I do? Where is your wife?
> RUDI (nach einer Pause): I don't know. I don't know, where she is.
> YU: You don't know?
> Rudi schüttelt den Kopf« (ebd., S. 170f.).

Yu bringt Rudi im Park bei, wie man sich beim Butoh-Tanz in Zeitlupe bewegt und wie man im Einklang mit der äußeren Natur tanzt, die man um sich herum wahrnimmt. »Zum ersten Mal seit dem Tod von Trudi sieht man Rudi lächeln« (ebd., S. 172). Yu drängt Rudi dazu, den schweren Mantel abzulegen, obgleich er das nicht mag. Dann sieht sie darunter seine Frauenkleider.

> »RUDI: Not me. My wife.
> Yu sieht ihn nachdenklich an, nickt. Sie scheint zu verstehen« (ebd.).

Zunächst einmal bestätigen Rudis Worte, dass das nicht er, sondern seine Frau sei, die Lesart, dass er zwischen sich und Trudi unterscheidet, die er mittels ihrer Kleidung mit sich herumträgt.

Darüber hinaus offenbart diese Szenenfolge, wie Rudi und die Japanerin sich als Seelenverwandte erkennen: Wie Yu um ihre Mutter trauert, so trauert Rudi um seine Frau. Wie Yu das Gefühl hat, dass die Mutter »in mir« ist (ebd., S. 171), so spricht Rudi davon, dass es seine Frau sei, die ihre Kleider unter seinem Mantel trage. Wenn Yu ihm erzählt, dass Butoh ein »Schattentanz« ist, bei dem man »mit den Toten« tanzt, dann zeigt sie ihm einen Weg auf, wie er wieder in einen lebendigen Kontakt mit Trudi treten kann.

Wie gut Rudi das versteht, was Yu ihn lehrt, illustriert die Szene, in der er das Appartement seines Sohnes kehrt und aus dem Fegen mit dem Besen »vorsichtig ein paar Butoh-Bewegungen« entwickelt (ebd., S. 175). Wie Yu davon spricht, dass nicht sie tanzt, sondern ihre Mutter in ihr (ebd., S. 171), so lässt sich Rudi auf die Dinge, die er tut, auf einmal in einem solchen Maße ein, dass sich aus den Bewegungsabläufen des Fegens wie von selbst ein japanischer Ausdruckstanz entfaltet.

Als Rudi herausgefunden hat, dass Yu in einem Park lebt, in dem Obdachlose ihre blauen Zelte aufgebaut haben, nimmt er sie mit in Karls Appartement, damit sie duschen kann. Karl ist darüber wütend: »Ich brauche meinen Platz! Ich sitze den ganzen Tag mit anderen Leuten in einem winzigen Büro, ich brauche abends, wenn ich nach Hause komme, wenigstens ein bisschen Platz!« (ebd., S. 177f.) Als die beiden Männer nach dieser Auseinandersetzung entdecken, dass Yu wieder gegangen ist, fragt Rudi seinen Sohn befremdet, wann er »so hart geworden« sei (ebd., S. 178). Rudi ist so erschüttert über das Verhalten seines Sohnes, dass er sich in der Frühe des nächsten Morgens von seinem schlafenden Sohn verabschiedet, wobei er noch einmal dessen Hände in seine nimmt. Sodann geht er in den Chuo-Park, um auf Yu zu warten. Als sie aus ihrem Zelt kriecht, ist er auf der Parkbank eingeschlafen. Sie ergreift seine Hand und weckt ihn. Rudi öffnet seinen Mantel und »zeigt Yu Trudis Kleider«, die er darunter trägt, und sagt: »My wife wants to go on trip. You come with her?« (ebd., S. 179) Yu willigt sogleich ein, mit der Bahn zum Mount Fuji zu fahren. Spätestens auf dieser Zugreise wird deutlich, welch große Bedeutung Yu für Rudi gewinnt:

- Sie lehrt ihn die Bewegungsabläufe des Butoh-Tanzes, den Rudi zum ersten Mal in den Armen seiner Frau in der Nacht vor ihrem Tod kennengelernt hat.
- Als sie sich nach ihren Treffen im Park trennen, bringt Yu ihn zum Bahnhof Shinjuku und zeigt ihm das, wofür sich sein Sohn Karl nie die Zeit nimmt: Wie man mit einem Ticket die automatischen Sperren passiert und wie man die richtige S-Bahn findet, um zu seinem Ziel zu gelangen.
- So wie Yu die von seinem Sohn verschmähten Kohlrouladen mit Appetit isst, die Rudi ihr in den Park gebracht hat, so zeigt sie ihm nun im Schnellzug, »wie man Onigiri isst« (ebd.).
- Nach dem Verlassen des Zuges gelangen sie zu Fuß an den Kawaguchi-See, der am Fuß des Fuji liegt. Aber da der Berg aufgrund der ihn bedeckenden Wolken nicht zu sehen ist, kehren Rudi und Yu in eine Minshuku ein, eine japanischen Pension, in der man wie eine Familie zusammenlebt und in der alle Gäste blaue Kimonos tragen. Von dieser Minshuku aus blicken alle Fenster auf den Berg. Yu zeigt Rudi, dass man die Hausschuhe vor dem eigenen Zimmer lässt und wie man auf einem Futon schläft. Wenn sie ihm beim Ankleiden des Kimonos hilft, wird deutlich, dass die junge Japanerin die fürsorgliche Rolle übernimmt, die zuvor seine Ehefrau innehatte: Wie Trudi ihrem Mann nach der Rückkehr von der Arbeit in seine Strickjacke geholfen hat, so bindet Yu ihm nun den Gürtel seines Kimonos zu (ebd., S. 180).
- Als Rudi nachts fiebert, beruhigt Yu ihn, sie holt Hilfe, bettet ihn weich und versorgt ihn mütterlich.

Die Szenen offenbaren, dass die junge Japanerin mit Rudi ganz anders umgeht als seine Kinder. Weder Karolin und Klaus in Berlin noch Karl in Tokio haben Zeit für ihren Vater. Yu geht dagegen freundlich und hilfsbereit auf Rudi zu, lehrt ihn den Butoh-Tanz und begleitet ihn auf seiner letzten Reise zum Fuji.

Der latente Sinn hinter dem manifesten Sinn von Rudis Begegnung mit Yu erschließt sich in dem Maße, wie man sich von den Irritationen, mit denen man als Zuschauer auf die Inkonsistenzen und Widersprüche des im Film arrangierten Dramas reagiert, leiten lässt:

- Es irritiert, dass Rudi auf seine Reise nach Japan einen Koffer mit den Kleidern seiner verstorbenen Frau mitnimmt und diese anschließend in Tokio unter seinem Mantel trägt.
- Es irritiert, dass er keine Scheu hat, sich mitten in einem öffentlichen Park Butoh beibringen zu lassen, obgleich er das Butoh-Tanzen früher als »extrem« und »peinlich« abgelehnt hat (ebd., S. 156).
- Es irritiert, dass er mit einer obdachlosen Japanerin Freundschaft schließt, mit ihr durch Tokios Straßen zieht und mit ihr ein Zimmer in einer Pension am Fuß des Fujis teilt, obgleich er im Allgäu ein korrekter Hauptabteilungsleiter bei der Abfallbeseitigung war, der Wert auf Ordnung, Sauberkeit und Pünktlichkeit legte.
- Es irritiert, dass er sein Geld nicht seinen Kindern hinterlässt, sondern es Yu vermacht, der er zugleich auch ein Foto von Trudi als Butoh-Tänzerin hinterlässt.

Eben das, was uns als ZuschauerInnen irritiert, thematisiert der Film selbst, wenn Karl, Klaus und Karolin sich beim Kaffeetrinken nach der Beisetzung der Urne des Vaters folgendermaßen äußern:

> »KLAUS: […] Ich erkenne unseren Vater nicht wieder.
> KAROLIN: Er hat Mamas Tod nicht verkraftet.
> Karl: In einem Hotel! Mit einer Achtzehnjährigen!
> KAROLIN: In Frauenkleidern.
> KARL: Mamas Kleidern.
> KAROLIN: Es ist furchtbar (ebd., S. 186).

Die Kinder sind befremdet. Wenn ihnen das irritierende Verhalten des Vaters peinlich ist (»es ist furchtbar«), dann reagieren sie so konventionell wie Rudi, der im Allgäu das Butoh-Tanzen der Ehefrau »extrem« und »peinlich« fand. Was bedeutet es aber, dass die von Rudi inszenierten Lebensentwürfe im sozialmoralischen Milieu von Karl, Karolin und Klaus als derart anstößig gelten? Tatsächlich hat Rudi die bürgerliche Welt hinter sich gelassen, wenn er sich nicht mehr an geltende Kleidungskonventionen hält, Frauenkleider trägt, mit einer Obdachlosen Freundschaft schließt. Und wie Yu, die aus Kummer über den Tod ihrer Mutter die Schule aufgegeben hat und auf der Straße lebt, um ihr Leben dem Tanz mit der Mutter zu widmen, so hat Rudi aufgrund des schmerzlichen Verlustes der Ehefrau das streng durch die Arbeit geregelte Leben im Allgäu aufgegeben und lässt sich durch Tokios Straßen treiben, auch wenn er sich dann ins Vergnügungsviertel verirrt und in der Nacht wie ein Obdachloser auf der Straße schläft.

So spielt der Film mit einer Umwertung aller Werte. Während in der bürgerlichen Welt Berlins und Tokios eine heile Welt nur gespielt wird, weil sich hinter der Gastfreundschaft der Kinder eine abgründige Beziehungslosigkeit verbirgt, der entsprechend sie keine Zeit für die alten Leute haben, kommt es in der Fremde zu einer Begegnung zwischen Jung und Alt am Rande dieser zivilisierten Welt. Es ist die 18 Jahre alte Japanerin Yu, die Rudi, anders als der in Tokio lebende Sohn, versteht und dessen Kohlrouladen mag.

Um ihm zu zeigen, dass sie seine mangelhafte englische Erläuterung der Essenszubereitung verstanden hat, rollt sich Yu in eine blaue Plane ein, eine Aktivität, die Rudi dazu anregt, sich vom anderen Ende her ebenfalls in die Plane einzurollen. Yus witziger Kommentar »Now two cabbage rolls« spielt mit der Fantasie, dass das Einwickeln in die Plane dem Zubereiten der Kohlrouladen vergleichbar erscheint, die beide mit Appetit gegessen haben. Die durch diese Szene ausgelöste Vorstellung, dass Liebe durch den Magen geht, korreliert mit dem szenischen Arrangement, dass Rudi und Yu unter der blauen Plane wie Kinder wirken, die schlafen spielen.

Was in diesen Szenenfolgen geschieht, wird erst verständlich, wenn man folgende Szenerie hinzuzieht: Als Rudi die Butoh-Tänzerin auf dem Weg durch die Straßen von Tokio nach ihrem Namen fragt, entwickelt sich folgendes Wortspiel:

> »YU: Yu.
> RUDI: No, not me, you.
> YU: I am Yu.

Rudi: You are me?
Yu: No, my name is Yu! And you, what's your name?
Rudi: Rudi.
Yu: Rudi. Rudi!« (ebd., S. 174f.)

Rudis Missverstehen: »You are me?«, stellt sich als doppelbödig dar. Auf der manifesten Bedeutungsebene dieser Interaktionssequenz ist das Missverstehen auf ein mangelndes Sprachverständnis zurückführen, aufgrund dessen Rudi den japanischen Namen »Yu« wegen des Gleichklangs mit dem englischen Personalpronomen als »you« identifiziert. Zugleich irritiert die Frage »You are me?«, weil das Missverstehen auch auf etwas Unterdrücktes aufmerksam macht, das in diesem Dialog einen Augenblick lang aufblitzt. Die Fehlleistung des Missverstehens erschließt nämlich einen Zugang zu dem latenten Sinn, dass Yu mithilfe des japanischen Ausdruckstanzes Rudi dazu verhilft, die Gefühle zu spüren, die er aufgrund seines an äußeren Dingen ausgerichteten Lebens, bei dem es allein um Ordnung, Pflichterfüllung und Sparsamkeit ging, bislang als »extrem« und »peinlich« abgelehnt hat. Somit geht es um die Anteile seines Selbst, die Rudi bislang verleugnet und abgespalten hat. Zu diesen von seinem bewussten Selbstverständnis isolierten Affekten gewinnt Rudi in dem Maße einen Zugang, wie Yu ihm dazu verhilft, sich auf die äußere Natur emotional einzulassen und sich in den Bewegungsabläufen des japanischen Ausdruckstanzes zu spüren. Gerade weil Yu, die um den Verlust ihrer Mutter trauert, die Gefühle auslebt, die der unter dem schmerzlichen Verlust der Ehefrau leidende Rudi bislang abgewehrt hat, vermag sie jene Anteile seines Selbst anzusprechen, die er durch den Butoh-Tanz zu fühlen anfängt. Wenn Yu aber zugleich Rudi ist, dann heißt das, dass er sich mit ihr im Butoh-Tanz verbindet. Durch diese Verbindung, die in der Szene gipfelt, wenn er sich mit Yu in die blaue Plane einwickelt und sie wie Kinder nebeneinander liegen, verwandelt er sich in einen anderen Menschen, der seine Gefühle nicht mehr abwehrt, sondern sie wie ein Kind zulassen kann. Der Film beantwortet auch die Frage, um welche Anteile seines Selbst es sich dabei handelt: Denn sobald man sich vergegenwärtigt, dass Rudis Wandlungsprozess dadurch zustande kam, dass er angefangen hat, Frauenkleider zu tragen, wie Trudi Brote zu schmieren und zu kochen, wie eine Hausfrau mit dem Besen den Boden zu fegen, bevor er sich mit der jungen Japanerin verbindet, um den Butoh-Tanz zu erlernen, wird deutlich, dass es um die Integration der Kindheitsgefühle geht, die in der Dyade mit der Mutter entwickelt und im Zuge der Entwicklung der Männlichkeit verdrängt wurden. Denn im Allgäu, wo er der traditionellen Arbeitsteilung zwischen den Geschlechtern entsprechend als Mann der Berufsarbeit nachging, während Trudi als Frau den Haushalt zu führen hatte, waren sie ihm fremd geblieben. So ist das Ergebnis der Reise in die Fremde, dass Rudi sich auf die fernöstliche Kultur und auf die verschütteten Gefühle der Kindheit einlässt, die Yu durch den Butoh-Tanz in ihm zu wecken vermag.

Wenn die Kinder schockiert über ihren Vater sind, dann reagieren sie auf den manifesten Sinn des Films, der durch die bürgerliche Welt des Westens – und die ihr geltenden Moralvorstellungen – bestimmt wird, der eine Obdachlose so fremd ist wie der japanische Ausdruckstanz. Wenn dagegen Yu nach der Einäscherung von Rudi glaubt, dass er nun »happy« sei (ebd., S. 185), und Franzi ganz in diesem Sinne vermutet, dass Rudi »vielleicht […] am Ende glücklich« war (ebd., S. 186), dann reagieren beide Frauen auf den latenten Sinn. Denn während es auf der manifesten Bedeutungsebene darum geht, dass Rudi über Trudis Tod verzweifelt war und nicht darüber hinwegkam, dass er sie nicht wirklich wahrgenommen und ihre tiefsten Träume abgelehnt hat, geht es auf der latenten Bedeutungsebene darum, dass er glücklich wird, weil er sich einem Wandlungsprozess unterzieht, im Zuge dessen er sich von der äußeren Welt abwendet und seine Innenwelt entwickelt, sodass er aufgrund der Annahme und Integration der zuvor abgelehnten Gefühle für eine neue Begegnung mit der Ehefrau offen ist.

6. Der Tanz am Fuße des Fuji. Rudis Vereinigung mit Trudi im Tod

Wie bereits angedeutet, steuert der Film auf seinen Höhepunkt zu, als Rudi und Yu am Fuß des Mount Fuji freundlich in einer Minshuku aufgenommen werden, in der sie mit den anderen Gästen – japanischen Familien, die aus Eltern, Kindern und Großeltern bestehen – die Mahlzeiten in einem großen Speisesaal zu sich nehmen. Immer wieder geht Rudi mit Yu nach draußen, um zu schauen, ob der Fuji endlich aus den Wolken auftaucht. Da das nicht der Fall ist, kehrt er stets enttäuscht ins Haus zurück. Als er in einer schlaflosen Nacht ans Fenster tritt, sieht er auf einmal den Fuji direkt vor sich. Dessen verschneiter Gipfel hebt sich im Mondlicht strahlend vom blauen Nachthimmel ab. »Rudi schminkt sich das Gesicht weiß. Die Augen schwarz, die Lippen rot« (ebd., S. 182). Er zieht Trudis Nachthemd und ihren Kimono an. »Vorsichtig schleicht er sich aus dem Minshuku. Von weitem sieht er aus wie ein Gespenst« (ebd.). Weil er es eilig hat, scheint er auf einen Trampelpfad durch ein Gestrüpp zu gehen, an dem sein Kimono einen Augenblick lang hängen bleibt. Dann gelangt er zu dem See, von dem aus er den Berg in seiner ganzen Majestät sehen kann. Laut Drehbuch fragt er Trudi, ob es ihr »hier recht« sei (ebd., S. 183). Weil er den Eindruck gewinnt, dass sie »ja« sagt (ebd.), fängt er dort an, sich vorsichtig-tastend zu bewegen, mit den Händen in die Luft zu greifen und die Arme so auszustrecken, wie Yu es ihm beigebracht hat. Er tanzt »vollkommen entrückt« (ebd.). Während des Tanzes legen sich plötzlich Frauenhände in seine eigenen. Es sind die Hände von Trudi, die genau so wie er geschminkt ist und sich an ihn schmiegt. Sie lässt sich nun von ihrem hinter ihr stehenden Mann so führen, wie sie in der Nacht vor ihrem Tod hinter ihm stand und seine Hände führte. »Rudi lächelt. Er ist glücklich. Er tanzt schneller« (ebd.). Als sie zusammensackt, richtet Rudi sie noch einmal auf, um mit ihr in weit ausholenden Bewegungen weiterzutanzen. Und als sie das zweite Mal in sich zusammenfällt, stürzt auch er und bleibt am Seeufer tot liegen.

Auf der manifesten Bedeutungsebene dieser Szenenfolge geht es darum, dass Rudi seine Frau wiederfindet, von der er sich getrennt gefühlt hat, weil ihm »die andere Frau« fremd war, die sich hinter der Ehe- und Hausfrau verbarg. Wie er sich im Allgäu dadurch, dass er sich mit ihrer Sehnsucht nach dem Butoh-Tanz, nach der Kirschblüte und nach dem Fuji auseinandergesetzt hat, bewusst geworden ist, dass er ihre Träume stets abgelehnt hat, so packt er den Koffer mit ihren Kleidern und unternimmt eine Reise nach Japan, um das Fremde zu verstehen, das er bei seiner Frau zwar wahrgenommen, aber als »extrem« und »peinlich« verworfen hat. Wenn er sich die Kleider und die Kette seiner Frau anzieht, um ihr die Kirschblüte zu zeigen, wenn er für Karl Brote schmiert und Trudis Kohlrouladen kocht, wenn er in einem Park mithilfe einer jungen Japanerin den Butoh-Tanz erlernt und schließlich zum Fuji reist, dann verwirklicht er die Träume seiner Frau, um ihr post mortem gerecht zu werden und ihr seine Liebe zu gestehen. Wenn er dann vor dem Fuji Butoh tanzt und imaginiert, dass Trudi zu ihm zurückkehrt, dann tanzt er nicht nur in den Tod, sondern kann sich endlich wieder mit ihr vereinigen.

Auf der latenten Bedeutungsebene dieser Szenenfolge geht es hingegen darum, dass Rudi sich wandelt. Denn im Allgäu hatte er das Leben eines Kleinbürgers geführt, der die Arbeit, die Ordnung und die Pünktlichkeit liebt und alle Veränderungen, alles Fremde, zumal die Affekte hasst, die durch das Sich-Einlassen auf andere Menschen (die Kinder in Berlin und Tokio) und auf die äußere Natur (die Ostsee, die Kirschblüte, den Fuji) ausgelöst werden. So bewegt er sich stets auf denselben Gleisen des Pendlerzugs und erwartet von seiner Frau Trudi, dass sie die Hausarbeit erledigt, ihm bei der Heimkehr seine Strickjacke anreicht und am Abend eine warme Mahlzeit zubereitet. Als er durch seine Krankheit weicher und offener wird, kann Trudi ihn gegen seinen Willen zu Reisen nach Berlin und zur Ostsee überreden. Als er durch Trudis plötzlichen Tod mit der eigenen Sterblichkeit konfrontiert wird, wird ihm bewusst, wie sehr für ihn das Berufsleben im Vordergrund stand und wie sehr er seine Freizeitinteressen auf Kosten von Trudi durchgesetzt hat. Aufgrund der damit aufkommenden Trauer und Schuldgefühle entschließt er sich, sein bisheriges Leben aufzugeben und in Japan ein anderes Leben zu beginnen, von dem die Ehefrau geträumt hat. Während sich sein Leben zuvor stets auf denselben Gleisen abspielte, gerät er nun auf Abwege. Dafür steht die Verirrung in Tokios Vergnügungsviertel, aber auch das Laufen durchs Gestrüpp am Filmende. So öffnet Rudi sich in Japan dem Fremden und entwickelt seine Innenwelt in dem Maße, wie er seine Gefühle zulässt und die Träume auslebt, die seiner Ehefrau unerfüllt blieben: Er genießt die Kirschblüte und erlernt mithilfe einer jungen Japanerin den Butoh-Tanz. Dass ihm sein in Tokio hart arbeitender Sohn Karl immer fremder wird, heißt auch, dass er zusehends den Mann hinter sich lässt, der im Allgäu als Vater seiner Kinder tagtäglich seiner Arbeit nachging und an äußerlichen Dingen orientiert war. Am Ende ist er glücklich darüber, dass aus ihm ein neuer Mann geworden ist, der endlich lebendig sein, am Fuß des Fuji gefühlvoll Butoh tanzen, seiner Frau auf diese Weise seine Liebe gestehen und durch die Verschmelzung mit Trudi seine Angst vor dem Tod überwinden kann.

III. Kreative Lösung einer Identitätskrise – Theoretisches Begreifen der tiefenhermeneutischen Rekonstruktion

Zu vergegenwärtigen ist, wie verfahren wurde: Ohne theoretische Begriffe zu verwenden, ist die sich in der Spannung zwischen einem manifesten und einem latenten Sinn entfaltende Bedeutung des Films vor dem Hintergrund seiner Wirkung auf das Erleben einer Gruppe von ZuschauerInnen analysiert worden. Damit ist es gelungen, die lebendige Erfahrung des sich im Film entfaltenden Dramas zugänglich zu machen, ohne dass subsumtionslogisch verfahren wurde. Das unterscheidet die tiefenhermeneutische Verfahrensweise vom naiven Vorgehen einer angewandten Psychoanalyse, welche die Interpretation dadurch abkürzt, dass sie den Film voreilig unter die Theoriekonstruktionen der freudschen Metapsychologie und Neurosenlehre subsumiert. Erst nachdem die in der Umgangssprache durchgeführte szenische Fallrekonstruktion abgeschlossen ist, stellt sich in der Tiefenhermeneutik die Frage, welche theoretischen Schlüsse sich aus der vorliegenden Interpretation ziehen lassen. Deshalb wird nun versucht, die tiefenhermeneutische Rekonstruktion des Films im Rückgriff auf die Konzepte der Psychoanalyse und der analytischen Sozialpsychologie theoretisch zu begreifen.

Begonnen werden soll damit, dass Rudi jeden Tag um dieselbe Uhrzeit mit dem Pendlerzug zur Arbeit fährt, um dieselbe Zeit das Mittagessen einnimmt und um dieselbe Zeit nach Hause zurückkehrt. Es fällt zunächst einmal auf, dass *Pünktlichkeit* für ihn eine Tugend ist. Dass er auf Trudis Frage, was er »gern tun« würde, wenn sie »nicht mehr so viel Zeit« hätten, antwortet, was »sollte« er »denn anderes tun« (ebd., S. 146), als weiterhin »morgens in die Arbeit [zu] gehen und abends zu dir nach Hause [zu] kommen«, offenbart, dass die im Beruf zu erbringende *Leistung* und die damit verbundene Pflichterfüllung eine *Ordnung* darstellen, die Rudis Leben maßgeblich strukturiert. Dass er sich von seinem Sohn Klaus beim Koffertragen nicht helfen lässt und der Meinung ist, dass »nichts […] mehr so« ist, »wie es richtig ist« (ebd., S. 135), wirft die Frage auf, ob ihm nicht der »trotzige Eigensinn« eines Zwangsneurotikers eigen ist (Fenichel 1974, S. 124). Dass er auf die Frage von Trudi, ob sie oben auf dem Tegelberg einen kleinen Spaziergang unternehmen, antwortet: »Nein. Ich habe Hunger«, bestätigt die Lesart, dass sich Rudi durch einen zwanghaften Eigensinn charakterisieren lässt, dem entsprechend das leibliche Wohl keinen Aufschub duldet und bedingungslosen Vorrang vor dem Wunsch der Ehefrau hat. Dass er einen Besuch des Fuji mit den Worten ablehnt, »der Fuji ist am Ende auch nur ein Berg« (Dörrie 2008, S. 129), und angesichts der Ostsee meint, dass »das Meer […] auch nicht mehr das« sei, »was es mal war« (ebd., S. 146), ja, dass er es für seine Schlaflosigkeit in der Nacht verantwortlich macht, weil es »so laut« sei (ebd., S. 147), lässt sich ebenfalls als Ausdruck des »halsstarrigen Verhaltens« eines Zwangsneurotikers begreifen (Fenichel 1974, S. 125), der alles ablehnt, was er nicht kennt, und voller Vorurteile gegenüber neuen Erfahrungen ist. Seine Bemerkung, dass es »billiger« sei, wenn der Sohn die Eltern besuche, als dass sie ihn in Japan besuchen, verrät darüber hinaus Rudis *Sparsamkeit*. Ob man Rudis »Ordentlichkeit«, seine »Sparsamkeit« oder seinen »Eigensinn« betrachtet, alle diese Eigenschaften sind typisch für den von Freud so beschriebenen Analcharakter (Freud 1908, S. 27). Wie dessen Ordentlichkeit »auch Gewissenhaftigkeit in kleinen Pflichterfüllungen und Verlässlichkeit« bedeutet (ebd., S. 25), so zeigt sich sein trotziger Eigensinn darin, dass er stets »den eigenen Willen gegen den eines anderen durchzusetzen« sucht (Fenichel 1974, S. 124). Dass Rudi abends von Trudi erwartet, dass sie ihm Mantel und Anzugsjacke abnimmt, ihm seine Strickjacke gibt und eine warme Mahlzeit für ihn vorbereitet hat, offenbart darüber hinaus den »Machtwillen« des Analcharakters, der dazu neigt, »andere zu beherrschen« (ebd., S. 130). Ein weiteres Beispiel für Rudis Zwanghaftigkeit ist der Umstand, dass er, wie die Ehefrau bemerkt, »Unternehmungen, Reisen, Abenteuer [hasst]. Ihm ist es am liebsten, wenn sich nichts verändert« (Dörrie 2008, S. 124). Denn Reisen und Abenteuer stellen für einen Zwangscharakter eine »gefährliche Spontaneität« dar, die für den Zwanghaften eine »Bedrohung« seiner geordneten Welt darstellt (Fenichel 1974, S. 132). Ein weiteres Beispiel hierfür ist folgende Szene: Zwar begleitet Rudi seine Frau in Berlin zu dem Veranstaltungsort, an dem der Butoh-Tänzer Tadashi Endo auftritt, aber er hat eine solche Abneigung gegen den japanischen Ausdruckstanz, dass er sich die Vorstellung nicht gemeinsam mit seiner Frau ansieht, sondern draußen im Flur wartet. Die lebendige Erfahrung von etwas Neuem gefährdet die zwanghafte Abwehr der Affekte, die durch Ordentlichkeit, Sparsamkeit und Eigensinn unter Kontrolle gehalten werden. In seiner auf der Berliner Reise zutage tretenden Abneigung gegen das Tanzen setzt sich fort, was Rudi schon vor 30 Jahren mit den Worten zum Ausdruck brachte, als er das Butoh-Tanzen der Ehefrau als »extrem« und »peinlich« empfand. Denn der japanische Ausdruckstanz weckt Gefühle, auf die Rudi seinem Zwangscharakter entsprechend mit *»Scham«* und *»Zweifel«* reagiert (Erikson 1968, S. 105).

Wenn man sich aber vergegenwärtigt, dass sich Rudi nicht in die Ehefrau einfühlen und sie nicht mit ihrem Wunsch, eine Butoh-Tänzerin zu werden, wahrnehmen und bejahen kann, vielmehr von ihr erwartet, dass sie sich seinem Willen fügt und ihm seine Wünsche pünktlich erfüllt, wenn er nach Hause kommt, dann wird deutlich, dass er sie auch auf eine narzisstische Weise instrumentalisiert: Seine Vorstellungen und Wünsche stehen im Mittelpunkt eines miteinander geteilten Ehelebens, in dem sie ihm zu deren Realisierung zur Verfügung zu stehen hat. Wie sie sich seinem Sinn für Ordnung und Sparsamkeit sowie seinem Eigensinn aufgrund seines Zwangscharakters zu unterwerfen hat, so vermag er sie aufgrund seiner narzisstischen Selbstbezogenheit nur in ihrer Funktion für ihn wahrzunehmen und fühlt sich durch das gestört, was sie im Unterschied zu ihm darstellt.

Der »schreckliche Schrei«, der Rudi entfährt, als er beim Wecken seiner Frau feststellt, dass sie tot ist (Dörrie 2008, S. 149), offenbart, wie sehr der Verlust der geliebten Frau ihn entsetzt und schmerzt. Der Eindruck, dass Rudi um Trudi trauert, bestätigt sich, wenn er im Gespräch mit den Kindern bei dem Gedanken, dass er sich »daran gewöhnen müsse« (ebd., S. 152), ohne seine Frau weiterzuleben, zu weinen anfängt. Zwar sehnt er sich in der Nacht vor der Urnenbeisetzung danach, dass Trudi wieder da sein möge, und halluziniert daher, ihre Schritte zu hören, jedoch unterzieht er diese Wunschfantasie sogleich einer Realitätsprüfung, mit den Worten: »Nein, stimmt nicht« (ebd., S. 154). Nach Freud besteht Trauerarbeit darin, sich in jeder Szene, die man mit dem geliebten Menschen geteilt hat, immer wieder von neuem bewusst zu machen, »daß das geliebte Objekt nicht mehr besteht« und daher die Aufgabe zu leisten ist, »alle Libido aus ihren Verknüpfungen mit diesem Objekt abzuziehen« (Freud 1917, S. 198). Wenn Rudi sich im Bett nachts fragt: »Wo bist du? Wo bist du denn nur?« (Dörrie 2008, S. 157), dann sehnt er sich nach Trudi, ein Wunsch, den er im Zuge der Realitätsprüfung aufgibt, weil er sich auch in dieser Situation bewusst machen muss, dass sie nicht mehr lebt. »Jede einzelne der Erinnerungen und Erwartungen, in denen die Libido an das Objekt geknüpft war, wird eingestellt, überbesetzt und an ihr die Lösung der Libido vollzogen« (Freud 1917, S. 199). Dass Rudi gar nicht darauf reagiert, dass seine Kinder bei der Urnenbeisetzung fehlen, und dass er schon bald darauf seine Arbeit aufgibt, spricht dafür, dass er im Zuge der Trauerarbeit »das Interesse an der Außenwelt« verliert und sich »von jeder Leistung« abwendet (ebd., S. 198). Diese »Hemmung und Einschränkung des Ichs« lässt sich als »Ausdruck der ausschließlichen Hingabe an die Trauer« begreifen (ebd.).

In welchem Ausmaß Rudi durch den Tod der Ehefrau erschüttert wird, illustrieren zwei Szenen: Als er den Fernseher ausgeschaltet hat, wird es »ganz still« im Haus (Dörrie 2008, S. 154). Wie schon erwähnt wurde, übersetzt sich der Wunsch, Trudi möge zurückkehren, in die Halluzination, ihre Schritte im Flur zu hören. Aber als ihm sein Irrtum klar wird, bleibt nur »der leere Flur« (ebd.). Wenn aber aufgrund des Todes von Trudi eine Totenstille in das Haus einzieht und sich in allen Räumen eine große Leere ausbreitet, dann wird Rudi sich seiner Sterblichkeit bewusst. Und wenn er »zunehmend Angst« bekommt, »allein im Haus« zu sein (ebd., S. 156), dann wird deutlich, dass Rudi in diesen Räumen von einer nicht in Worte zu fassenden Angst vor dem Tod erfasst wird. Mit Yalom (2008) kann man davon sprechen, dass Rudi durch den Tod der Ehefrau mit der »Unausweichlichkeit des Todes« konfrontiert wird, der »alles Leben bedeutungslos« macht (ebd., S. 22). Yalom ist der Auffassung, dass »der Tod eines nahe stehenden Menschen« (ebd., S. 29) eine »eindringliche und unwiderrufliche Erfahrung« darstellen kann, die den Betroffenen »aufrüttelt« (ebd., S. 43). Denn »Trauer und Verlust können wachrütteln und dazu führen, dass man sich des eigenen Seins bewusst wird« (ebd., S. 44).

Dass Rudi durch den Verlust der Ehefrau ganz im Sinne von Yalom zutiefst alarmiert ist, lässt sich daran ablesen, dass er auf einmal das mit Trudi erlebte Eheglück infrage stellt. Schon nach der Beerdigung meint er zur Tochter und zu beiden Söhnen: »Sie [Trudi] hat euch Kindern und mir fast ihr ganzes Leben geopfert« (Dörrie 2008, S. 151). Rudi wird auf schmerzliche Weise bewusst, allzu lange übersehen zu haben, was seine Frau für die Familie geleistet hat. »Wenn ich gewusst hätte, dass es so plötzlich endet, wäre ich netter zu ihr gewesen« (ebd., S. 152). Rückblickend fühlt Rudi sich schuldig und empfindet Reue. Als ihm nach der Urnenbeisetzung durch das Gespräch mit Franzi auch noch bewusst wird, was es bedeutet, dass er sich gegen das Butoh-Tanzen seiner Frau ausgesprochen hat, wirft er sich vor, Trudi zu Hause »eingesperrt« zu haben (ebd., S. 156). Ob er seinem Sohn Karl auf dem Anrufbeantworter eingesteht, dass er ihr »alles unmöglich gemacht« habe, weil er nicht mit ihr zur Kirschblüte und zum Fuji gereist ist (ebd., S. 157), oder ob er im persönlichen Gespräch mit ihm meint, »[s]einer Mutter weggenommen« zu haben, »was ihr am wichtigsten war« (ebd., S. 161) – auch in diesen beiden Szenen bilanziert er schonungslos, auf die Ehefrau und ihre Wünsche nicht eingegangen zu sein, sie ignoriert und abgelehnt zu haben.

Mit Erikson (1968) kann man davon sprechen, dass Rudi gegen »Ende seines Lebens« die »neue Auflage einer Identitätskrise« erlebt (ebd., S. 136). Wenn man dem Entwicklungsmodell des von Erikson entworfenen Lebenszyklus folgt, dann hat Rudi das Stadium des Erwachsenenalters gerade hinter sich gelassen und ist nun ins Stadium des Alters eingetreten (vgl. Erikson 1982, S. 72f.). Versucht man zu fassen, wie er das Erwachsenenalter bewältigt hat, dann fällt auf, dass ihm die von Erikson so bezeichnete »Generativität«, ein produktiver und kreativer Umgang mit dem Leben (ebd., S. 86), nur in eingeschränktem Maße möglich geworden ist. Zwar hat er mit Trudi drei Kinder gezeugt, aber wenn man Karls Vorwürfen folgt, dann war er kein um Frau und Kinder »besorgter Vater« (Dörrie 2008, S. 166), vielmehr mussten sich alle Familienmitglieder »immer« um den Vater »kümmern« (ebd.), denn die Mutter habe die Kinder stets angehalten, »Rücksicht« auf den Vater zu nehmen, der »so viel arbeite« und deshalb »müde« sei (ebd.). In Anschluss an Erikson kann man daher davon sprechen, dass der Umgang des Vaters mit den Kindern weniger durch »Fürsorge« (Erikson 1982, S. 87) als vielmehr durch »Abweisung« bestimmt gewesen ist (ebd., S. 89), weil Rudi sich, so Karls Vorwurf, sein »ganzes Leben« lang nicht um sie gekümmert, sondern sich »im Büro den Hintern platt« gesessen und sich dort »versteckt« habe (Dörrie 2008, S. 166). In vergleichbarer Weise lässt sich auch Rudis Umgang mit Trudi und ihren Wünschen nicht durch »Fürsorge«, sondern durch »Abweisung« charakterisieren (Erikson 1982, S. 89), weil er seine Frau durch seine Hang zum »Ritualismus«, durch seine Neigung zur »kleinlichen und unproduktiven Anwendung« seiner patriarchalen »Macht« gegängelt hat (ebd., S. 91). Mit Erikson kann man daher davon sprechen, dass Rudis Erwachsenenalter in »Stagnation und Selbstabsorption« erstarrt ist, weil ihm ein »fruchtbares Wachstum und Werden« misslungen ist (ebd., S. 86f.).

Mittlerweile ist Rudi, der zwar noch berufstätig ist, aber unter einer tödlichen Krankheit leidet, ins Stadium des Alters eingetreten. Im Zuge der Trauer über den Tod von Trudi wird er mit der eigenen Sterblichkeit und der eigenen Angst vor dem Tod konfrontiert. Dass er sich vorwirft, dass er »netter zu ihr« hätte sein sollen (Dörrie 2008, S. 152), dass er sich vorhält, sie zu Hause »eingesperrt« und ihr »alles unmöglich gemacht« zu haben (ebd., S. 156f.), offenbart, dass er sich rückblickend bewusst wird, dass er sich nicht um Trudi gekümmert, sondern sie immer wieder abgewiesen hat. So gerät Rudi im Alter in eine Identitätskrise, unter deren Druck er auf eine kindliche Erlebnisweise der analen Ohnmacht und Wut regrediert. Wenn er im Zuge des Nachdenkens über seine Ehe nämlich »Zweifel« daran äußert, was er da »hinter sich gelassen hat« (Erikson 1968, S. 107), und wenn er sich dafür schämt, wie er mit Trudi so viele Jahre lang umgegangen ist, dann fällt er in den für die frühe Kindheit typischen »Hang zu Scham und Zweifel« zurück, der »aus dem unausweichlichen Gefühl« resultiert, »die Herrschaft über sich selbst verloren zu haben« (ebd., S. 105). In dieser Krise überlässt er sich aber nicht der »Verzweiflung«, in die das Stadium des Alters mündet, wenn das »Gefühl der Stagnation« anhält, das Rudis Erwachsenenalter beherrscht hat (Erikson 1982, S. 81). Da Rudi sein Leben im Allgäu auf einmal mit den Augen von Trudi sieht, die er hier »eingesperrt« habe, fühlt er sich nämlich auf einmal selbst gefangen in dieser westlichen Kultur, die durch »das Ideal eines mechanisch trainierten, fehlerfrei funktionierenden, immer sauberen, pünktlichen und geruchlosen Körpers« (Erikson 1968, S. 103) eben solche Zwangscharaktere wie ihn produziert. Rudi löst diese Identitätskrise im Rückgriff auf »eine trotzige Art von Autonomie« (ebd., S. 107), indem er all die geliebten Objekte (die Arbeit, das Eigenheim, die Heimat) »wegwirft«, an die er sich zuvor »geklammert« hat (ebd., S. 104). Das bedeutet, dass er in einen Zustand der »Identitätsverwirrung« gerät (ebd., S. 126), in dem er nicht mehr dazu imstande ist, die Rolle »anzunehmen«, die ihm seine soziale Position vorschreibt (ebd., S. 127), vielmehr durch die Preisgabe von Beruf und Besitz all das verliert, was dem Zwangscharakter Sicherheit und Halt gibt. Würde Rudi sich in dieser Lage seinen Schuldgefühlen und Selbstvorwürfen überlassen, wäre er vermutlich in eine Depression abgestürzt, im Rahmen derer er seine verzweifelte Wut gegen sich gerichtet hätte.

Doch Rudi fügt sich nicht in sein Schicksal, sondern begehrt dagegen auf, indem er sein Leben radikal verändert. Obwohl er todkrank ist und weiß, dass er nicht mehr lange zu leben hat, tauscht er Arbeit, Haus und Heimat gegen eine ungewisse Zukunft in Japan ein. Aber ein solcher Neuanfang in der Fremde ist nicht einfach. Wenn Rudi sich in Tokio in einer Skylounge betrinkt, weil sein Sohn Karl ihn dort einen ganzen Tag lang allein lässt (vgl. Dörrie 2008, S. 161f.), wenn er dort ins Vergnügungsviertel von Shinjuku gerät und in einem Striptease-Club strandet, wenn er in einen Schaumclub in Gegenwart von zwei nackten Japanerinnen zu weinen anfängt (vgl. ebd., S. 163) und wenn er zuletzt übermüdet wie ein Obdachloser vor dem Hochhaus einschläft, in dem sein Sohn ein Appartement gemietet hat, dann wird fassbar, dass er ein aus der Bahn geworfenen alter Mann geworden ist. Und diesem heimatlos und haltlos gewordenen Alten ist es aufgrund seiner Verzweiflung völlig gleichgültig, was ihm zustößt. Doch wie sinnlos das Vagabundieren durch Tokio seinem Sohn auch erscheint, für Rudi selbst handelt es sich um sinnvolle Streifzüge, denen entsprechend er »viel zu tun« hat. »Ich erinnere mich«, erklärt er seinem Sohn Karl, »ich erinnere mich an deine Mutter« (ebd., S. 167). Das bedeutet aber, dass die Bewältigung dieser Identitätskrise ganz im Sinne von Erikson (1968) mit einem »psychosoziale[n] Moratorium« (ebd., S. 151) einhergeht, einer Übergangsphase, in der Rudi verschiedene Rollen kennenlernt und mit ihnen frei experimentiert, bevor er »einen passenden Platz in irgendeinem Ausschnitt« der japanischen Kultur gewinnen kann (ebd.).

Wenn er sich in Tokio die Freiheit nimmt, die Strickweste und den Rock seiner Ehefrau anzuziehen und sich deren Halskette umzulegen, dann lässt Rudi seine alte Identität hinter sich, der entsprechend er sich im Allgäu pflichtbewusst den Zwängen des Arbeitslebens unterwarf, ihm die Interessen seiner Familie gleichgültig waren und er den konservativen Traditionen des Freistaats Bayern entsprechend Trudis Butoh-Tanzen »extrem« und »peinlich« fand. Wenn Rudi in der Fremde auf einmal von Tadashi Endo fasziniert ist, dessen Auftritt in einem Kanal des japanischen Fernsehen übertragen wird, dann betrachtet er den Butoh-Tanz mit der Neugier eines Mannes, der auf der Suche nach Trudi offen für neue Erfahrungen ist. Und wenn er sich in einem öffentlichen Park auf das Butoh-Tanzen einlässt, dann ist es ihm anders als in der ländlichen Voralpenwelt Bayerns gleichgültig, was andere Leute darüber denken. Wichtig ist ihm allein die neue Erfahrung, die er im Kontakt mit der jungen Japanerin Yu macht. Da sie vor einem Jahr die Mutter so verloren hat, so wie er vor Kurzem die Ehefrau verloren hat, vertraut er ihr, davon überzeugt, dass sie seinen Schmerz teilen kann. Yu lehrt ihn durch das Butoh-Tanzen verschiedene Dinge:

- Wenn sie ihm erklärt, dass Butoh ein Schattentanz ist, bei dem »du« nicht selbst, sondern »dein Schatten tanzt« (Dörrie 2008, S. 170), dann fordert sie Rudi dazu auf, den eigenen Willen, das bewusste Selbst zurückzustellen und sich beim Tanzen emotional darauf einzulassen, was spontan aus dem unbewussten Selbst, aus der inneren Welt der Affekte und Triebe aufsteigt.
- Wenn Yu Rudi dazu auffordert, »sich in Zeitlupe zu bewegen, so zu gehen« (ebd., S. 172), dann bringt sie ihn dazu, die Hektik der westlichen Zivilisation, in der Zeit Geld ist, hinter sich zu lassen und die Bewegungen des eigenen Körpers zu spüren, die ihren eigenen Rhythmus haben und entsprechende Affekte auslösen.
- Wenn sie Rudi dazu ermuntert, »den Boden unter seinen Füßen wahrzunehmen, die Luft, einen Grashalm, einen Vogel« (ebd.), dann bringt sie ihn dazu, die äußere Natur (Wasser, Feuer, Erde, Luft) lebendig werden und die sie einschließende Tier- und Pflanzenwelt auf das eigene Erleben wirken zu lassen.
- Wenn sie ihn lehrt, dass Butoh bedeutet, mit den Toten so zu tanzen, dass beispielsweise ihre verstorbene Mutter in ihr tanzen kann, dann verliert der Tod seine den Menschen erschlagende Übermacht und verwandelt sich in ein Gegenüber »auf Augenhöhe«, eine Person, mit der man durch das Tanzen interagieren kann.
- Wenn sie Rudi dazu bringt, »seinen schweren Mantel auszuziehen«, unter dem »die Frauenkleider« sichtbar werden (ebd., S. 172), dann fordert Yu ihn dazu auf, nicht mehr zu verstecken, dass er ständig mit seiner verstorbenen Frau beschäftigt ist, sondern offen damit umzugehen und das Erleben mit Trudi in den Butoh-Tanz zu übersetzen.

Auf diese Weise lernt der alt gewordene Mann durch das Tanzen, was ein Kind nach Auffassung von Freud durch das Spielen erlernt. Freud (1920) erläutert das »selbstgeschaffene Spiel eines Knaben im Alter von 1½ Jahren« (S. 224) folgendermaßen:

> »Das Kind hatte eine Holzspule, die mit einem Bindfaden umwickelt war. Es fiel ihm nie ein, sie zum Beispiel am Boden hinter sich herzuziehen, also Wagen mit ihr zu spielen, sondern es warf die am Faden gehaltene Spule mit großem Geschick über den Rand seines verhängten Bettchens, so daß es darin verschwand, sagte dazu sein bedeutungsvolles o-o-o-o und zog dann die Spule am Faden wieder aus dem Bett heraus, begrüßte aber deren Erscheinen jetzt mit einem freudigen ›Da‹. Das war also das komplette Spiel, Verschwinden und Wiederkommen, wovon man zumeist nur den ersten Akt zu sehen bekam, und dieser wurde für sich allein unermüdlich als Spiel wiederholt, obwohl die größere Lust unzweifelhaft dem zweiten Akt anhing« (ebd., S. 225).

Freud interpretiert dieses Spiel im Zusammenhang damit, dass das Kind im guten Kontakt mit den Eltern war und »gewissenhaft die Verbote« befolgte, die man ihm auferlegte (ebd., S. 224). Vor allem aber weinte es »nie, wenn die Mutter es für Stunden verließ, obwohl es dieser Mutter zärtlich anhing, die das Kind nicht nur selbst genährt, sondern auch ohne jede fremde Beihilfe gepflegt und betreut hatte« (ebd.).

> »Die Deutung des Spieles lag dann nahe. Es war im Zusammenhang mit der großen kulturellen Leistung des Kindes, mit dem von ihm zustande gebrachten Triebverzicht (Verzicht auf Triebbefriedigung), das Fortgehen der Mutter ohne Sträuben zu gestatten. Es entschädigte sich gleichsam dafür, indem es dasselbe Verschwinden und Wiederkommen mit den ihm erreichbare Gegenständen selbst in Szene setzte« (ebd., S. 225).

Freud vertritt die Auffassung, dass das Kind die schmerzhafte Erfahrung der zeitweiligen Trennung von der Mutter bewältigt, indem es dieses Erlebnis, »trotzdem es unlustvoll war, als Spiel wiederholt« (ebd., S. 226). Während das Kind in der Interaktion mit der Mutter »passiv« war, »vom Erlebnis betroffen«, bringt es sich durch das Spiel mit der Holzspule »in eine aktive Rolle« (ebd.). Diese triebtheoretische Betrachtung Freuds bleibt unvollständig, wenn man sie nicht durch eine objektbeziehungstheoretische Überlegung ergänzt: Da das etwa zwölf Monate alte Kleinkind noch nicht genügend lustvolle Erfahrungen mit der Mutter verinnerlicht hat, um die Imago einer guten Mutter innerlich aufzubauen, stellt sich die frühkindliche Situation noch dramatischer dar, als Freud es getan hat. Denn das Kleinkind, das von der Mutter allein gelassen wird, wird von einer maßlosen Angst überflutet, dass die Mutter geht und es seinem Schicksal überlässt. Aufgrund des Fehlens guter innerer Objekte, deren Konstanz sich im Alter von 18 Monaten gerade erst herzustellen beginnt, kann sich das Kleinkind noch nicht durch die Vorstellung beruhigen, dass die Mutter, von der es gerade verlassen worden ist, wieder zurückkehren wird. Durch das Spiel mit einer Holzspule, die es verschwinden lässt und wieder hervorzieht, kann sich das von Freud beobachtete Kind hingegen vergegenwärtigen, dass die Mutter es verlässt, aber auch wieder zurückkehrt.

Was das sozialpsychologisch bedeutet, lässt sich auf der Basis von Lorenzers (1981) sozialisationstheoretischer Reformulierung der psychoanalytischen Entwicklungstheorie folgendermaßen beschreiben. Noch bevor das Kind zu sprechen lernt, gelingt ihm durch das Spiel mit Gegenständen »eine erste präverbale Symbolbildung« (S. 158). Lorenzer bezieht sich dabei auf Susanne Langer (1942), die davon spricht, dass sich der menschliche Geist in der Kultur auf zweierlei Weise objektiviert. Während sich die rationale Ordnung der Wissenschaft, der Geschäftswelt und der Verwaltungsbürokratien der diskursiven Symbole der Sprache bedienen, die über ein in andere Sprachen übersetzbares Vokabular verfügt und deren Bedeutungssegmente sich den Regeln einer Grammatik fügen, setzen Mythen und Rituale, Malerei und Musik, Fotografie und Film auf präsentative Symbole, deren Bedeutung sich in einzigartigen Bildern entfaltet, in denen »das nicht Verbalisierbare auf einen sinnlich zugänglichen Begriff« gebracht wird (Lorenzer 1981, S. 31). Während Langer kulturelle Objektivationen danach unterscheidet, ob sie diskursive oder präsentative Symbolgefüge bilden, geht es Lorenzer darum, wie sich die subjektive Erfahrungswelt des Individuums, deren Grundelemente sich in der frühen Kindheit aufbauen, aus dem Ineinandergreifen von unbewussten Affekten und bewusster Selbstverfügung entwickelt.

Die von Freud beschriebenen Affekte (sexuelle und aggressive Triebregungen) stellen ein Gefüge »unbewusster Interaktionsformen« dar, die der intrapsychische Niederschlag eines über den Austausch von Gesten regulierten sensomotorischen Interagierens zwischen Säugling und primärer Bezugsperson (»Mutter«) sind (ebd., S. 85).

Diese sinnlich-unmittelbaren Interaktionsformen organisieren sich auf einer neuen Erfahrungsebene, sobald sich das Ich konstituiert, das die Affekte durch die Verknüpfung mit Symbolen bewusstseinsfähig macht. Dabei lassen sich zwei Formen des Bewusstseins unterscheiden:

1. Die Fantasie entwickelt sich auf der Bedeutungsebene des von Freud so bezeichneten »Vorbewussten«, das von dem Augenblick an wirksam wird, wenn das Kind eine erste

Eigenständigkeit dadurch entwickelt, dass es eigene Wünsche und Ängste durch das Spiel mit Gegenständen zu inszenieren beginnt. So lernt das von Freud beobachtete Kind, Interaktionen mit der Mutter durch das eigenständige Spiel mit der Garnrolle auf eine sinnlich-bildhafte Weise zu symbolisieren. Derart wird das Interagieren mit der verschwindenden, aber wieder hervorgezogenen Holzspule zum Symbol für das Interagieren mit der verschwindenden, aber wiederkehrenden Mutter. Eben dadurch, dass das eigenständige Spiel mit der Holzspule die Interaktion mit der Mutter symbolisiert, löst sich das Kind ein Stück weit aus der Abhängigkeit von der Mutter und entwickelt auf der Grundlage der Bildung »sinnlich-symbolischer Interaktionsformen« eine erste Ich-Autonomie (ebd., S. 159).

2. Was Freud als »das Bewusste« bezeichnet, entwickelt sich in dem Maße, wie das Kind seine Wünsche zu verbalisieren anfängt. Da in diesem Fall die unbewussten Interaktionsformen mit Wörtern verknüpft werden, bezeichnet Lorenzer diese zweite Form des Bewusstseins als ein Gefüge »sprachsymbolischer Interaktionsformen« (ebd., S. 160). Wie dem Kind das Spiel mit den Gegenständen ein Probehandeln auf der Basis sinnlich-symbolischer Interaktionsformen ermöglicht, mit deren Hilfe es sich auf eine persönlich-private Weise ausdrücken kann, so basiert die Entfaltung der Bedeutungsebene sprachsymbolischer Interaktionsformen auf einem kollektiv vereinbarten Zeichensystem, mit dessen Hilfe die eigene Lebenspraxis systematisiert, durchdacht und auf die eigene Identität reflektiert werden kann.

Der gemeinsame Nenner des kindlichen Spiels mit der Garnrolle und des Butoh-Tanzes von Rudi besteht darin, dass es beide Male um die sinnlich-symbolischen Interaktionsformen geht, »die Basisschicht der Subjektivität«, die aufgrund ihrer bildhaften Anschaulichkeit den Affekten näher stehen als die sprachsymbolischen Interaktionsformen, die sich in einer gewissen Distanz zu den Affekten in rationalen Diskursen entfalten. Ob das Kind den momentanen Verlust der Mutter durch das Spiel mit der Garnrolle oder Rudi den tödlichen Verlust der Ehefrau durch das Ritual des Butoh-Tanzes verarbeitet, beide Male werden soziale Konflikte auf eine sinnlich-unmittelbare Weise dargestellt. Wie das Kind durch das Spiel mit Gegenständen auf anschauliche Weise den Konflikt inszeniert, der sich in der Auseinandersetzung mit der Mutter nicht verbalisieren lässt, so vermag Rudi das Unfassbare und Unsagbare seiner Trauer und seiner Sehnsucht nach Trudi durch das Ritual des Butoh-Tanzes in eine ästhetische Form zu übersetzen.

Vergleicht man das Spiel des von Freud beobachteten Kindes mit Rudis Butoh-Tanz, dann fällt zudem Folgendes auf: Die von Freud beschriebene Aufgabe, dass eine kulturelle Leistung auf Triebverzicht basiert, liegt in diesem Fall darin, dass Rudi im Zuge der Trauerarbeit die emotional stark besetzte Vorstellung aufgeben muss, dass Trudi noch lebt und zu ihm zurückkehren kann (die halluzinierten Schritte im Hausflur). Gegen die Angst, von Trudi völlig verlassen worden zu sein, kämpft Rudi an, indem er durch den Kontakt mit Andenken (das Album mit den Fotos von Trudi als Butoh-Tänzerin, die Bilder vom Fuji, der Kimono) auf sinnlich-bildhafte Weise symbolisiert, dass es Trudi noch gibt, auch wenn er sie zurzeit nicht finden kann. Durch das Tragen ihrer Kleider und ihres Schmucks interagiert er mit präsentativen Symbolen, unter deren Einfluss er die sinnlich-symbolische Vorstellung entwickelt, dass Trudi bei ihm ist und er ihr die Kirschblüte zeigt. Und wie das von Freud beim Spiel beobachtete Kind setzt Rudi eine schmerzliche Trennungserfahrung, der er sich ohnmächtig und hilflos ausgeliefert fühlte und auf die er im Allgäu mit Angst und Verzweiflung reagierte, durch das Butoh-Tanzen in ein aktives Handeln um.

Dabei fällt auf, wie spielerisch Yu das Butoh-Tanzen erklärt. So führt sie Rudi an diesen Schattentanz heran, indem sie ihn die Schatten beobachten lässt, die sie in der Sonne auf den Boden werfen:

> »Yu: I don't know who is shadow. (Zu ihrem Schatten) Who are you? No answer.
> Sie will sich ausschütten vor Lachen. Rudi lacht höflich ein wenig mit« (Dörrie 2008, S. 171).

Auf der einen Seite redet Yu mit den Schatten wie ein Kind, das sich aufgrund seiner magischen Welterfahrung nicht nur mit anderen Menschen, sondern auch mit belebten und unbelebten Dingen unterhält. Auf der anderen Seite behandelt Yu Rudi wie ein Kind, dessen Hand sie nimmt (vgl. ebd., S. 170). So zieht sie ihm wie eine Mutter den Mantel aus. Und als sie ihm wie einem Kind beibringt, dass er seinen Körper ganz langsam bewegen und die belebten und unbelebten Objekte der äußeren Natur auf sich wirken lassen und ganz bewusst wahrnehmen soll, da sieht man Rudi »zum ersten Mal seit dem Tod von Trudi [...] lächeln« (ebd., S. 172). Ob Yu sich bei der Erklärung des Butoh-Tanzes vor Lachen ausschüttet oder ob Rudi beim Üben der Tanzbewegungen zu lächeln anfängt, beide Szenen offenbaren die schon von Erikson (1982) beschriebene Verbindung von Spiel und Humor. »Im Spielerischen liegen [...] die Wurzeln jedweden Sinns für Humor und jene besondere menschliche Gabe des Lachens, sei es über sich oder über andere« (S. 102). Was im Spiel beginnt, dass eine schmerzhafte Erfahrung durch eine aktive Reinszenierung der betroffenen Affekte bewältigt wird, das setzt sich im Humor fort, in dem sich die eigene Existenz durch einen mit spielerischer Leichtigkeit verbundenen Blick von außen relativiert und auf diese Weise ein Lächeln oder ein Lachen freisetzt. Wenn Erikson hinzufügt, es sei »kein Zufall«, dass dem »Spielalter« des Kindes der »infantile Ursprung des Ödipus-Dramas zugeordnet wird«, dann hebt er auf Freuds Einsicht ab, dass das Theaterstück des Sophokles über Ödipus fasziniert, weil in diesem Drama Wünsche inszeniert werden, die das Kindergartenkind einem spielerischen Umgang mit der Welt, Mutter und Vater gegenüber entwickelt. Der lebensgeschichtliche Ursprung des Ödipus-Dramas in der frühen Kindheit zeigt daher beispielhaft, was auch in dem sich zwischen Yu und Rudi entwickelnden Butoh-Tanz deutlich wird: dass »allen Künsten« die »uralte Kraft menschlichen Spielens« zugrunde liegt (ebd., S. 102). Wenn man diesen Überlegungen folgt, dann wird auch verständlich, wie Yu Rudi das Butoh-Tanzen lehrt: Einerseits gewinnt Rudi dadurch eine neue Freiheit, dass er bei der im gebrochenen Englisch stattfindenden Verständigung mit Yu nicht mehr dem mit der ihm einsozialisierten Sprache verbundenen »Anspruch« unterliegt, die eigenen Affekte »dem bewussten Konsens der Normen zu unterwerfen« (Lorenzer 1981, S. 110), unter deren Druck er ein Zwangscharakter geworden ist. Andererseits vermag er sich dadurch, dass Yu ihn das Tanzen mit spielerischer Leichtigkeit lehrt, auf das sinnlich-symbolische Interagieren eines kindlichen Erlebens einzulassen, eine Regression, welche die Voraussetzung dafür ist, dass er zu tanzen lernt. Wie das gelingt, illustriert beispielhaft die Szene, in der Rudi und Yu sich in eine blaue Plane einrollen, wie zwei Kinder, die zwei sich gut verstehende Kohlrouladen spielen.

Indem Rudi durch das Tanzen neue sinnlich-symbolische Interaktionsformen entwickelt, die sich das von Freud beobachtete Kind durch das Spiel mit der Garnrolle erschließt, gelingt ihm ein innerer Wandlungsprozess: War Rudi durch den Tod der Ehefrau zutiefst erschüttert und wurde er durch Trudis Verlust mit massiven Todesängsten konfrontiert, sodass er verzweifelt war und sich in seinem Leben im Allgäu fremd fühlte, so eröffnet ihm der Butoh-Tanz die Möglichkeit, die seine Affekte einem System rigider Normen unterwerfende Sprache hinter sich zu lassen und sich eine sinnlich-bildhafte Erlebnisweise zu erschließen, im Einklang mit der er seine Gefühle nicht mehr zwanghaft unterdrückt, sondern sie so offen ausdrückt, wie Yu es ihm beibringt. Die Schwere, die sein durch Regeln, die Pflicht der Arbeit und durch Ordnungssinn beherrschtes Leben im Allgäu belastete, fällt von ihm ab und weicht der spielerischen Leichtigkeit, mit der Rudi in der Wohnung seines Sohnes Karl entdeckt, dass sich die Bewegungen des Fegens in einen Butoh-Tanz mit einem Besen übersetzen lassen.

Zusammenfassend heißt das, dass Rudi durch das Butoh-Tanzen lernt, sich auf die äußere Natur (Umwelt, Pflanzen- und Tierwelt) und auf die eigenen Körperbedürfnisse (innere Natur) so einzulassen, dass ihm eine Regression auf eine kindliche Erlebnisweise gelingt, sodass er mit spielerischer Leichtigkeit eigene Affekte in die Beziehung mit der verstorbenen Ehefrau einbringen und inszenieren kann. Durch seinen gefühlvoll entfalteten Schattentanz vermag Rudi die Ehefrau so lebendig werden zu lassen, dass dieses sinnlich-bildhafte Interagieren zum Symbol für seine Liebe zu Trudi wird. So stirbt Rudi glücklich, weil er durch das Erschließen des eigenen Unbewussten und die Eroberung der fernöstlichen Fremde zwei zuvor ausgeschlossene »dunkle Kontinente« in das bewusste Erleben aufnimmt, eine von Erikson (1982) so bezeichnete »Integrität«, die sich im Alter als »ein Gefühl von Kohärenz und Ganzheit« herstellen kann (S. 83). So gelingt Rudi durch den Butoh-Tanz die Entwicklung sinnlich-symbolischer Interaktionsformen, »die einen sinnvollen Austausch zwischen Anfang und Ende, ein Gefühl von Rückschau und Zusammenfassung und möglicherweise eine aktive Antizipation des Sterbens möglich« machen (ebd., S. 81). Gerade weil Rudi nach dem Tod der Ehefrau zu der Liebe findet, die er bis dahin nicht leben konnte, gelangt er vor dem eigenen Tod zu einer »Integrität«, die »eine Art ›erfüllte und gelöste Anteilnahme am Leben im Angesicht des Todes‹« ermöglicht (ebd., S. 78).

Der Film erzählt daher das Drama einer durch den Tod der geliebten Ehefrau ausgelösten Identitätskrise, die durch einen schöpferischen Neuanfang im Alter gelöst wird. Dieses Drama über Liebe und Tod entfaltet sich in mehreren Akten:

1. Den Ausgangspunkt bilden die Routinen des Erwachsenenalters, das Rudi gemeinsam mit Trudi im Allgäu verbracht hat. Geprägt wurde dieses Leben dadurch, dass Rudi sich einer formelhaften Sprache bedient, unter deren normativen Druck er seine Erfahrungen *zwanghaft organisierte,* einer traditionellen Arbeitsteilung von Beruf und Familie entsprechend eigene Affekte unterdrückte und die Ehefrau in einer narzisstischen Weise instrumentalisierte. Im Einklang damit, dass er sich allein im Allgäu »zu Hause« fühlte, nahm er die Wünsche der Ehefrau (das Butoh-Tanzen) als »extrem« und »peinlich« wahr und distanzierte sie genau so wie die fernöstliche japanische Kultur als einen »dark continent« (Freud 1926, S. 303), vor dem man sich hüten sollte. Der zwanghaft-narzisstischen Erlebnisorganisation entsprach so die *Angst vor der Frau*, die unter Kontrolle zu halten war, und eine *xenophobe Haltung* anderen Kulturen gegenüber.
2. Als Rudi schwer erkrankt und fortan viele Tabletten schlucken muss, wird Trudi zwar von den Ärzten die Diagnose mitgeteilt, aber sie sagt Rudi nicht, dass er bald sterben wird. Rudis an der Ostsee geäußerter Wunsch, seine Asche möge einmal ins Meer gestreut werden (vgl. ebd., S. 146), spiegelt jedoch sein Empfinden wider, dass eine tödliche Erkrankung von seinem Körper Besitz ergriffen hat. Aus diesem Grund wird er weicher und empfänglicher für Trudis Wünsche, die er zuvor abgelehnt hat. Wie die Ehepartner aufeinander zugehen, illustrieren drei Szenenfolgen: Erst trägt er mit Trudi gemeinsam ihre blaue Strickweste gegen die Kälte, dann tanzt sie in der Nacht mit ihm Butoh, schließlich wandern sie auf seinen Vorschlag hin am Strand der Ostsee entlang. Zugleich gilt jedoch, dass Trudi und Rudi die Angst vor dem Tod gemeinsam abwehren, indem sie darüber schweigen.
3. Weil er durch Trudis Tod realisiert, dass er selbst sterblich und dem Tod aufgrund seiner Krankheit nahe ist, unterzieht Rudi sein bisheriges Leben einer uneingeschränkten Kritik. Ihm wird bewusst, dass er sein Leben egoistisch und rücksichtslos auf Kosten von Trudi geführt hat. Dass Rudi auf einmal das Leben im Allgäu ablehnt, im Zuge dessen er seine Frau ins eigene Haus »eingesperrt« hat, bedeutet, dass er sich im Alter mit einer schweren Identitätskrise auseinandersetzen muss. Er versucht diese Krise zu bewältigen, indem er einen Neuanfang wagt, auch wenn er dem Tod bereits nahe ist. So gibt er seine alte Identität als Hauptabteilungsleiter der Abfallbeseitigung im Allgäu auf und kämpft in Japan darum, Trudi durch die Erfüllung ihrer Träume nahezukommen.
4. Auf der Suche nach Trudi besucht Rudi deren Lieblingssohn Karl, der ihm die Kirschblüte zeigt. Dass er in der Öffentlichkeit Trudis Kleider und Halskette trägt, offenbart, dass aus der verstorbenen Ehefrau

ein »innerer Begleiter« wird (Volkan/Zintl 1993, S. 81), den Rudi in sich spürt. So entwickelt er in Japan eine neue Identität auf der Grundlage der Identifizierung mit der Ehefrau. Mit Freud (1921) kann man davon sprechen, dass die Identifizierung dazu führt, dass sich »das Ich um die Eigenschaften des Objektes bereichert« und sich auf diesem Weg »partiell nach dem Vorbild des verlorenen Objektes« verändert (S. 106). Trudis Wunsch, Butoh zu tanzen, der ihm zuvor aufgrund seiner zwanghaften Persönlichkeit und seiner rigiden Bindung an die traditionelle westliche Kultur »extrem« und »peinlich« erschien, integriert er nun in die neue Identität eines reifer gewordenen Mannes, der sich auf das Fremde einlassen und es auf das eigene Unbewusste wirken lassen kann. Dieser Umbau der eigenen Identität gipfelt darin, dass Rudi die jahrzehntelang zwanghaft unterdrückten eigenen Affekte im Zusammenspiel mit der präsentativen Symbolwelt des japanischen Ausdruckstanzes auf eine sinnlich-bildhafte Weise zu symbolisieren lernt. Durch das spielerische Interagieren mit der jungen Butoh-Tänzerin Yu lernt er, bislang abgespaltene und isolierte Affekte seines Unbewussten zuzulassen und ihnen durch die schöpferische Übersetzung in die Mimik und Gestik eines hochritualisierten Tanzes einen symbolischen Ausdruck zu verschaffen, der in der japanischen Kultur sozial akzeptiert ist.

5. Wenn er sich am Ende des Films schminkt, Trudis Nachthemd und Kimono anzieht und schließlich am Fuße des Fuji zum Butoh-Tänzer wird, um die Hände der Ehefrau zu fassen und mit ihr zu tanzen, dann gelingt Rudi ein kreativer Umgang mit der Trauer, weil er allzu lange unterdrückte eigenen Affekte nun zulassen und durch den Butoh-Tanz auf eine lebendige Weise symbolisieren kann, was er sich zutiefst wünscht: auf Trudis Tanz, mit dem sie sich von ihm vor ihrem Tod verabschiedete, zu antworten, indem er durch einen Butoh-Tanz seine *zärtliche und leidenschaftliche Liebe* mimisch und gestisch darstellt.

So erzählt der Film von Liebe, Tod und Trauerarbeit, im Zuge derer ein Mann erst nach dem Tod seiner Frau erkennt, was sie für ihn bedeutet hat und wie wenig er ihr in ihrem gemeinsamen Leben gerecht geworden ist. Erschüttert darüber, gibt er sein bisheriges Leben auf und lässt sich von ihren unerfüllten Träumen inspirieren. Wenn er unter der Anleitung einer jungen Japanerin die spielerische Leichtigkeit eines Kindes zurückgewinnt und seine Wünsche durch das Butoh-Tanzen mit ihr und mit der äußeren Natur zu symbolisieren lernt, dann wächst er durch die Trauerarbeit emotional und kann seiner Frau durch den japanischen Ausdruckstanz seine Liebe gestehen, die er nicht zu spüren und nicht auszudrücken vermochte, solange seine Affekte durch die formelhafte Ordnung einer Sprache eingefroren waren, die seine Emotionen aufgrund einer rigiden Moral auf eine zwanghafte Weise disziplinierte.

Anmerkungen

1 Der Begriff des *Lebensentwurfs* hebt darauf ab, dass der Gegenstand einer psychoanalytischen Filminterpretation die Intentionen und Interessen, die Wünsche, Ängste und Fantasien sind, welche die Figuren auf der Leinwand im Interagieren miteinander durch Worte ausdrücken und durch Mimik, Gestik und Tonfall auf eine sinnlich-bildhafte Weise inszenieren.

2 Zu der Frage, wie in der tiefenhermeneutischen Gruppendiskussion Übertragung und Gegenübertragung genutzt werden, um kulturelle Objektivationen in der Spannung zwischen einem manifesten und einem latenten Sinn zu rekonstruieren, und in welcher Beziehung dieses Verfahren zu der in Balintgruppen praktizierten Technik der Rekonstruktion eines Patientenfalles steht, vergleiche König 1993.

Literatur

Dörrie, Doris (2008): Kirschblüten. Hanami. Ein Filmbuch. Zürich (Diogenes).

Erikson, Erik H. (1968): Jugend und Krise. Die Psychodynamik im sozialen Wandel. München (dtv) 1988.

Erikson, Erik H. (1982): Der vollständige Lebenszyklus. Frankfurt/M. (Suhrkamp) 1988.

Fenichel, Otto (1974): Psychoanalytische Neurosenlehre. Band II. Gießen (Psychosozial-Verlag) 1999.

Freud, Sigmund (1900): Die Traumdeutung. Studienausgabe Bd. II.

Freud, Sigmund (1908): Charakter und Analerotik. Studienausgabe Bd. VII, S. 23–30.

Freud, Sigmund (1917): Trauer und Melancholie. Studienausgabe Bd. III, S. 193–212.

Freud, Sigmund (1920): Jenseits des Lustprinzips. Studienausgabe Bd. III, S. 213–272.

Freud, Sigmund (1921): Massenpsychologie und Ich-Analyse. Studienausgabe Bd. IX, S. 61–134.

Freud, Sigmund (1926): Die Frage der Laienanalyse: Unterredungen mit einem Unparteiischen. Studienausgabe Ergänzungsband, S. 271–349.

Kniebe, Tobias (2008): Berlinale-Film: »Kirschblüten – Hanami« Ich bin dann mal futschi. URL: http://www.sueddeutsche.de/kultur/2.220/berlinale-film-kirschblueten-hanami-ich-bin-dann-mal-futschi–1-.282862kultur (11.2.2008).

König, Hans-Dieter (1993): Die Methode der tiefenhermeneutischen Kultursoziologie. In: Jung, Thomas & Müller-Doohm, Stefan (Hg.): »Wirklichkeit« im Deutungsprozeß. Verstehen und Methoden in den Kultur- und Sozialwissenschaften. Frankfurt/M. (Suhrkamp), S. 190–222.

König, Hans-Dieter (2000): Tiefenhermeneutik. In: Flick, Uwe; v. Kardoff, Ernst. & Steinke, Ines (Hg.): Qualitative Forschung: Ein Handbuch. Reinbek bei Hamburg (rororo), S. 556–568.

König, Hans-Dieter (2001): Tiefenhermeneutik als Methode psychoanalytischer Kulturforschung. In: Appelsmeyer, Heide & Billmann-Mahecha, Elfriede (Hg.): Kulturwissenschaft. Felder einer prozessorientierten wissenschaftlichen Praxis. Weilerswist (Velbrück), S. 168–194

Langer, Susanne (1942): Philosophie auf neuem Wege. Frankfurt/M. 1984 (Fischer).

Lorenzer, Alfred (1970): Sprachzerstörung und Rekonstruktion. Frankfurt/M. (Suhrkamp).

Lorenzer, Alfred (1981): Das Konzil der Buchhalter. Die Zerstörung der Sinnlichkeit. Eine Religionskritik. Frankfurt/M. (Fischer) 1984.

Lorenzer, Alfred (1986): Tiefenhermeneutische Kulturanalyse. In: König, Hans-Dieter; Lorenzer, Alfred et. al.: Kultur-Analysen. Psychoanalytische Studien zur Kultur. Frankfurt/M. (Fischer), S. 11–98.

Lorenzer, Alfred (1990): Verführung zur Selbstpreisgabe – psychoanalytisch-tiefenhermeneutische Analyse des Gedichtes von Rudolf Alexander Schröder. Kultur-Analysen 2(3), 261–277.

Neuheuser, Tobias (2008): Kirschblüten – Hanami. URL: http://www.arte.tv/de/film/Berlinale–2008/1926748.html (11.5.2011).

Taylor, Ella (2009): Cherry Blossoms, a Hit in Germany, Settles into Neo-Hippy Fripperies. URL: http://www.villagevoice.com/2009-01–14/film/cherry-blossoms-a-hit-in-germany-settles-into-neo-hippy-fripperies.

Volkan, Vamik D. & Elizabeth Zintl (1993): Wege der Trauer. Leben mit Tod und Verlust. Gießen (Psychosozial-Verlag) 2000.

Walk, Ines (2011): Kirschblüten – Hanami – Kritik. URL:http://www.moviepilot.de/movies/kirschblueten-hanami–2/comments (11.5.2011).

Yalom, Irvin D. (2008): In die Sonne schauen. Wie man die Angst vor dem Tod überwindet. München (btb) 2010.

Zander, Peter (2011): Kirschblüten – Hanami – Kritik. URL:http://www.moviepilot.de/movies/kirschblueten-hanami–2/comments (11.5.2011).

Sexuelle Grenzüberschreitungen in Erziehungseinrichtungen

Zur Psychoanalyse der Pädophilie und des Inzesttabus

Gerhard Vinnai

Wenn man von einer allgemeinen Begriffsbestimmung ausgeht, kann man unter der Pädophilie, als einer Variante des sexuellen Missbrauchs, einen sexuellen Kontakt zwischen Erwachsenen und Kindern verstehen, bei dem die Generationsschranke beziehungsweise die Inzestschranke überschritten wird.

Die Debatten über sexuellen Missbrauch, die durch Medienberichte angefacht wurden, thematisieren vor allem Missbrauchshandlungen in pädagogischen Einrichtungen der katholischen Kirche wie zum Beispiel katholischen Internaten und in Einrichtungen der Reformpädagogik wie zum Beispiel der Odenwaldschule. Beide Einrichtungen sind üblicherweise weit von unserer Erfahrungswelt entfernt, wir haben meistens unmittelbar wenig mit ihnen zu tun. Das bedeutet zugleich, dass der sexuelle Missbrauch als etwas weit von uns Entferntes erscheinen kann: Wir haben als »Normalmenschen« scheinbar nichts damit zu tun. Die Psychoanalyse Freuds fordert hingegen, dass wir die sexuelle Perversion, etwa in Gestalt der Pädophilie, zu ihrem Verständnis näher an uns heranrücken. Nach Freuds revolutionärer Einsicht ist die Perversion eine Extremvariante des Normalen, in der normalen Sexualität ist also die Perversion immer potenziell enthalten. Das bedeutet: Uns allen ist die Pädophilie nicht völlig fremd.

Wie kann man zu einer solchen Feststellung gelangen? Wir waren einst alle Kinder, die ein sexuelles Interesse an anderen Kindern zeigten. Das sexuelle Interesse von Kindern an anderen Kindern ist in der frühen Kindheit normal, es gehört zur kindlichen Sexualität. Kinder im Vorschulalter machen Doktorspiele, sie berühren gerne und lustvoll die eigenen ebenso wie die Genitalien andere Kinder. Mit ihren Genitalien verbinden sie eine Zeigelust, sie onanieren in Verbindung mit sexuellen Fantasien, die auf andere Kinder gerichtet sind. Das sexuelle Begehren von Kindern ist aber nicht nur auf Gleichaltrige gerichtet, es kann sich auch auf Erwachsene richten und dabei eine Tendenz zur Verführung zeigen. Auch Erwachsene zeigen gegenüber Kindern verführerische Tendenzen: nicht nur bei offenem sexuellem Missbrauch oder dadurch, dass unbewusste sexuelle Triebregungen in ihre Beziehung zu Kindern eingehen. Körperliche Berührungen im Rahmen des Austauschs von Zärtlichkeiten oder bei der Körperpflege können von Kindern als verführerische erfahren werden. Damit gilt: Es gibt keine Sexualität ohne Verführung, das macht die Sexualität zu etwas Gefährlichem! Sie kann stets eine Gefährdung für Kinder und Eltern mit sich bringen. Deshalb ist es notwendig, dass zwischen Eltern und Kindern eine Inzestschranke aufgerichtet wird, dass eine Generationsschranke zur Wirkung kommt, die mit dem Tabu sexueller Kontakte verknüpft ist. Dieses Inzesttabu ist auch der Grund, warum die kindliche Sexualität bei Erwachsenen weitgehend aus dem Bewusstsein verbannt wird – sie verfällt unter dem Einfluss dieses Tabus der Verdrängung. Die Etablierung und Aufrechterhaltung der Generationsschranke ist immer die Aufgabe der Erwachsenen. Es ist sehr wichtig zu betonen, dass Kinder, die missbraucht wurden, nie für die Überschreitung der Inzestschranke verantwortlich gemacht werden dürfen, auch wenn ihr Verhalten scheinbare oder reale verführerische Züge zeigte. Erwachsene haben nie das Recht, ihre Überschreitung dieser Schranke Minderjährigen als Schuld zuzurechnen.

Warum ist das Inzesttabu notwendig? Es sichert die Ablösung der Kinder von ihren Eltern bzw. ihrer Herkunftsfamilie. Es ist für die Entwicklung einer eigenen Identität des Kindes notwendig. Mit der Aufrichtung der Generationsschranke und deren Verinnerlichung in der Psyche des Kindes werden dort auch andere Grenzziehungen verankert. Die Grenze zwischen dem eigenen Selbst und dem Anderen, die Grenze zwischen Fantasie und Wirklichkeit oder die Grenze zwischen gut und böse, die mit Moralvorstellungen verknüpft ist, wird zusammen mit der Generationsgrenze in der Psyche zur Geltung gebracht. Bei Pädophilen ist die Verinnerlichung solcher Grenzziehungen nicht oder nicht zureichend gelungen. Sie verwechseln zum Beispiel Fantasie und Wirklichkeit und setzen damit ihre auf ein Kind gerichteten sexuellen Wünsche mit der Wirklichkeit des Kindes gleich. Sie tun Kindern Gewalt und damit Böses an, ohne dass ihnen ihre eigenen Handlungen als gewalttätiger Übergriff bewusst wären.

Üblicherweise kommt es mit der psychischen Entwicklung vom Kind zum Erwachsenen unter Einwirkung des Inzesttabus zu einer weitgehenden Überwindung pädophiler Dispositionen. Die Entwicklung hin zum Erwachsenen entwertet sie in gewisser Weise dadurch, dass das sexuelle Interesse auf Erwachsene verschoben wird. Die erwachsene Sexualität bringt das sexuelle Interesse an Kindern üblicherweise zum Verschwinden. Zugleich können die auf Kinder gerichteten sexuellen Regungen durch Sublimierung gewissermaßen entsexualisiert werden. Sie können dann als zärtliche Regungen von den sinnlichen abgetrennt werden, die auf Erwachsene verschoben werden. Pädophile Neigungen müssen, auch dann wenn sie aus dem Bewusstsein verschwunden sind, nicht gänzlich abhanden gekommen sein, sie können – als verdrängte – unbewusst fortwirken. Wichtig ist, dass auch in der Erwachsenensexualität pädophile Neigungen als integrierte immer in gewisser Weise fortleben. Verliebte Erwachsene ähneln glücklichen Kindern, die wieder Doktorspiele miteinander machen dürfen, um den Körper des Anderen zu erkunden. In der Sexualität, die gegenwärtig als erwachsen gilt, sind häufig starke pädophile Tendenzen enthalten. Vor allem jüngere Erwachsene tendieren heute dazu, sich die Schamhaare zu entfernen: Sie nehmen eine Intimrasur vor, die sich üblicherweise mit einer Ganzkörperrasur verbindet, bei der alle Haare am Körper entfernt werden. Bei jüngeren Frauen zeigt sich, damit verbunden, eine Neigung, sich die äußeren Schamlippen durch operative Eingriffe verkleinern zu lassen, durch Eingriffe, die sie sich selbst oder ihren Partnern zuliebe vornehmen lassen. Durch solche Körpermodifikationen werden in gewisser Weise die Veränderungen rückgängig gemacht, die mit der pubertären Geschlechtsreifung verknüpft sind – der Körper nähert sich damit wieder dem des Kindes an. Eine gängige Erwachsenensexualität kann damit tendenziell als eine Variante der Pädophilie interpretiert werden. Es ist kein Zufall, dass Pornofilme, die heute massenhaft über das Internet verbreitet werden und stark auf perverse sexuelle Einstellungen zugeschnitten sind, üblicherweise Unterleiber ohne genitale Behaarung zeigen.

Warum kommt es bei manchen Individuen zu einem Misslingen der Aufrichtung des Inzesttabus in der Psyche, das zur Pädophilie führt? In diesem Fall hat eine Fixierung an kindliche sexuelle Dispositionen stattgefunden, die unter Einwirkung traumatischer Erfahrungen zustande kommen kann. Eigene Erfahrungen des Missbrauchs können, wie die Forschung zeigt, dazu führen, dass später Erwachsene Kinder missbrauchen. Unter Wiederholungszwang wird Kindern das angetan, was man als Kind selbst erleben musste. Auch gestörte Mutter-Kind-Beziehungen können die Pädophilie begünstigen. In ihrem Rahmen kann die Frau in Gestalt der Mutter als extrem verführerisch und zugleich als extrem gefährlich erfahren werden. Das bringt bei männlichen Pädophilen die Flucht vor der erwachsenen Frau und die Neigung mit sich, sexuelle Befriedigung bei Kindern zu suchen und von Kindern die Liebe zu erhoffen, die einem die Mutter versagte. Auch ein schwacher Vater kann die Pädophilie begünstigen. Er hilft dem Heranwachsenden zu wenig bei der Ablösung von der Mutter und der Herkunftsfamilie und erlaubt keine Identifikation, die den Zugang zur erwachsenen Männlichkeit sichert. Infantile sexuelle Dispositionen können bei Erwachsenen unter dem Einfluss psychischer Krisen, sexueller Not oder sozialer Isolierung wiederbelebt werden. Es kann zu einer Regression im Sinne eines Rückfalls auf infantile Triebeinstellungen kommen, auf die man fixiert geblieben ist.

Infantile sexuelle Problematiken, in die Kinder in ihrer frühen Kindheit verstrickt sind, kehren mit der Pubertät in gewisser Weise wieder. Sie müssen dort aufs Neue in anderer Gestalt bearbeitet werden, um den Übergang von der Jugendlichen- zur Erwachsenensexualität zu erreichen. Im Zusammenhang damit muss die sexuelle Generationsschranke zwischen Erwachsenen und Kindern diesmal auch außerhalb der Familie neu etabliert werden. Pädophile im engeren Sinn sind sexuell an Kindern interessiert, bei denen der mit der Pubertät beginnende Prozess der körperlichen Geschlechtsreife noch nicht eingesetzt hat. Sie verlieren das erotische Interesse an ihnen, wenn die sekundären Geschlechtsmerkmale sichtbar werden. Erwachsene, deren sexuelles Begehren sich vor allem auf Pubertierende richtet, die also auf den sexuellen Missbrauch mit ihnen aus sind, zeichnet eine andere Form der perversen Sexualität aus. Im öffentlichen Bewusstsein wird dieser Unterschied meist zu wenig beachtet. Auch in diesem Text kann er nur angedeutet werden.

Pädophilie und Lehrerberuf

Die wichtigste Eigenschaft, die Lehrerinnen und Lehrer auszeichnen sollte, ist ihre Fähigkeit, Kinder und Jugendliche zu lieben. Sie oder er braucht die Fähigkeit, emotional besetzte Beziehungen zu Heranwachsenden herstellen zu können und dafür zu sorgen, dass diese auch eine solche zum eigenen Selbst aufbauen können. Solche Beziehungen, die dem Lernen Lebendigkeit verleihen, kann man im weitesten Sinn als erotisch bezeichnen. Nach den Einsichten der Psychoanalyse sind gelingende Lernprozesse an positive »Übertragungen« gebunden, in die unterschwellig vergangene positive Erfahrungen mit Beziehungen eingehen, die erotisch getönt waren. Mit einer erotisch eingefärbten Beziehung des Lehrers zu Kindern und Jugendlichen ist die Gefahr einer Überschreitung der Generationsgrenze gegeben. Deshalb muss das sexuelle Generationstabu, in Gestalt des Zwangs zur Einhaltung der sexuellen Generationsschranke in der Schule eingehalten und von der Gruppe der Lehrer abgesichert werden. Man braucht dort einen flexiblen und zugleich sicheren Umgang mit der Generationsschranke. Neben der Liebe zu Jungen und Mädchen benötigt der Lehrer deshalb auch die Fähigkeit, Distanz zu ihnen zu halten und Konflikte mit ihnen auszutragen. Er muss den Ausschluss aus der Gruppe der Kinder und Jugendlichen aushalten. Die »Einsamkeit« des Lehrers im Klassenzimmer muss im Interesse der nachwachsenden Generation ertragen werden können.

Schwierigkeiten bei der Aufrichtung einer notwendigen Generationenschranke kommen durch pädophile Neigungen von Lehrern zustande, die sich bewusst und unbewusst Geltung verschaffen können. Pädophile Einstellungen, die nicht dem Bewusstsein zugänglich sind, dürften bei Lehrern eine gewisse Verbreitung haben. Eine Tendenz zum Pädophilen oder zur Fixierung auf sexuelle Kontakte mit Pubertierenden kann schon in der Berufswahl des Lehrers enthalten sein. Nach einer 13-jährigen Schulzeit mit ihrer Bindung an die Gruppe der Kinder und Jugendlichen verurteilen sich Lehrer zu »lebenslänglich Schule«: Sie streben also keine Abwendung von ihrer Kinder- und Jugendwelt an, was mit Schwierigkeiten beim Zugang zur Erwachsenenwelt verbunden sein kann. Die Fixierung auf die Welt der Kinder kann offene pädophile Einstellungen begünstigen, üblicherweise verschaffen sich diese aber eher unbewusst Geltung. Sie bringen dann leicht Formen der Distanzlosigkeit gegenüber den Heranwachsenden mit sich. Sie sorgen bei Lehrern für zu große Liebeswünsche, die von den Kindern ihnen gegenüber erfüllt werden sollen, oder sie lassen Lehrer dazu tendieren, sich zu sehr in die Belange von Kindern einzumischen, um ihnen nahezukommen. Aber auch ein scheinbar gegenteiliges Verhalten kann unbewusst von pädophilen Neigungen bestimmt sein. Lehrer, deren Beziehung zu Kindern sich durch Gleichgültigkeit, Kälte und übermäßige Distanz auszeichnet oder die Disziplinforderungen überbetonen, können unbewusst von der Angst bestimmt sein, durch die lebendige Sinnlichkeit von Kindern verführt zu werden, die ihre eigenen für sie bedrohlichen pädophilen Neigungen weckt. Wer massive Ängste davor hat, dass eigene pädophile Neigungen Einfluss gewinnen, läuft Gefahr, sie durch Kontrollwut und die Abwehr von Emotionen im Zaum zu halten.

Jeder Erzieher und jede Erziehungseinrichtung sollte sich immer wieder gründlich mit dem schwierigen Problem sexueller Grenzziehung zwischen den Generationen beschäftigen. Das bedeutet nicht, dass permanent zwanghaft über inzestuöse Versuchung nachgegrübelt werden sollte. Es bedeutet vielmehr, dass ein möglichst sicherer und gelassener Umgang mit der Generationsschranke angestrebt werden sollte, der eine unverkrampfte Beziehung zu Schülerinnen und Schülern ermöglicht.

Sexueller Missbrauch in Einrichtungen der katholischen Kirche

Medienberichte weisen auf zahlreiche sexuelle Missbrauchshandlungen in Erziehungseinrichtungen hin, die von der katholischen Kirche getragen werden. Warum kommt es vor allem in katholischen Internaten zum Misslingen der Aufrichtung und Etablierung der Generationsschranke? Die Missbrauchshandlungen im Rahmen der katholischen Kirche sind mit den sexualfeindlichen Zügen der christlichen Religion verbunden. Diese können nicht nur einem lebendigen, lustvollen Umgang mit der Sexualität, sondern auch einer angemessene Bearbeitung der damit verbundenen Schwierigkeiten entgegenwirken. Wo die Sexualität zu sehr abgewehrt werden soll, misslingt auch das angemessene Sprechen und problembewusste gemeinsame Nachdenken über sie.

Warum kann man die christliche Religion als sexualfeindlich bezeichnen? Besonders das Neue Testament, das für das Christentum wesentlich ist, zeichnet sich durch eine massive Abwehr der Erotik aus: Nirgendwo gibt es darin eine positive Würdigung des sexuellen Genusses. Die neuere Theologie versucht zwar, dem Geist unserer Zeit entsprechend, dieser Sexualfeindlichkeit mit dem Hinweis auf sexualfreundliche Stellen im Alten Testament zu entkommen, aber sie kann sich dabei kaum auf die Lehre Jesu beziehen, die der Text des neuen Testaments enthält. Mit der Hoffnung auf eine andere Welt soll, ihm zufolge, die sexuelle Triebhaftigkeit, die an die bestehende bindet, abgewehrt werden. Die sexuellen Begierden werden einer schlechten Welt zugerechnet, die es zu überwinden gilt. Die Nächstenliebe soll strikt von der sexuellen Liebe getrennt werden: Agape steht gegen Eros. Das Gute und Heilige ist im Neuen Testament immer jenseits des Sexuellen angesiedelt. Dies zeigt schon ein Blick auf die Heilige Familie, die im Zentrum der christlichen Lehre steht. Sie scheint ohne Sexualität zu sein. Jesus ist ein zölibatär lebender Junggeselle, der weder erotisches Interesse an Frauen noch an Männern zeigt. Maria, seine Mutter, ist eine Jungfrau; ihre Sexualität war bei der Zeugung von Jesus nicht im Spiel. Sie hat Jesus auf »jungfräuliche Art« empfangen; dem katholischen Dogma zufolge ist sie sogar selbst »unbefleckt«, also ohne Sexualität empfangen worden. Josef, der Vater Jesu, ist kein richtiger Vater. Seine Sexualität ist bei der Erzeugung von Jesus nicht im Spiel. Dieser Vater erscheint irgendwie als kastriert. Um die Beziehung der christlichen Heiligen Familie zur Sexualität zu verdeutlichen, kann man sie mit jener der göttlichen Familie in der Antike vergleichen. Zeus, der höchste Gott, ist dort mit Hera verheiratet und beide haben gemeinsame Kinder. Der höchste Gott zeichnet sich dadurch aus, dass er nicht nur die eheliche Sexualität lebt, sondern darüber hinaus auch außerehelichen sexuellen Affären zugetan ist. Sein Verhalten ist also dem von Jesus entgegengesetzt.

Besonders deutlich kommt eine christliche Sexualfeindschaft bei Paulus zum Ausdruck. Bei ihm heißt es:

> »Es ist gut für den Mann, keine Frau zu berühren. Wegen der Gefahr der Unzucht soll aber ein jeder seine Frau haben, und jede soll ihren Mann haben. Der Mann soll seine Pflicht gegenüber der Frau erfüllen und ebenso die Frau gegenüber ihrem Mann« (1. Korinther 7, 1–3).

In dieser Äußerung erscheint die Sexualität prinzipiell als ein Übel, das mithilfe der Ehe gezähmt werden soll. Die Sexualität soll keine

Lust oder Freude spenden, sie soll allenfalls als unvermeidbar akzeptiert werden. Paulus' sexualfeindliche Einstellung steht keineswegs im Gegensatz zur Haltung Jesu. Im Paradies soll Jesus zufolge die eheliche Sexualität überwunden sein. »Denn nach der Auferstehung werden die Menschen nicht mehr heiraten, sondern sein wie die Engel im Himmel« (Matthäus 22, 30), heißt es bei ihm im Matthäus-Evangelium. Ähnlich ist der Wortlaut bei Markus und Lukas. Jesus akzeptiert die Ehe nur als Teil einer sündhaften Welt und verbietet zugleich jede sexuelle Fantasie, die sie übersteigt. Er bekräftigt in der Bergpredigt nicht nur das mosaische Verbot des Ehebruchs als Handlung, er will darüber hinaus Tabus aufrichten, die sich gegen alle Wunschfantasien wenden, die die eheliche Sexualität überschreiten.

> »Ihr habt gehört, dass gesagt worden ist: Du sollst nicht die Ehe brechen. Ich aber sage Euch: Wer eine Frau auch nur lüstern ansieht, hat in seinem Herzen schon Ehebruch mit ihr begangen. Wenn dich dein rechtes Auge zum Bösen verführt, dann reiß es aus und wirf es weg! Denn es ist besser für dich, dass eines deiner Glieder verloren geht, als dass dein ganzer Leib in die Hölle geworfen wird. Und wenn dich deine rechte Hand zum Bösen verführt, dann hau sie ab und wirf sie weg! Denn es ist besser für dich, dass eines deiner Glieder verloren geht, als dass dein ganzer Leib in die Hölle kommt« (Matthäus 5, 27–30).

In der *Offenbarung des Johannes* wird die Frage, wer die größten Chancen hat, ins Paradies zu kommen, folgendermaßen beantwortet: »Sie sind es, die sich nicht mit Weibern befleckt haben; denn sie sind jungfräulich. Sie folgen dem Lamm, wohin es geht. Sie allein unter den Menschen sind freigekauft als Erstlingsgabe für Gott und das Lamm« (Offenbarung 14, 5). Das Ideal der sexuellen Reinheit verbindet sich im Neuen Testament mit der Lobpreisung der angeblich reinen, unschuldigen Kinder, denen eine besondere Liebe gelten soll. Bei Jesus heißt es: »Lasset die Kindlein zu mir kommen; hindert sie nicht daran. Denn Menschen wie ihnen gehört das Reich Gottes. Wer das Reich Gottes nicht so annimmt, wie ein Kind, der wird nicht hineinkommen« (Lukas 18, 15–17). Die möglichst sexuell reinen, keuschen Gläubigen sollen eine besondere Liebe und Nähe zu den reinen unschuldigen Kindern zeigen. Hier wird nicht nur die Sexualität der Erwachsenen abgewehrt, sondern zugleich auf massive Weise die kindliche Sexualität tabuisiert. Die Sexualität kann mithilfe solcher Positionen leichter verdrängt werden. Aber das Verdrängte kann wiederkehren, wie die katholische Kirche gegenwärtig zeigt, allzu leicht auch in fataler Gestalt.

Die Sexualfeindlichkeit der christlichen Religion führt in der katholischen Kirche zum Zölibat, zur Forderung nach Keuschheit und Ehelosigkeit der Priester und Mönche. Die darin wirksame Tabuisierung der Sexualität blockiert eine angemessene Auseinandersetzung mit ihr und ihren Schattenseiten. Der Zölibat ist aber keineswegs die einzige oder primäre Ursache der Pädophilie. Allenfalls können pädophile Neigungen verstärkt werden, wenn erwachsene Formen des Sexuellen nicht gelebt werden. Dass die Pädophilie unter Priestern verbreitet ist, hat vor allem eine andere Ursache. Pädophile wollen, wenn sie als Priester in die katholische Kirche eintreten, dort keineswegs ihre Triebeinstellung ausleben, sie sehen die katholische Kirche nicht als Garten ihrer Lüste. Sie hoffen vielmehr, ihrer verpönten Triebeinstellung mithilfe des Zölibats zu entkommen. Dieser verspricht ihnen gewissermaßen, eine unreine Sexualität durch die Reinheit der Kirche zu überwinden. Empirische Untersuchungen am Institut für Sexualwissenschaften an der Charité in Berlin unter Leitung von Klaus M. Beier haben diesen Zusammenhang aufgezeigt. Was für Pädophile gilt, gilt wohl auch für andere sexuell Abweichende, die ihrer Triebhaftigkeit entkommen wollen. Es gilt darüber hinaus für alle, die besondere Schwierigkeiten mit der Sexualität haben und hoffen, mit dem Eintritt in den Kirchendienst diesen Schwierigkeiten zu entrinnen. Und natürlich fällt Pädophilen der vom Zölibat geforderte Verzicht auf die eheliche Sexualität auch besonders leicht, weil sie aufgrund ihrer Triebeinstellung gar kein Interesse an ihr haben.

Das Gebot der Keuschheit und Ehelosigkeit ist in der katholischen Kirche mit dem Gebot des Gehorsams verbunden. Die »Evangelischen Räte«, die Weisungen der katholischen Kirche an ihre Geistlichen, die sie aus dem Evangelium ableitet, gebieten nicht nur die sexuelle Abstinenz, sondern auch den Gehorsam gegenüber den Kirchenoberen. Deshalb müssen Weltpriester bei der Priesterweihe ihren Bischöfen den Gehorsam versprechen, beim Eintritt in kirchliche Orden wird von Mönchen das Gelöbnis des Gehorsams gegenüber ihren Äbten verlangt. Darüber hinaus schulden alle Kleriker dem Pabst und seinen Anweisungen den Gehorsam. Aufgrund des Gehorsamsgebots ist die katholische Kirche durch und durch autoritär verfasst. Nicht zufällig hat sie jahrhundertelang antidemokratische Kräfte unterstützt. Sie hat erst mit dem Zweiten Vatikanischen Konzil, um den Anschluss an die Moderne nicht zu verlieren, in den 60er Jahren des 20. Jahrhunderts die Demokratie und die Meinungs- und Gewissensfreiheit akzeptiert. Aufgrund des Gehorsamsgebots, das Klerikern nicht erlaubt, ihren Kirchenführern öffentlich zu widersprechen, fehlt der katholischen Kirche eine Streit- und Konfliktkultur, die für die Transparenz der Institution und die Aufklärung von Missständen in ihr notwendig ist. Treten katholische Würdenträger heute pathetisch als Vertreter von Demokratie und Menschenrechten auf, kann das Befremdung auslösen, wenn man ihre Institution und deren Geschichte kennt.

Die von Klerikern geforderte Gehorsamsbereitschaft gegenüber ihren kirchlichen Vorgesetzten begünstigt autoritäres Verhalten gegenüber Kindern, die ihnen anbefohlen sind. Die Unterwerfung unter die Autorität wird gerne nach unten weitergegeben. Wer sich der Macht widerspruchslos unterwerfen muss, entwickelt allzu leicht eine Tendenz zum Machtmissbrauch. Autoritätsgebundene neigen dazu, nach oben zu buckeln und nach unten zu treten.

Kinder und Jugendliche, die dieser Struktur ausgesetzt sind, haben besondere Schwierigkeiten, sich gegen sie zur Wehr zu setzen. Dies unter anderem deshalb, weil die Autorität, der sie zu gehorchen haben, nicht als irgendeine weltliche Autorität auftritt, sondern als von Gott eingesetzte erscheint und meist auch so erfahren wird. Autoritäre Kontrolle ist auch mit der Beichte verbunden, die den Zugriff auf die Innerlichkeit von Kindern und Jugendlichen erlaubt. Man kann die Beichte in diesem Zusammenhang, in einer kritischen Perspektive, als systematische Überschreitung der Generationsgrenze interpretieren, die in der Lage ist, die Autonomiebestrebungen von Kindern und Jugendlichen zu sabotieren. Natürlich wirkt sich die übersteigerte Kontrollmacht gegenüber Heranwachsenden dann besonders fatal aus, wenn sie im geschlossenen System eines Internats zur Geltung kommt, wo die Schüler ihr kaum entrinnen können und niemand sie vor ihr schützt.

Der Machtmissbrauch in katholischen Erziehungseinrichtungen kann nicht nur zu einem offensichtlichen sexuellen Missbrauch von Kindern und Jugendlichen führen, er kann auch in Formen der Gewaltanwendung Gestalt annehmen, bei denen sexuelle Triebregungen nur im Verborgenen ausgelebt werden. Die aggressiven Züge einer Handlung können dazu dienen, ihre sexuellen Dimensionen, auch bei denen, die sie ausführen, unsichtbar zu machen. Eine demonstrative Aggressivität kann der Verschleierung sexueller Neigungen dienen. In Medienberichten wird immer wieder auf sadistische Übergriffe gegen Kinder in katholischen Internaten hingewiesen. Diese Gewaltexzesse zeigen nicht nur eine Lust an der Gewalt, die mit der narzisstische Befriedigung bei der Unterwerfung von Schwächeren verbunden ist, sie können auch dazu dienen, verpönte sexuelle Regungen in Verbindung mit der Gewaltanwendung auszuleben. Die gewaltsamen Übergriffe der Erwachsenen erlauben es, den Körper von Kindern intensiv zu berühren; sie stellen eine körperliche Grenzüberschreitung dar und zielen auf eine Unterwerfung sinnlicher kindlicher Körper. All dies kann in den Dienst geheimer sexueller Gelüste treten. Besonders deutlich wird das bei analsadistischen Einstellungen, die bei der Misshandlung von Kindern und Jugendlichen wirksam werden, wenn Erwachsene mit besonderer Leidenschaft auf deren nackten Hintern schlagen. Hier kann die Verknüpfung von Gewalt mit einer verqueren Sexualität besonders leicht zutage treten.

Eine Nachbemerkung: Hier wurde entschiedene Kritik an institutionellen Strukturen der katholischen Kirche geübt, die eine Tendenz zum sexuellen Missbrauch von Kindern hervorbringen. Mit dieser Kritik soll aber keineswegs abgestritten werden, dass es auch in katholischen Erziehungseinrichtungen Individuen gibt, die wertvolle pädagogische Arbeit leisten. Nicht alle verfallen den verführerischen Zwängen einer Institution auf gleiche Weise.

Sexueller Missbrauch und Reformpädagogik

Medienberichten zufolge gab es sexuellen Missbrauch auch in Einrichtungen der Reformpädagogik, wie zum Beispiel der Odenwaldschule. Diese Einrichtung vertritt einen Anspruch, der völlig konträr zu dem von katholischen Internatsschulen ist: Sie gibt sich sexualfreundlich und proklamiert eine Überwindung der überkommenen Autoritätsstrukturen, die für katholische Einrichtungen typisch sind. Diese Schule will, ihren Verlautbarungen zufolge, Kinder und Jugendliche als Subjekte ernst nehmen und strebt ein freundliches, eher partnerschaftliches Verhältnis zu ihnen an. Solche Ansprüche wurden in der Odenwaldschule zur Zeit der Missbrauchsfälle sicherlich nicht realisiert, sie wurden eher mit Füßen getreten. Anhänger der Reformpädagogik betonen deshalb, dass sich Einrichtungen wie die Odenwaldschule von reformpädagogischen Ansprüchen verabschiedet haben und dass die dort vorgefallenen Missbrauchshandlungen deshalb nichts mit der Reformpädagogik zu tun hatten.[1] Diese Feststellung hat ihre Berechtigung, aber sie macht es sich zu einfach. Die Beziehung von Reformpädagogik und sexuellem Missbrauch bedarf einer gründlicheren Analyse.

Wenn man über Reformpädagogik nachdenkt, ist es wichtig festzustellen, dass es *die* Reformpädagogik im Singular nicht gibt. Es gab und gibt sehr verschiedene reformpädagogische Strömungen. In einigen, die mit der Jugendbewegung verbunden sind, gab es in der ersten Hälfte des 20. Jahrhunderts durchaus Sympathien für die Pädophilie beziehungsweise für sexuelle Kontakte von Erwachsenen und Jugendlichen. Die pädagogische Ideologie der antiken Knabenliebe wurde dabei gerne, wie manchmal auch noch heute, zur Rechtfertigung sexueller Grenzüberschreitungen herangezogen. Gustav Wyneken, ein jugendbewegter Stammvater der Reformpädagogik, wurde in den 20er Jahren des letzten Jahrhunderts wegen sexuellem Missbrauch zu einem Jahr Gefängnis verurteilt. Es wäre zu untersuchen, welche jugendbewegte Reformpädagogik die Odenwaldschule in ihrer Gründerzeit beeinflusst hat.

Im Folgenden soll die Beziehung von Reformpädagogik und Pädophilie nicht auf einer allgemeinen Ebene untersucht werden. Es soll nur der Einfluss einer reformpädagogischen Konzeption auf den sexuellen Missbrauch thematisiert werden, nämlich derjenige der antiautoritären Erziehung. Antiautoritäre Vorstellungen dominierten die Versuche einer alternativen Erziehung in den 60er, 70er und 80er Jahren des letzten Jahrhunderts und erlangten damals im Bereich der Reformpädagogik eine breitenwirksame Hegemonie. Man kann annehmen, dass antiautoritäre Positionen auch an Einrichtungen wie der Odenwaldschule Einfluss gewonnen haben. Hat antiautoritäres Denken den sexuellen Missbrauch dort begünstigt?

Es ist auffällig, dass die Missbrauchsfälle an der Odenwaldschule, von denen in den Medien berichtet wurde und wird, vor allem während des Zeitraums stattfanden, als das antiautoritäre Erziehungsmodell die reformpädagogischen Versuche dominierte. Ist dieser zeitliche Zusammenhang zufällig? Tilman Jens hat im *Spiegel*[2] über seine damaligen Erfahrungen als Schüler an der Odenwaldschule berichtet und dabei darauf hingewiesen, dass sexuelle Grenzüberschreitungen damals mit Parolen der antiautoritären Erziehung legitimiert wurden. Hat das etwas zu bedeuten oder handelt es sich dabei nur um eine willkürliche Benutzung von Gedanken der antiautoritären Erziehungsbewegung?

Um einen möglichen Zusammenhang zwischen antiautoritärer Erziehung und sexuellen Grenzüberschreitungen zu untersuchen, kann es sinnvoll sein, auf Positionen hinzuweisen, die damals in Debatten über sexuelle Emanzipation an prominenter Stelle vertreten wurden. Das kann Hinweise auf das Klima geben, in dem zu dieser Zeit über eine notwendige sexuelle Befreiung diskutiert wurde.

Helmut Kentler, ein Sexualpädagoge, der in der antiautoritären Bewegung großen Einfluss hatte, forderte damals, Kindern Erfahrungen mit der Sexualität von Erwachsenen zu ermöglichen, was eine Lockerung des Inzesttabus bedeutet. Kentler, der durchaus seine Verdienste um die sexuelle Aufklärung hat, vertrat eine »gewährende« Sexualerziehung, die mit notwendigen sexuellen Tabus wenig im Sinn hatte. Manche Eltern, die sich emanzipiert vorkamen, hielten sich damals für unverklemmt, wenn sie ihre Kinder an ihren Sexualspielen beteiligten – oft mit fatalen Konsequenzen, wie man heute weiß. Kentler spricht der Pädophilie positive pädagogische Potenzen zu. Noch in den 90er Jahren formulierte er: »Ich habe bei der überwiegenden Mehrzahl der Fälle die Erfahrung gemacht, dass sich päderastische Verhältnisse sehr positiv auf die Persönlichkeitsentwicklung eines Jungen auswirken können, vor allem dann, wenn der Päderast ein regelrechter Mentor des Jungen ist.«[3] Kentler proklamierte also sexuelle Beziehungen, die heute eindeutig als sexueller Missbrauch gelten und auch damals unter Strafe standen.

Führende andere Vertreter einer sich zu dieser Zeit als fortschrittlich verstehenden Sexualwissenschaft warben zwar nicht offen für die Pädophilie oder für sexuelle Kontakte zwischen Erwachsenen und Pubertierenden, trugen aber zu ihrer Verharmlosung bei. Der Sexualwissenschaftler und Forensiker Eberhard Schorsch formulierte 1970: »Ein gesundes Kind, in einer gesunden Umgebung, verarbeitet nicht gewalttätige sexuelle Erlebnisse ohne negative Dauerfolgen.«[4] Diese Aussage, die sich auf sexuelle Kontakte zwischen Erwachsenen und Kindern bezog, wurde von pädophilen Ideologen gerne zitiert. Schorsch hat sich später entschieden von seiner damals vertretenen Positionen distanziert. Sie zeigt aber, wie ihn ein bestimmtes intellektuelles Klima zu Fehlschlüssen verleitet hat. Diese Äußerung von Schorsch fiel im Rahmen einer Sitzung eines Sonderausschusses des Deutschen Bundestags zur Strafrechtsreform. Er untersuchte die Frage, ob sexuelle Kontakte zwischen Erwachsenen und Kindern oder zwischen Erwachsenen in Anwesenheit von Kindern negative Folgen für Kinder haben könnten. Die Mehrheit der Mitglieder dieses Ausschusses vertrat damals die Position, dass solche Kontakte beim Ausbleiben von Gewaltanwendung keine negativen Folgen haben würden. Die befragten Experten äußerten sich wohl nicht über länger andauernde Beziehungen, sie vertraten aber trotzdem eine Ansicht, die heute von Wissenschaftlern entschieden abgelehnt würde.

Die Kommune 2 propagierte 1969, verbunden mit der Darstellung eigener Praktiken, im *Kursbuch*[5], einer damals sehr einflussreichen Zeitschrift der unorthodoxen Linken, einen Umgang mit der kindlichen Sexualität, bei dem die Erwachsenen dazu angehalten sind, keine Verbote und Tabus zur Geltung zu bringen und ihre eigenen sexuellen Hemmungen gegenüber Kindern zu überwinden. Wenn sich dabei früher oder später das sexuelle Interesse von Kindern auf die Genitalien der Erwachsenen richtet, dürfen, den Empfehlungen der erwachsenen Kommunemitglieder zufolge, Erkundung im Bereich der Sexualität durchgeführt werden, bei denen es zwischen Erwachsenen und Kindern zu einer wechselseitigen Stimulierung der Genitalien kommt, die durchaus mit sexueller Erregung verbunden sein darf. Machen Kinder dabei die Erfahrung, dass sie eigene genitale Wünsche mit Erwachsenen nicht befriedigen können, und suchen sie deshalb Befriedigung mit Gleichaltrigen, soll ein Ziel solcher Erziehungspraktiken erreicht sein. Dass dies einen sexuellen Missbrauch von Kindern bedeutet, wurde von den Kommunemitgliedern und anscheinend auch von den zahlreichen Lesern des *Kursbuchs* übersehen.

Eine Tendenz zum sexuellen Missbrauch gab es damals auch in Strömungen der linken, alternativen Subkultur. Die Nürnberger »Indianerkommune« lebte päderastische Kontakte mit Kindern aus und proklamierte sie auch öffentlich. Auf Veranstaltungen forderte sie die Straffreiheit für sexuelle Kontakte mit Kindern ab dem zwölften Lebensjahr. Auch andere Vereinigungen von Pädophilen haben damals ähnliche Positionen öffentlich vertreten.

Die »Aktionsanalytische Organisation« (AAO) von Otto Mühl proklamierte in den 70er Jahren sexuelle Grenzüberschreitungen verschiedener Art. Sie hat damals ein breites öffentliches Interesse gefunden und in der linken Subkultur für lebhafte Debatten gesorgt. Diese Kommune gab als Ziele ihres Handelns die Herstellung einer neuen Sexualität, kollektives

Eigentum und die gemeinsame Erziehung von Kindern an. Die Wege zu einer neuen Sexualität sollten von ihr mithilfe von Praktiken der sexuellen Grenzüberschreitungen eröffnet werden, deren terroristische Züge damals kaum jemand bemerkt und gebrandmarkt hat. Mühl wurde Ende 1991 wegen wiederholten sexuellen Missbrauchs zu sieben Jahren Haft verurteilt. Der Prozess gegen ihn fand nicht zufällig erst in den 90er Jahren statt, weil sich die Opfer seiner Missbrauchshandlungen vorher nicht im Stande sahen, ihn anzuklagen. Erst unter dem Einfluss der Frauenbewegung wurde ein soziales Klima geschaffen, das ihnen eine Anklage erleichterte.

Alle angedeuteten Positionen rechtfertigen sexuelle Kontakte von Erwachsenen mit Minderjährigen nicht etwa damit, dass sie Pädophilen helfen wollen, ihre sexuellen Neigungen auszuleben. Sie begründen sie vielmehr damit, dass sie der sexuellen Freiheit von Kindern zu ihrem Recht verhelfen wollen. Das Recht von Kindern auf eine freie Sexualität schließt dabei auch das Recht ein, mit Erwachsenen sexuelle Kontakte zu erleben. Eine ideale Rechtfertigung der Pädophilie, die – wie ausgeführt wurde – die Wünsche von Erwachsenen mit der Wirklichkeit von Kindern verwechselt.

Wie konnten sich solche Positionen mit denen der antiautoritären Erziehungsbewegung verknüpfen? Die antiautoritäre Erziehung wollte Kinder als Subjekte betrachten, die das Recht auf eine eigenständige Sexualität haben. Ihnen sollte, ähnlich wie Erwachsenen, ein Recht auf sexuelle Selbstbestimmung zugestanden werden. Eine solche Position tendiert dazu, die Differenz zwischen erwachsener und kindlicher Sexualität zu verleugnen oder zumindest zu wenig zu beachten. Kindliche und erwachsene Sexualität sind mit unterschiedlichen Fantasie- und Wunschwelten verbunden. Die kindliche Sexualität, und auch die von Pubertierenden, ist noch unfertig, sie ist in ihrer Qualität noch stärker als die der Erwachsenen von der Einwirkung anderer abhängig. Von sexueller Selbstbestimmung kann man deshalb bei Kindern und auch noch bei Pubertierenden sehr viel weniger reden als bei Erwachsenen, die eine viel stärker strukturierte und festgelegte Sexualität aufweisen.

Die Positionen der antiautoritären Bewegung haben mithilfe der Sexualtheorie Wilhelm Reichs, die damals sehr verbreitet war, eine Rationalisierung gefunden. In Reichs Texten, vor allem in denen, die damals in der linken Subkultur populär waren (zum Beispiel *Die Funktion des Orgasmus* oder *Die sexuelle Revolution*), gibt es im Grunde nur die Sexualität im Allgemeinen: Es gibt weder eine psychologische Differenz zwischen männlicher und weiblicher noch zwischen erwachsener und kindlicher Sexualität. Sexualität wird viel zu sehr auf einer physiologischen Ebene gefasst; die komplexen psychologischen Elemente, die mit ihr verknüpft sind, werden nicht angemessen thematisiert. Reich geht es in seinen Schriften vor allem darum, Sexualtabus aufzuheben und Grenzen niederzureißen. Er will Barrieren aus dem Weg schaffen, die einer freien Sexualität von Kindern und Jugendlichen im Wege stehen. Er beschäftigt sich kaum mit der Notwendigkeit von Tabus und Grenzen, die Heranwachsende schützen. Reich hat sicherlich auch wichtige Beiträge zur Theorie der sexuellen Emanzipation geliefert, aber sein Denken war dazu geeignet, einen differenzierten Umgang mit der Sexualität zu erschweren und ihre gefährlichen Seiten herunterzuspielen

Nach ihren oft sehr schmerzlichen Erfahrungen mit einer überkommenen repressiven Sexualmoral wollten junge Menschen in den 60er Jahren Schranken der Sexualität niederreißen, und das in vielen Fällen sehr zu Recht. Kinder sollten durch eine grundlegend veränderte, offenere Erziehung eine sexuelle Freiheit erreichen, die man selbst nicht leben konnte. Bisher verpönten sexuellen Abweichungen sollte endlich mit Toleranz begegnet werden. Man wollte in diesem Klima einer neuen Offenheit nicht als verklemmt, spießig und konservativ erscheinen, indem man auf die Notwendigkeit von Grenzen und Ordnungen hinwies, ohne die sich Sexualität nicht entwickeln kann.

Die antiautoritäre Erziehung strebte eine Überwindung der überkommenen Autoritätsstrukturen in der Erziehung an. Kinder sollten von Erwachsenen möglichst gleichberechtigt behandelt werden, zwischen beiden sollte eine partnerschaftliche Beziehung angestrebt werden, die eher geschwisterliche Züge trug. Kinder sollten sich möglichst weitgehend selbst erziehen und nicht von Erwachsenen erzogen werden. Kinder sollten ihre Eltern und Erzieher mit Vornamen anreden, was an sich nicht schlimm sein muss, aber eine problematische Tendenz zum Ausdruck bringen kann. Die antiautoritäre Erziehung zeigt mit solchen Forderungen einen Hang zur Leugnung oder zumindest zum Herunterspielen von Generationsdifferenzen. Sie beachtet nicht zureichend eine zwar relativierbare aber letztlich unaufhebbare enorme Macht von Erwachsenen über Kinder, solange diese auf ihren Schutz und ihre Hilfe angewiesen sind. Sie unterbewertet die oft extremen psychischen Abhängigkeiten der Kinder von Erwachsenen. Auch die Notwendigkeit des Abstands zwischen Erwachsenen und Kindern, die die Liebe zu Kindern nicht ausschließt, wurde mit dem Hinweis auf die Notwendigkeit von Nähe zu wenig beachtetet. Vor allem kleinere Kinder können sich nur in recht begrenztem Maße so selbst erziehen, wie es der antiautoritären Konzeption vorschwebt. Sie brauchen Erwachsene, die ihnen Regeln vorgeben, und die sie unter Umständen auch zwingen, diese einzuhalten. In dieser Feststellung liegt natürlich die Gefahr der Legitimation des Machtmissbrauchs von Erziehenden, und selbstverständlich soll man Kindern und Jugendlichen die Freiheiten zubilligen, die sie für ihre optimale Entfaltung benötigen. Aber die Leugnung der Notwendigkeit von Grenzziehungen in der Erziehung, die mit Zwang verbunden sind, hilft Kindern nicht.

Mit der Forderung nach einer egalitären Beziehung zwischen Kindern und Erwachsenen wird gerne die unvermeidbare Machtbeziehung zwischen ihnen tabuisiert. Wo man aber kein zureichendes Verständnis der Macht in den Beziehungen zwischen Erziehenden und Kindern hat, fällt es auch schwer, den Machtmissbrauch in diesen Beziehungen präzise zu erkennen. Es ist auffällig, dass die antiautoritäre Erziehung mitunter selbst ausgesprochen autoritäre Abhängigkeiten von pädagogischen Führerfiguren produziert hat. In der Internatsschule Summerhill von Alexander Neill, die zum Mekka der antiautoritären Erziehung avancierte, wurde die Gleichstellung zwischen Lehrern und Schülern proklamiert, aber es wurde kaum bemerkt, wie stark der gesamte Internatsbetrieb in Summerhill durch eine Fixierung auf die Führerfigur Neill geprägt war. Auch anderswo hat die Propagierung von allzu offenen Erziehungsstrukturen, die zu einem Mangel an notwendigen Ordnungen führte, der mit starken Verunsicherungen und Überforderungen einherging, den Ruf nach einem Halt versprechenden Guru begünstigt. Solche Gurus werden durch ihre falsche Idealisierung dazu verführt, ihre eigene Macht und deren Wirkungen falsch einzuschätzen. Es ist durchaus möglich, dass Gerald Becker als Leiter der Odenwaldschule den Missbrauch seiner Macht gegenüber Kindern kaum als solchen wahrgenommen hat.

Dass die antiautoritäre Bewegung dem Problem des sexuellen Missbrauchs nicht gerecht wurde, hat seine Ursache nicht primär in einem verbreiteten intellektuellen Unvermögen oder in der Dominanz von Männern in dieser Bewegung. Es ist vielmehr Ausdruck einer kollektiven psychischen Verfassung, die mit einer bestimmten historischen Konstellation verbunden ist. Die Protestbewegung der 60er und 70er Jahre ist eine Reaktion auf den Nationalsozialismus und den Zweiten Weltkrieg: Sie wollte, nach den Gräueln von Faschismus und Krieg, alles neu und anders machen. Sie hat das große Verdienst, das aufklärende Bemühen um ein Verständnis der Gewalt und der Kälte der vorhergehenden Epoche entscheidend vorangetrieben zu haben – aber auch sie konnte ihnen nicht vollständig entkommen. Trotz ihres leidenschaftlichen Engagements für gesellschaftliche Veränderung wirken in den Schattenseiten der Protestbewegung noch der Faschismus und der Weltkrieg unterschwellig fort. Die radikale Verneinung kann an das, was sie verneinen will, noch ein Stück weit gefesselt bleiben. Der Nationalsozialismus hat der ihm nachfolgenden Generation die Erfahrung hinterlassen, dass die überkommenen Erziehungsautoritäten in Familien, Schulen und Universitäten meist auf schlimme Art versagt haben. Mit dieser Erfahrung war das Problem verbunden, dass kaum Erzieher in gelingenden Bildungsprozessen als Vorbilder vorhanden waren, an denen man sich orientieren konnte. Man wollte deshalb aus der Not eine Tugend machen und Kinder sich möglichst weitgehend selbst erziehen lassen. Man machte sie so zu kleinen Erwachsenen – auch man selbst musste sich ja, unter der Einwirkung des Krieges, zu schnell von der Kindheit verabschieden. Während des Krieges waren viele Väter als Soldaten im Feld und fielen damit als männliche Identifikationsmodelle für Kinder aus. Zwischen den zu Hause gebliebenen Müttern und ihren Kindern herrschte aufgrund der Ferne der Väter oft eine zu große Nähe, die Probleme mit Grenzziehungen gegen inzestuöse Versuchungen hervorrief, die eine Basis für sexuelle Störungen bildeten. Die Elemente der Kälte in der Erziehung im Nationalsozialismus und die Brutalität des Krieges, die ihre frühe Kindheit beeinflussten, haben – trotz allem Bemühen um Veränderung – in der Psyche vieler 68er ein Stück weit fortgewirkt. Bestimmte Formen der Erfahrungsunfähigkeit, der Gleichgültigkeit und der Verdinglichung im Bereich der Sexualität sind eine Konsequenz dieser geschichtlichen Misere. Die 68er-Bewegung hat in ihrem Bemühen um Solidarität und um ein besseres psychisches Verständnis der anderen und des eigenen Selbst einen Wärmestrom entwickelt – aber dem Kältestrom der Geschichte konnte sie nicht völlig entkommen.

Eine Schlussbemerkung: Die meisten Anhänger der antiautoritären Erziehung waren sicherlich keine Befürworter des sexuellen Missbrauchs, aber sie haben, zumindest indirekt, zu seiner Tabuisierung und Verharmlosung beigetragen. Dieses Versagen teilen sie mit fast allen ihren Zeitgenossen, auch wenn es bei diesen zumeist eine andere Gestalt annahm. Erst die Frauenbewegung hat die große Bedeutung des sexuellen Missbrauchs und seinen erschreckenden Umfang bewusster gemacht. Dies ist einer ihrer großen Verdienste.

Mit diesen Ausführungen soll die Reformpädagogik und damit auch die antiautoritäre Erziehung keineswegs verteufelt werden, sie hat, trotz ihrer problematischen Seiten, Wichtiges zum Fortschritt der Erziehung beigetragen, indem sie überkommene Strukturen aufgebrochen hat. Wer aber ihre positiven Seiten retten will, muss auch ihre Schattenseiten wahrnehmen können und vor allem auch die Schuldzusammenhänge thematisieren, in die sie sich verstrickt hat. Erst die Bearbeitung von Schuldzusammenhängen der Vergangenheit hebt Verblendungen auf, die bis in die Gegenwart fortwirken. Jede Erziehung, die das Wohl von Kindern und Jugendlichen im Auge hat, muss das schwierige Problem der Grenzziehungen zwischen den Generationen immer wieder von Neuem in Angriff nehmen. Das gilt ganz besonders für die Reformpädagogik, die diese Grenzziehungen verschieben will und dabei immer Gefahr läuft, auch notwendige Grenzziehungen einzureißen. Der antiautoritäre Impuls zum Widerstand gegen falsche Autoritäten und ihren Machtmissbrauch hat durchaus seine Berechtigung, ohne ihn gibt es keinen Fortschritt in der Erziehung. Er sollte überall im Erziehungswesen, und damit auch in der Reformpädagogik, in aufgeklärter Art möglichst viel Einfluss erlangen.

Anmerkungen

1 Oskar Negt zum Beispiel, ein führender Reformpädagoge, hat eine solche Position in einem Interview der Zeitung *Erziehung und Wissenschaft* (4/2010) vertreten.

2 Tilman Jens: »Auch die sexuelle Revolution frisst ihre Kinder«. *Der Spiegel* 12/2010.

3 Zit. nach FAZ.NET, »Missbrauchsdebatte«. ULR: http://www.faz.net/-00ltux (Stand: 2.5.2010).

4 Zitiert nach Sophinette Becker: »Pädophilie zwischen Dämonisierung und Verharmlosung«. *Werkblatt – Zeitschrift für Psychoanalyse und Gesellschaftskritik*, 1/1997, S. 6. Auch die folgenden Ausführungen dieses Absatzes beziehen sich auf Befunde Beckers.

5 »Kindererziehung in der Kommune«. *Kursbuch* 17/1969, S. 147ff.

Rezensionen

Boualem Sansal (2009): Das Dorf des Deutschen oder das Tagebuch der Brüder Schiller. Roman. Übers. aus dem Franz. von Ulrich Zieger. Gifkendorf (Merlin Verlag), 279 Seiten, 22,90 €

»Es war Zeit, dass ich fortging. Ich hatte hier nichts zu schaffen, ich habe keinen Platz an diesem Ort. Ich hätte nicht herkommen sollen, ich habe ihn beschmutzt.« Mit diesen Bemerkungen verabschiedet sich der 33-jährige literarische Protagonist Rachel Schiller vom Ort einer unermesslichen Schande: von Auschwitz. Zugleich ist dies das Ende einer aufdeckenden biografischen und historischen Reise. Sie endet wenige Monate später mit Rachels Freitod. Die verstörende Suche nach der tabuisierten familiären Wahrheit – die ihn von Frankreich über Algerien nach Deutschland, Österreich, Auschwitz, Istanbul und Kairo führt – überwältigt ihn. Er vermag das familiäre Erbe – sein 1918 geborener Vater Hans Schiller war ein nationalsozialistischer Mörder, der nach dem Krieg in Algerien untergetaucht war – nicht mehr zu ertragen.

Und doch lebt Rachel weiter: in seinem Tagebuch, das im Buch dokumentiert wird. Parallel hierzu erzählt der zweite Protagonist der Erzählung, sein 19-jähriger Bruder Malrich, seine eigene Geschichte. Er nimmt das Erbe an, muss es annehmen.

Verfasser dieses aufrührenden Werkes ist der algerische Schriftsteller Boualem Sansal, der bis heute, trotz seiner eigenen Bedrohung durch islamistische Terroristen, in Algerien lebt. Ein Großteil seiner Werke ist in seinem Heimatland verboten. Und doch schreibt er weiter. In diesem Herbst erhält der Autor – sechs seiner Bücher sind beim Merlin Verlag auf Deutsch erschienen – den Friedenspreis des deutschen Buchhandels. Er hat es wahrlich verdient.

Das Dorf des Deutschen oder das Tagebuch der Brüder Schiller ist das hochkomplexe Werk betitelt, das dem Leser einiges abverlangt. Gleich mit den ersten Worten des Buches wird in das Drama eingeführt:

> »Es sind jetzt sechs Monate, dass Rachel tot ist. […] Eines Tages, das ist zwei Jahre her, ist irgendwas in seinem Kopf kaputtgegangen. […] War er nicht auf Reisen, dann las er, hockte grübelnd in seiner Ecke, er schrieb, er delirierte […] Er büßte die Gesundheit ein. Dann seine Arbeit. Dann den Verstand. Ophelia hat ihn sitzen lassen. Eines Abends hat er sich umgebracht« (S. 7).

Dies schreibt Malrich in einer Tagebuchnotiz vom 24. April 1996. Und noch einen weiteren Tod hat Malrich zu verkraften: Exakt zwei Jahre zuvor wurden sein aus Deutschland gebürtiger Vater sowie seine algerische Mutter bei einem islamistischen Attentat in Algerien ermordet. In Algerien waren sie zuvor hofiert worden, waren Günstlinge des herrschenden Regimes, staatliche Berater für Logistik und Bewaffnung. Über die mörderische Vergangenheit seines Vaters, seinen von der Odessa-Gruppe organisierten Fluchtweg, seine Verbrechen während der Nazizeit, hatte er nichts gewusst. Das zerstörerische, unaufgearbeitete Erbe wirkte in der Familie als mörderische seelische Last weiter.

Der Selbstmord seines großen, beruflich erfolgreichen Bruders, dieser kam 1970 als Siebenjähriger von Algerien nach Frankreich, erschüttert ihn. Der Schmerz droht ihn zu überwältigen. Durch die Lektüre des Tagebuches seines Bruders lernt der in Frankreich Aufgewachsene seine familiäre Geschichte kennen: »Ich habe

Rachels Tagebuch wieder und wieder gelesen. Es war dermaßen kolossal, dermaßen schwarz, dass ich damit nicht fertig wurde. Und auf einmal habe ich, der einen Horror davor hat, mich daran gemacht, zu schreiben wie ein Irrer« (S. 14).

Algerien, das Land seiner Eltern, war ihm zuvor sehr fremd gewesen: »Was ich über Algerien weiß, das habe ich durch die Medien erfahren, durch meine Lektüre, die Gespräche mit den Kumpels« (S. 17), erinnert er sich.

In einem rasenden Tempo wird der Leser in die verwirrende Zeitgeschichte, den familiären Ereignisstrom hineingesogen, muss sich immer wider neu orientieren, um die Geschichte zu verstehen. Rachels Entschluss, nach der Ermordung seiner Eltern in das ihm fremde Algerien zu reisen, um Näheres über deren Tod, aber auch deren verborgene Nazivergangenheit zu erfahren, löst die Geschichte der Verdrängung aus, der individuellen sowie gesellschaftlichen Tabuisierung. »Meine Entscheidung steht fest, ich fahre nach Ain Deb. Das ist eine Pflicht, eine absolute Notwendigkeit. Es ist mein Weg nach Damaskus. Ungeachtet der Risiken« (S. 22), betont Rachel. Er setzt sich der realen wie auch der fantasierten Bedrohung, einer übermächtigen Angst aus, immer wieder: »Die Angst zerschnitt mir den Bauch. Die Landkarte war so leer, dass einem das Blut gefror. Keine Sterbensseele. Nicht ein Geräusch« (S. 26f.). Es gelingt ihm, gegen den Willen der algerischen Behörden – »nach drei Monaten höllischen Herumrennens« (S. 23) –, den elterlichen Nachlass, »Papiere, Fotos, Briefe, Zeitungsausschnitte« (S. 45) zu sichten. Er entdeckt eine Medaille der Wehrmacht, ein Abzeichen der Hitlerjugend, ein Abzeichen der Waffen-SS. Die Fotos des Vaters aus der Nazizeit erschrecken ihn: »Auf anderen ist er älter, er trägt die schwarze Uniform der SS, er macht ein strenges Gesicht. Er steht aufrecht, in der Mitte eines großen Platzes, gegen einen Panzer gelehnt, oder er sitzt auf den Stufen einer Baracke« (S. 45). Und er findet im Tagebuch seines älteren Bruders auf deutsch notierte Satzfragmente wie »Vernichtung lebensunwerten Lebens« und »Befehl ist Befehl« (S. 50), die in ihm ohne Kenntnis der deutschen Sprache an dunkle Verurteilungen denken lassen.

Im Sommer 1995 reist Rachel nach Frankfurt. Er erfährt, dass sein Vater dort während seines Ingenieurstudiums an der Chemischen Fakultät gearbeitet hat, wo das Todesgas Zyklon B entwickelt wurde. Er forscht den mörderischen Verbrechen der *Sonderkommandos* (S. 160) nach, liest über die *Endlösung*.

Nach seiner Reise nach Algerien kehrt sein Bruder Rachel sehr verändert zurück. Und auch Malrich drängt sich die beunruhigende Frage auf, die seinen Bruder in den Selbstmord treiben sollte: »Müssen wir Rechenschaft ablegen für die Verbrechen unserer Väter, die Verbrechen unserer Brüder und unserer Kinder?« (S. 51) Für Malrich folgt eine Reise nach Deutschland, nach Uelzen, dem Geburtsort seines Vaters; er sucht nach ehemaligen Bekannten, Freunden. Deren Hilfsbereitschaft irritiert ihn: »Die Deutschen sind hilfsbereit, zu sehr, sie verzweifeln, wenn sie sich entwaffnet sehen; nicht helfen zu können, erniedrigt sie« (S. 61). Nach langer Suche trifft er einen ehemaligen Freund seines Vaters: »Dein Vater war ein Soldat, und das ist alles. Vergiss das nicht, mein Junge« (S. 68), schärft dieser ihm ein. Je mehr sich die Brüder der mörderischen Vergangenheit ihres Vaters annähern, desto totalitärer, gefährlicher erscheint ihnen der islamistische, moslemische Fundamentalismus, den sie in Frankreich wie auch in Algerien erleben. Die »sozialistische Diktatur« (S. 144) habe sich mit »dem Basar und der Religion« (ebd.) zusammengetan, der demokratische Staat Israel wird dämonisiert. »Sie werden dich braten wie einen Juden« (S. 146), lässt Sansal seinen Protagonisten vernehmen – eine Analyse, die dem Schriftsteller Boualem Sansal in seinem Heimatland Algerien Todfeindschaften einbringt.

Und immer stärker wird Rachel durch die sich ihm aufdrängende Frage bedrückt:

> »Wusste Papa, was er in Dachau, in Buchenwald, in Majdanek, in Auschwitz tat? Ich kann nicht mehr glauben dass er ein Opfer war, ein unschuldiger und zerbrechlicher Jüngling, den das Böse in seinem Nichtwissen oder gegen seinen Willen gepackt hat« (S. 100).

Er fühlt sich den Opfern nahe. Das Vergessen ihres Todes lässt sie ein zweites Mal sterben, so erscheint es ihm. Er fühlt seine Ähnlichkeit mit seinem ihm fremden Vater, was ihn zunehmend ekelt und verzweifeln lässt. Er schließt sich in seinem Schmerz ein, der ihn zerstört. Und er fühlt die Ungerechtigkeit, dass die Henker überlebt haben, immer noch leben. Das Wissen darüber treibt ihn in den Wahnsinn und zugleich zu einem Besuch nach Auschwitz – »dieser Reise ins Herz des Schreckens« (S. 200). Rachel schreibt in seinem Tagebuch »hunderte von Seiten«, von »herzzerreißenden Seiten« (ebd.) über Auschwitz – eine Konfrontation, die ihn zerstört. Das literarische Kapitel über Auschwitz (S. 241–262) gehört zu den bedrückendsten Teilen dieses Buches; voller Verwunderung fragt sich der Rezensent, wie sich ein in Algerien lebender Autor in derart schonungsloser Weise mit den deutschen Verbrechen zu beschäftigen vermag. In einer »Notiz«, einem Zwischenkapitel, ordnet der Autor den verwirrenden Handlungsablauf. Über das Massaker, dem unter anderem der Mörder und Vater Hans Schiller am 24. April 1994 zum Opfer fallen, lässt er seinen jugendlichen Protagonisten Malrich resümieren:

> »Papa, Mama und unsere Nachbarn waren dabei die Opfer, aber es ist auch in diesem Moment, dass der SS-Mann Hans Schiller, der Austilger, der Usurpator, sein Leben beendet hat, und dabei sein Geheimnis mit sich ins Grab nahm. Für Rachel war keine Gerechtigkeit hergestellt. Er hat die Last dessen bis zum Ende getragen, und ich trage sie meinerseits« (S. 205f.).

Boualem Sansal hat eine spannende, aufwühlende Spurensuche vorgelegt. Sie macht auf seine weiteren Werke neugierig. Und auf seine Frankfurter Preisrede im Oktober diesen Jahres.

Roland Kaufhold

Thilo Maria Naumann (2010): Beziehung und Bildung in der kindlichen Entwicklung. Psychoanalytische Pädagogik als kritische Elementarpädagogik. Gießen (Psychosozial-Verlag), 194 Seiten, 22,90 €

Das Fachbuch begründet Positionen kritischer Elementarpädagogik. Es entwirft einerseits ein Bild vom Kind und seiner Entwicklung, das die innerpsychischen Prozesse, die Gefühle und Bedürfnisse als Verarbeitung von sozialen Erfahrungen in Beziehungen und Institutionen begreift. Andererseits wirft es einen kritischen Blick auf die gesellschaftlichen Verhältnisse, die der kindlichen Entwicklung immer schon vorausgesetzt sind, in denen Erwachsene erziehen und in denen Kinder notwendig aufwachsen. Auf diese Weise werden sowohl die Potenziale und Beschädigungen kindlicher Entwicklung als auch die gesellschaftlichen Spielräume und Grenzen der Pädagogik sichtbar und pädagogische Konsequenzen für eine hinreichend gelingende Praxis in Kindertagesstätten ausgelotet und eingefordert.

Der derzeitige Mainstream der Bildungsdebatte über die frühkindliche Entwicklung folgt dem postmodernen Leitbild einer »erfolgreichen« Subjektivität und unterliegt mit der Forderung nach Leistungsbereitschaft, Flexibilität, Selbständigkeit, Fitness, Konsumfreudigkeit etc., dem Zwang zur permanenten Selbstoptimierung. Dies setzt Eltern, Erzieherinnen und Erzieher aber vor allem auch bereits kleine Kinder unter Erfolgsdruck und verkleinert die Möglichkeitsräume einer selbstbestimmten Entfaltung. Von diesen gesellschaftlichen Beschleunigungstendenzen sind auch frühkindliche Bildungseinrichtungen, zum Beispiel Kindertageseinrichtungen, betroffen. Auf der Folie einer kritischen Elementarpädagogik bzw. Psychoanalytischen Pädagogik gibt der Autor begründete Antworten auf die Fragen nach den Voraussetzungen hinreichend gelingender kindlicher Entwicklungs- und Bildungsbedingungen in der Spätmoderne und formuliert Aussichten, wie Spielräume einer glücklichen Entwicklung eingefordert und ausgeweitet werden können.

Die vorliegende Publikation fasst gekonnt wesentliche psychosoziale Wissensbestände für eine hinreichend gelingende pädagogische Praxis in Kindertagesstätten zusammen. Dabei wird die Frage nach den Entwicklungs- und Bildungsprozessen bei Kindern – vor dem Hintergrund einer Psychoanalytischen Pädagogik – ausführlich, sachhaltig und in einer gut verständlichen Sprache beantwortet. Besondere Berücksichtigung findet hierbei die Bedeutung von Affektregulierung, Mentalisierung sowie die Verinnerlichung von Interaktionserfahrungen. Eine Perspektive, die leider (nicht nur) in der derzeitigen Elementarpädagogik noch immer deutlich unterbelichtet ist. Entsprechend der Tatsache, dass Gesellschaft und Kultur Voraussetzungen pädagogischer Praxis sind und auch kindliche Entwicklung unhintergehbar innerhalb spezifischer gesellschaftlicher Kontexte stattfindet, analysiert Naumann kritisch die gegenwärtigen gesellschaftlichen Verhältnisse, um darauf aufbauend die Bedingungen des Aufwachsens von Kindern sowie deren psychosozialen Folgen zu untersuchen. Besonders hervorzuheben sind auch seine konstruktiven Überlegungen zur Frage, welche Beziehungsangebote und institutionellen Bedingungen Kindertageseinrichtungen dafür zur Verfügung stellen sollten, sowie seine anschaulichen, weil didaktisch gut aufbereiteten, Fallbeispiele: Der »Förderwahn«, der heute in vielen Einrichtungen die Regel ist, sollte – so sein Plädoyer – durch eine gute Beziehungsarbeit mit dem Kind und der Gruppe ersetzt werden, womit der unabdingbare Zusammenhang von Selbstbildung und Verständigung betont wird.

Dieses empfehlenswerte Fachbuch macht den oder die Leserin vertraut mit den wichtigsten Erkenntnissen der Psychoanalytischen Pädagogik und ihrem möglichen Einsatz in der Kindertagesstätte. Es enthält für den elementarpädagogischen Bereich wesentliche entwicklungspsychologische und soziologische Wissensbestände. Überzeugend wird gezeigt, wie mithilfe der Psychoanalytischen Pädagogik die Mitarbeiterinnen und Mitarbeiter in den Kindertagesstätten dafür sensibilisiert werden können, das kindliche Verhalten besser zu verstehen und auf seine Bedürfnisse angemessen zu reagieren. Diese Publikation bereichert aber nicht nur den Fachdiskurs der Elementarpädagogik, sondern ist allgemein für die Theorie und Praxis Sozialer Arbeit – bereits in der (Aus-)Bildung – mehr als geeignet.

Margret Dörr

Eine ausführlichere Fassung der Rezension ist am 3. März 2010 erschienen in: socialnet Rezensionen, ISSN 2190-9245, http://www.socialnet.de/rezensionen/9212.php

Autorinnen und Autoren

Josef Christian Aigner, Univ.-Prof. Dr. phil., Psychologe und Psychoanalytiker, ist Professor für Psychosoziale Arbeit und Psychoanalytische Pädagogik am Institut für Psychosoziale Intervention und Kommunikationsforschung (PsyKo) der Universität Innsbruck. Zuletzt war er Leiter des Instituts und der Studie »ele*men*tar: Männer in der pädagogischen Arbeit mit Kindern« an der Universität Innsbruck. Schwerpunkte: Psychoanalytische Pädagogik als professionelle Interventionsmethode, Männer- und Väterforschung (*Der ferne Vater*, 2002), Psychoanalytische Kulturkritik, Sexualität in Psychoanalyse und Psychotherapie. Neue Forschungsaktivitäten zur Wirkung männlicher Erzieher in der Elementarpädagogik.

Lothar Böhnisch, Prof. Dr. habil, bis 2009 Lehrstuhl Sozialpädagogik und Sozialisation der Lebensalter an der Technischen Universität Dresden, lehrt Soziologie an der Freien Universität Bozen/Bolzano. Er ist Autor zahlreicher Bücher zu Fragen der Sozialpädagogik, Lebensbewältigung und Männerforschung wie *Männliche Sozialisation* (2004, 2. Aufl. 2012) u. v. a. m.

Holger Brandes, Prof. Dr., Dipl.-Psych., Dipl.-Päd., ist seit 1996 Professor für Psychologie an der Evangelischen Hochschule in Dresden. Derzeit ist er Prorektor der Hochschule und Leiter des Forschungsprojekts »Tandem-Studie« zur Erforschung männlichen und weiblichen Erzieherverhaltens. Arbeitsschwerpunkte: Entwicklungspsychologie, frühkindliche Bildung und Erziehung, Männerforschung. Wichtigste Veröffentlichungen: *Der männliche Habitus*, 2 Bde. (2001/2002); *Selbstbildung in Kindergruppen* (2008).

Frank Dammasch, Dr. phil., Dipl.-Soz., Dipl.-Päd., ist Professor für psychosoziale Störungen von Kindern und Jugendlichen an der Fachhochschule Frankfurt und analytischer Kinder- und Jugendlichen-Psychotherapeut. Forschungs- und Veröffentlichungsschwerpunkte: Bedeutung des anwesenden und abwesenden Vaters, Triangulierungsforschung, Männliche Identitätsentwicklung, Krankheitsbilder in der Kindheit: ADHS, Mutismus. Neueste Buchveröffentlichung: *Die Psychoanalyse der Männlichkeit* (gem. mit Ilka Quindeau; erscheint im Herbst 2012).

Bernhard Koch, Dr. phil., Mag. phil., ist Politologe, Aushilfsbetreuer im Kindergarten und wissenschaftlicher Mitarbeiter des Forschungsprojektes »ele*men*tar – Männer in der pädagogischen Arbeit mit Kindern« am Institut für psychosoziale Intervention und Kommunikationsforschung, Fakultät für Bildungswisssenschaften der Universität Innsbruck.

Hans-Dieter König, Prof. Dr. phil. habil., Magister der Philosophie, Psychologischer Psychotherapeut, arbeitet als Psychoanalytiker in eigener Praxis in Dortmund, lehrt Soziologie und Sozialpsychologie an der Johann Wolfgang Goethe-Universität Frankfurt am Main und ist als Lehranalytiker und Supervisor am Institut für Psychoanalyse und Psychotherapie Düsseldorf tätig. Buchveröffentlichungen u. a.: *Rechtsextremismus in Fernsehdokumentationen. Psychoanalytische Rekonstruktion ihrer Wirkungsweise* (2006), *George W. Bush und der fanatische Krieg gegen den Terrorismus. Eine psychoanalytische Studie zum Autoritarismus in Amerika* (2008).

Gerald Poscheschnik, Dr., Mag., Klinischer Psychologe und Gesundheitspsychologe, ist Wissenschaftlicher Mitarbeiter am Institut für Psychosoziale Intervention und Kommunikationsforschung der Universität Innsbruck. Arbeitsschwerpunkte: Empirische Forschung in der Psychoanalyse, Methodologie und Qualitative Sozialforschung, Psychoanalytische Entwicklungswissenschaft. Wichtige Buchpublikationen als Herausgeber: *Empirische Forschung in der Psychoanalyse. Grundlagen – Anwendungen –Ergebnisse* (2005), *Empirisch forschen. Die Planung und Umsetzung von Projekten im Studium* (2010).

Tim Rohrmann, Dr., Dipl.-Psych., ist Mitarbeiter der Koordinationsstelle »Männer in Kitas« an der Katholischen Hochschule für Sozialwesen Berlin sowie Leiter von Wechselspiel – Institut für Pädagogik und Psychologie, Denkte. Von 2008–2010 war er wissenschaftlicher Mitarbeiter des Forschungsprojektes »ele*men*tar – Männer in der pädagogischen Arbeit mit Kindern« an der Universität Innsbruck. Arbeitsschwerpunkte: Entwicklungspsychologie, geschlechterbewusste Pädagogik, Bildung im Elementar- und Primarbereich.

Gabriele Schauer, Mag.[a] phil., war einige Jahre als Horterzieherin und Hortleiterin tätig und ist Erziehungswissenschaftlerin und Lehrbeauftragte an der FH für Gesundheit, Innsbruck sowie wissenschaftliche Mitarbeiterin des Forschungsprojektes »ele*men*tar – Männer in der pädagogischen Arbeit mit Kindern«.

Barabara Strubreither, Dr. phil, Mag.[a] rer. nat., Mag.[a] phil., Psychologin und Erziehungswissenschaftlerin, Kindergartenpädagogin, ist Wissenschaftliche Mitarbeiterin des Forschungsprojekts »ele*men*tar – Männer in der pädagogischen Arbeit mit Kindern«. Zurzeit befindet sie sich in Ausbildung zur Psychotherapeutin (Verhaltenstherapie).

Gerhard Vinnai studierte Soziologie und Psychologie in Frankfurt und war bis 2005 Professor für analytische Sozialpsychologie an der Universität Bremen. Arbeitsperspektive: Verbindung Psychoanalyse und kritische Gesellschaftstheorie. Arbeitsschwerpunkte: Gewalt, Religion, Geschlechterverhältnisse, Wissenschaftskritik, Psychoanalyse der Erziehung. Buchveröffentlichungen u.a.: *Fußballsport als Ideologie* (1970), *Das Elend der Männlichkeit* (1977), *Die Austreibung der Kritik aus der Wissenschaft. Psychologie im Universitätsbetrieb* (1993), *Jesus und Ödipus* (1999), *Hitler – Scheitern und Vernichtungswut. Zur Genese des faschistischen Täters* (2004), *Wunschwelten und Opferzusammenhänge. Zur analytischen Sozialpsychologie der westlichen Kultur* (2011).

www.ingramcontent.com/pod-product-compliance
Ingram Content Group UK Ltd.
Pitfield, Milton Keynes, MK11 3LW, UK
UKHW061657190726
13853UKWH00008B/2248

9 783837 980547